Michael Fleiter

Wider den Kult des Realen

MONOGRAPHIEN ZUR PHILOSOPHISCHEN FORSCHUNG

Begründet von Georgi Schischkoff
Band 224

Michael Fleiter

Wider den Kult des Realen

Die Kritik des werdenden Nietzsche
an gründerzeitlichem Kulturbetrieb,
positivistischer Geschichtswissenschaft,
pessimistischer Aufklärung und
metaphysisch begründeter Moral

2. Auflage

Verlag Anton Hain

CIP-Kurztitelaufnahme der Deutschen Bibliothek

Fleiter, Michael:
Wider den Kult des Realen : d. Kritik d. werdenden Nietzsche an gründerzeitl. Kulturbetrieb, positivist. Geschichtswissenschaft, pessimist. Aufklärung u. metaphys. begründeter Moral / Michael Fleiter. – 2. Aufl. – Frankfurt/M. : Hain, 1986.
    (Monographien zur philosophischen Forschung : Bd. 224)
    1. Aufl. im Verl. Forum Academicum in d. Verlagsgruppe Athenäum, Hain, Hanstein, Königstein/Ts.
ISBN 3-445-02482-0

NE: GT

2. Auflage 1986 Verlag Anton Hain Meisenheim GmbH, Frankfurt/M.
© 1984 Verlag Anton Hain Meisenheim GmbH, Königstein/Ts.
Reproduktion, Druck und Bindung: difo-druck schmacht, Bamberg
Printed in West-Germany
ISBN 3-445-02482-0

Meinem Lehrer Alfred Schmidt gewidmet.

INHALT

Kulturhistorischer Ästhetizismus (15) - Gegen die deutsche
Bildung: die Bildung des Deutschen (20) - Kulturelle Unproduktivität angesichts gegenwärtiger und vergangener "Erfolge" (21) - Stillosigkeit moderner Kultur (22) - Bildung und
Innerlichkeit (24) - Innere Bildung und äußere Barbarei (26)
- Der Mythos: Nietzsches Antithese zur entfremdeten Bildung
(27) - Der Idealismus der Mythos-Konzeption (30) - Historische
Neutralisierung innovatorischer Impulse in Kultur und Wissenschaft (31)

Motto (34) - Begriffsloser Empirismus (36) - Geschichtsschreibung ohne Handlungsorientierung (38) - Geschichtsschreibung
ohne Handlungsmotivierung (41) - Der museale Charakter der
populärwissenschaftlichen Historie (42) - Zweck der Geschichtswissenschaft: das Archivieren (43) - Geschichtswissenschaft,
aber kein Geschichtsbewußtsein (44) - Das objektivistische
Selbstmißverständnis der in der Praxis "geschwächten" Lebens
involvierten Historie (46) - Mangelnde Partizipation und kümmerliche Resultate (47) - Der Faktizismus als verkappte Theologie (48) - Wissenschaftliche Kongruenz und Kälte gegenüber
dem Objekt (49) - Disgregation und Unproduktivität (51) - Goethe als Vorläufer von Nietzsches Kritik der Disgregation (53)

- Der Eigennutz - die Haupttriebfeder des Handelns bei La
Rochefoucauld (173) - Egoistisches und unegoistisches Handeln
bei Schopenhauer (174) - Die Verankerung des moralischen Sollens im Sein (178) - Nietzsches erkenntnistheoretische Kritik
an Schopenhauers Willensmetaphysik (179) - Schopenhauers moralischer Obskurantismus (181) - Wissenschaftliche Untersuchung psychischer Phänomene (183) - Moral als Folge sprachlicher und psychologischer Irrtümer (186) - Religionen ohne
Erkenntniswert (187) - Die psychologische Untersuchung führt
zur Betrachtung "Jenseits von Gut und Böse" (188) - Die moralische Indifferenz menschlicher Handlungen (190) - La Rochefoucauld als Apologet der Moral (191) - Die falschen Tröstungen der Mitleidsethik (192) - Moralische Vorurteile in La
Rochefoucaulds Psychologie (194) - Zum Verhalten von Wissenschaft und Moral bei La Rochefoucauld (195)

Zur Einführung

Bei kaum einem Autor, zumal einem philosophischen, sind die
Gegenstände seiner Kritik so schwer konkret zu fassen wie
bei Nietzsche. Als ein Denker, der "mit dem Hammer philoso-
phiert" - wie er selbst seine Gedankenarbeit charakterisierte
-, wollte er sich durch laute Schläge Gehör verschaffen und
die Menschen aus ihrer Zufriedenheit mit den Zeitläufen reißen
- er wollte mit Hilfe bündiger und pointierter Formulierungen
schockieren. Die Gefahr, ihn falsch zu verstehen, war deshalb
schon immer sehr groß, und der Mißbrauch seiner Philosophie
ist ja nur allzu bekannt. Bestimmte Topoi Nietzsches, wie
der der "Lebensfeindlichkeit des Wissens", fordern zu frei-
assoziativen Interpretationen geradezu auf, wenn man sich
nicht einer mühsamen Eruierung des Zusammenhangs unterzieht,
in dem sie stehen. Um seinen kritischen Ruf richtig zu vernehmen, ist es deshalb erforderlich, nicht nur die Kritik, sondern auch deren Objekte in die Untersuchung mit einzubezie-
hen und die Metaphern, unter denen sie verborgen sind, zu de-
chiffrieren. Nicht um seine Theorie einzuordnen und sie ab-
lagebereit für die Schubfächer der Philosophiegeschichte zu
machen - auf historistische Art, wogegen Nietzsche sich besonders gewehrt hat -, sondern um sie aus der Umklammerung durch
überkommene Interpretationsschemata zu lösen und um Impulse
herauszufiltern, die vielleicht heute noch relevant sind.
Es entspricht diesem Konzept, daß auch die Themenauswahl der
vorliegenden Arbeit bewußt die Phaseneinteilung der Philosophie Nietzsches vernachlässigt. Die Auseinandersetzung mit dem
gründerzeitlichen Kulturbetrieb, der historischen Geisteswissenschaft und der radikalen, unhistorischen Aufklärung und
Sinnkritik Schopenhauers fällt in die sogenannte idealistische
Phase seines Philosophierens. In den "Unzeitgemäßen Betrachtungen" hält er der Gegenwart den frühgriechischen Mythos als
Mahnung und Vorbild entgegen. Die Kritik an Schopenhauers Metaphysik und Ethik dagegen stammt aus dem Gedankenkreis von
"Menschliches-Allzumenschliches" und der "Morgenröte", also

aus der sogenannten positivistischen Phase. Sein Idealismus und Positivismus sind jedoch untergründig von ein und derselben Tendenz durchzogen, die seine verschieden strukturierten Argumente und Einwürfe als Variationen eines Themas sichtbar werden läßt, nämlich dem der Umgestaltung und Erneuerung der Verhältnisse. Demgegenüber versperrt die hergebrachte, von Lou Salomé herrührende Einteilung (1) den Blick auf Nietzsches durchgängige Intention, durch bewußte Mythen und wissenschaftliche Analyse das herrschende Wissenschaftsverständnis und metaphysisch-moralische Mythen der Zeit zu destruieren und innovativ zu wirken. Die "Wahrheit" läßt sich bei Nietzsche nicht in pauschalen Zuordnungen kenntlich machen, sondern schält sich im Prozeß heraus: in den verschiedenartigen Konfrontationen mit unterschiedlichen Zeitströmungen und Positionen, im Spannungsverhältnis von Wissenschaft und Mythos, Aufklärung und Kunst.

Durch die objektbezogene Untersuchung der Kritik fallen noch andere Vorurteile über den Philosophen. Im Mythenstifter Nietzsche ist der Kritiker des gründerzeitlichen Kulturbetriebs und seiner zivilisationsgemäßen Folgenlosigkeit verborgen. Der Irrationalist, wie Lukács ihn sieht (2), ist im Grunde der Wissenschaftskritiker, der die Frage nach dem "Wozu" der Wissenschaft stellt. Nietzsche schließt sich Marx, der in der 11. Feuerbachthese sagt: "Die Philosophen haben die Welt nur verschieden interpretiert; es kömmt darauf an, sie zu verändern" (3), der Sache nach in positivismus-kritischem Sinne an. Mit Mythen, die als theoretisch durchdachte Mittel der Erneuerung inszeniert werden, antwortet er auf die moderne Faktengläubigkeit, wo im Insistieren auf der Realität die Kontrolle über dieselbe verloren gegangen und der Zugang zu ihrer Umwälzung verschlossen ist. Nicht der Pragmatismus, wie heutige Interpreten Nietzsche vorwerfen (4), die Unterordnung der Ge-

---

1   Lou Salomé, Friedrich Nietzsche in seinen Werken, Dresden 1924, S. 67 ff
2   Georg Lukács, Die Zerstörung der Vernunft, Bd. 2. Darmstadt/Neuwied 1973, S. 26 und 77 ff
3   Karl Marx, Die Frühschriften. Stuttgart 1953, S. 341
4   Herbert Schnädelbach, Geschichtsphilosophie nach Hegel, München 1974, S. 80 ff

schichtserkenntnis unter gegenwärtige Zwecke, ist das Wesen seiner Historismuskritik, sondern er will der Wissenschaft von der Geschichte Herr werden, um sich in die Lage zu versetzen, diese selbst ändern zu können. Auch will Nietzsche nicht die Erkenntnis an die Lebenspraxis anbinden, wenn er eine Geschichtsschreibung im Dienste des Lebens verlangt (1). Seine Wissenschaftskritik dient der Freisetzung subjektiver Komponenten der Erfahrung, der Vermittlung von Orientierung und Motivation, die aus dem Prozeß positivistischer Geschichtsaneignung ausgeschlossen bleiben und für eine mögliche Erneuerung der Geschichte verlorengehen. Seine Forderung nach dem schönen Schein der Kunst, mit der er die resignativen Konsequenzen radikaler Aufklärung bekämpft, macht ihn nicht zum romantischen Gegenaufklärer, der zurück zum Mythos will. Die Erinnerung an das Vergangene soll der Zukunft zugute kommen. Sie zeigt den Umschlag der Aufklärung in Unmündigkeit auf, aus der diese doch hatte befreien sollen und behauptet so die Wahrheit der Kunst. Wenn Nietzsche sich als Metaphysik- und Ethikkritiker auf den Positivismus beruft, wird er dadurch nicht zum Positivisten und Befürworter dessen, was ist. Anstatt auf das Unerklärliche zu bauen, verweist er auf die Erfahrung, ein geeigneteres Hilfsmittel des Menschen für eine bewußte und geplante Gestaltung seiner Lebensverhältnisse. Nicht etwa nur der Form nach (2) hat ihn dies die französische Moralistik in Gestalt von La Rochefoucauld gelehrt. Seine innovatorische Intention ist gegen einen Kult des Realen im weitesten Sinne des Wortes gerichtet, d.h. gegen eine Vielzahl ideologischer Veranstaltungen, die zur Festschreibung der Verhältnisse beitragen.

Dabei bedient sich Nietzsche häufig einer antithetisch-reaktiven Form der Kritik (Alfred Schmidt). Ihr Abstraktheit zu

---

1   Jürgen Habermas, im Nachwort zu: Friedrich Nietzsche - Erkenntnistheoretische Schriften. Frankfurt 1968, Hg. Jürgen Habermas, S. 247
2   siehe die Behandlung der Form-These bei Beatrix Bludau, Frankreich im Werke Nietzsches. Geschichte und Kritik der Einflußthese. Bonn 1979, S. 73, S. 93 ff

unterstellen (1), greift zu kurz. Sie erhellt die Mängel der
Gegenwart, ihren veräußerlichten und folgenlos bleibenden Kulturbetrieb; ihre in sich zurückgezogene Aufklärung, die den
Wunsch nach Freiheit aufgegeben hat; die Verselbständigung
wissenschaftlichen Fortschreitens und den Orientierungs- und
Motivationsverlust der Träger der Geschichte. Zugleich zeigt
sie auf, worum es Nietzsche bei der Erneuerung geht: nicht
um eine Distanzierung der Kultur von der Alltagspraxis, sondern um ihre individuelle und gesellschaftliche Verlebendigung. Um ein konstruktives Lernen aus der Geschichte, das
die Wiederholung historischer Katastrophen bannt. Dies sind
Grundgedanken der "Lebenssteigerung" beim frühen Nietzsche,
die weit entfernt sind von den schrecklichen Alternativen, die
sein Spätwerk bereithält. Zwar ist dies eine neue Phaseneinteilung. Sie unterschlägt jedoch nicht, wie bei Lukács, der
auch schon aus dem frühen Nietzsche einen Ideologen des herauf-
ziehenden Imperialismus machen möchte (2), wichtige Differenzen.

---

1   Peter Bürger, Über den Umgang mit dem andern der Vernunft.
    In: Mythos und Moderne, hrsg. von Karl Heinz Bohrer,
    Frankfurt 1983, S. 47
2   siehe Lukács, a.a.O., S. 26 und S. 77 ff

NIETZSCHES KRITIK AM GRÜNDERZEITLICHEN KULTURBETRIEB

"Alle unsere ideologiebildenden Institutionen sehen ihre Haupt-
aufgabe darin, die Rolle der Ideologie folgenlos zu halten,
entsprechend einem Kulturbegriff, nach dem die Bildung der
Kultur bereits abgeschlossen ist und Kultur keiner fortgesetz-
ten schöpferischen Bemühungen bedarf" (Bertolt Brecht(1)).

Kulturhistorischer Ästhetizismus

Ein Symptom des Kultur- und Bildungsverfalls des gründerzeitlichen Bürgertums ist der kulturhistorische Ästhetizismus, den
Literaten wie David Friedrich Strauß zu verbreiten helfen.
Strauß ist ein vielgelesener Mode-Autor jener Zeit. Daß ein
Mann wie Strauß große Berühmtheit erlangen kann, gibt Nietzsche zu denken. Am Grad der Faszination, die das Stauß'sche
Buch "Der alte und der neue Glaube" (2) auf viele Zeitgenossen
ausübt, ist die Verkommenheit der Moderne in Fragen von Kultur
und Bildung ablesbar. Durch die Anziehungskraft, die Strauß
besitzt, durch seinen mit zahlreichen Auflagen gekrönten 'Erfolg' sieht Nietzsche sich genötigt, sein Buch als Muster eines tiefgreifenden und weitverbreiteten Verfalls des Bildungs-
und Kulturbewußtseins der Gegenwart zu studieren und zu kritisieren. "Ein Buch, das in Jahresfrist sechs starke Auflagen
erlebt, kann deshalb immer noch ohne jeden Werth sein; aber
gerade dann ist es für jeden, der keine höhere Sorge als die
Sorge um das Volk kennt, wichtig, ja nothwendig zu wissen,
dass dafür ein so großes Publicum wirklich vorhanden ist. Nur
der Erfolg des Straussischen Bekenntnissbuches, nicht das
Buch selbst, trieb mich zu den nachfolgenden Betrachtungen. Es

---

1 Bertolt Brecht, Der Rundfunk als Kommunikationsapparat.
  Zitiert von Hermann Bausinger, Jahrbuch - Deutsch als
  Fremdsprache 1. Heidelberg 1976, S. 9
2 David Friedrich Strauß, Der alte und der neue Glaube - Ein
  Bekenntnis von David Friedrich Strauß. Tübingen 1839

musste mir allmählich unerträglich werden, unter allem was gegen Strauss eingewendet wurde, nichts zu finden, was allgemein genug gedacht war, um erklären zu können, wie ein so unbedeutendes Buch zu einem so skandalösen Erfolg komme" (1). Es geht Nietzsche also nicht um die Person Strauß und auch nicht um das Buch an sich, dessen Renommee er mit dem souveränen Spott der 'Ersten Unzeitgemäßen Betrachtung' zerstört, so daß Strauß sich noch auf dem Totenbett über Nietzsches radikalen Angriff beklagt. "Erst geköpft und dann gehangen, dann gespießt auf heiße Stangen" (2) soll Strauß dort - laut Ziegler - voll bitterer Selbstironie einem Freund gegenüber geäußert haben. Auch läßt sich der Streit, den Nietzsche mit Strauß vom Zaune bricht, nicht dadurch herunterspielen, daß man ihn auf eine rein stilistische Ebene transponiert, wie Ziegler dies gelegentlich tut (3), so als kämpfe Nietzsche nur vehement um einen besseren Stil. Die Differenzen sind von grundsätzlicher Art. Daß Nietzsche hierdurch sein durch die 'Geburt der Tragödie' ramponiertes Image als Philologe nun als Kulturkritiker wieder aufbessert, muß allerdings der Gerechtigkeit halber hinzugefügt werden.

Strauß ist der Kulturideologe des neureichen Bürgertums der Gründerzeit. "Der alte und der neue Glaube" soll dazu dienen, diesem zu helfen, seinen Mangel an "hoffähig" machender Bildung zu beheben. Strauß' Opus kann man geradezu als eine Art "Knigge in puncto Kultur und Bildung" bezeichnen. Es belehrt darüber, welche Klassiker der Vergangenheit und in welcher Aufmachung man zur Ausstaffierung seiner Bildungs- und Kulturkulisse benötigt. Strauß bezieht sich auf die Kulturgeschichte. Ihre Inhalte wachsen unter seiner Feder zu Klischees heran, die noch heute durch die Aufsatzhilfen für Oberschüler geistern. Strauß läßt in kulturhistorisch ästhetizistischer Manier die Klassiker aus Dichtung und Musik an sich vorbeiziehn und sagt bei einem jeden, was ihm gefällt oder auch nicht ge-

---

1 F. Nietzsche, Nachgel. Fragm., Bd. III-4, S. 214
2 Theobald Ziegler, Friedrich Nietzsche. Berlin 1900, S. 42
3 Theobald Ziegler, a.a.O., S. 44

fällt, beziehungsweise was man von jedem zu halten hat. Haydn
verkommt dabei zu einer "ehrlichen Suppe" (1), und Mozart
wird mit "Champagner und Konfekt" (2) verglichen. Beides sind
notwendige Bestandteile eines Konzerts, sprich: Menüs, für das
Beethoven wohl das Hauptgericht abgeben soll. Nach dem Essen
unterhält man sich über die Dichtkunst, wobei Strauß das Wort
führt und den 'bildungshungrigen' Gästen - ohne viele Umschwei-
fe zu machen - verkündet: "Unter den Schillerschen Dramen
stelle ich Wallenstein, Tell, Kabale und Liebe - diese und
in dieser Ordnung - obenan" (3). Daß Schiller mit Wallenstein
den künstlerischen Höhenrekord aufgestellt hat (natürlich nur
in bezug auf sein eigenes Werk, das im Vergleich zum "Hochge-
birge" (4) des "Olympiers" - obwohl es den ansehnlichsten
"Gipfel" neben diesem bildet - doch eben nur ein "Vorhügel"
ist, wie Strauß aus dem günstigen "Sehwinkel" (5) eines nun
schon zwei Generationen füllenden Abstands zu dem Bergriesen
das Glück hat erkennen zu können, das steht für Strauß außer
Frage. Denn: "Wallenstein ist ein Macbeth, der zugleich ein
Hamlet ist" (6). Und obwohl sich, zu Schillers eigenem Nach-
teil, dessen "komische Kraft" (7) bei der Darstellung des
Lagers Wallensteins ausgetobt hat (glücklicherweise lag sie
aber schon in den letzten Zügen, sonst wäre wahrscheinlich das
Bild eines Rummelplatzes entstanden), kommt der Kritiker Strauß
in Anbetracht der "Behandlung des astrologischen Wesens", der
"Kapuzinerpredigt" usw. nicht umhin, voller Anerkennung festzustellen, "welch ungemeines Talent Schillern zu Gebote stand,
gegebene Stoffe in ganz objektiver Weise sich poetisch anzueignen, sooft er es der Mühe wert fand, sich einem solchen
Zwange zu unterwerfen" (8). Offensichtlich fand es Schiller
beim Tell nicht so sehr und dann bei Kabale und Liebe noch we-

1   David Friedrich Strauß, a.a.O., S. 362
2   ebenda
3   David Friedrich Strauß, a.a.O., S. 330
4   David Friedrich Strauß, a.a.O., S. 303
5   ebenda
6   David Friedrich Strauß, a.a.O., S. 330
7   David Friedrich Strauß, a.a.O., S. 329
8   David Friedrich Strauß, a.a.O., S. 330

niger "der Mühe wert", oder der "Zwang" war einfach nicht so
groß, so daß diese dann doch nur zu "Vorhügeln" des "ansehli-
chen Gipfels" wurden. Völlig flach wird die Landschaft dann
leider Gottes mit der Jungfrau von Orleans. "Viel zu wenig
Naivität und viel zu viel Rhethorik" (1) bescheinigt Strauß
dieser lapidar. Mit etwas mehr Naivität und weniger Rheto-
rik wäre die Landschaft sicher bergiger geworden. Unnaives
und rhetorisches Flachland mag der "schwärmerischen Jugend"
gefallen, es sagt aber "dem reifen Geschmacke nicht mehr zu"
(2), wie sich die älteren Leute ja sowieso am liebsten auf
steileren Gipfelhöhen aufhalten. Aber Schiller, "dem Frauen
nur ausnahmsweise und als Nebenrolle nicht mißlangen", hat
eben nicht gewußt, daß "ein weibliches Wesen zur Hauptfigur
eines Dramas zu machen (...) ein Mißgriff" war (3). So täuschte sich selbst Schiller über seine Möglichkeiten und über
Strukturprinzipien des Dramas, wobei doch ansonsten gerade
hierin sein "Stärke" bestand. Womit Schiller übrigens in das
"eigenthümliche Ergänzungsverhältnis" zu Goethe getreten ist,
der "im Drama" seine "Schwäche" (4) hatte. In der Lyrik dagegen verhält es sich umgekehrt. Hier liegt Goethe eindeutig vor
Schiller (5). Eigentlich stände es somit zwischen beiden un-
entschieden. Doch Strauß wahrt die Relation und lobt Goethe
über cirka 16 Seiten hin als Dichter (mit Ausnahme des zweiten
Teils des Faust: "ein allegorisch schemenhaftes Produkt" (6))
und als Mensch (7), dessen Leben wir für uns fruchtbar zu
machen nicht müde werden" (8).
Schiller dagegen bekommt ganze 13 Seiten ab. Wenn man die
"kritischen" Bemerkungen abzieht, bleiben vielleicht noch
zehn Seiten für Lobsprüche übrig. Wodurch sich Strauß als

---

1   David Friedrich Strauß, a.a.O., S. 333
2   ebenda
3   ebenda
4   David Friedrich Strauß, a.a.O., S. 322
5   David Friedrich Strauß, a.a.O., S. 323
6   David Friedrich Strauß, a.a.O., S. 308
7   ebenda
8   David Friedrich Strauß, a.a.O., S. 322

überlegener Betrachter der Klassik präsentieren zu können
glaubt, als jemand, der das Recht und die Fähigkeit zur Kritik
an der Klassik besitzt und von sich behaupten kann: "Hier um-
weht uns Geist von unserem Geist" (1).
Strauß' Urteile zeugen von einem rein geschmäcklerischen Di-
lettantismus. Es sind keineswegs Resultate einer der Sache hin-
gegebenen und verpflichteten Überlegung, sondern sie stammen
aus unmittelbaren und unklaren Empfindungen und werden mit
überkommenen Klischees vermischt. Nietzsche bezeichnet den
"historisch-ästhetische(n) Bildungsphilister" (ohne allerdings
den Namen Strauß an dieser Stelle zu erwähnen) als "das Sen-
sorium für tausenderlei Anempfindungen, den unersättliche(n)
Magen, der noch nicht weiß, was ein rechtschaffener Hunger und
Durst ist" (2). Eine Stelle in "Menschliches, Allzumenschli-
ches" (3), die bisweilen als "Beleg" für Nietzsches Würdigung
der Leistung der Schüler Hegels angesehen wird, stellt sich
von hier aus in einem anderen Lichte dar. Nietzsche spricht
von der "erstaunlichen Kunstfertigkeit des Anschmeckens",
die von dem "zweckbewußten Goethekultus" der Romantiker auf
"die Schüler Hegels" übergegangen ist, die er "die eigentlichen Erzieher der Deutschen dieses Jahrhunderts" (4) nennt.
Der Zusammenhang zwischen den "Anempfindungen" des Hegelianers
Strauß und dem hier erwähnten "Anschmecken" in Verbindung mit
dem Goethekult ist klar. Nietzsche würdigt hier keine Leistung,
sondern konstatiert die kulturzerstörenden Folgen einer "Erziehung", die sein Erzfeind, der ästhetizistische Bildungsphilister, den Deutschen hat zuteil werden lassen.

---

1   David Friedrich Strauß, a.a.O., S. 299
2   F. Nietzsche, Bd. 1, S. 278
3   Karl Löwith, Von Hegel zu Nietzsche. Stuttgart 1950,
    S. 205. Löwith bezieht sich hier auf den Atheismus des
    Junghegelianers B. Bauer. Siehe hierzu die Seiten 366 ff.
4   F. Nietzsche, Bd. 1, S. 800

Gegen die deutsche Bildung: die Bildung des Deutschen

Bei Strauß gerät die kulturgeschichtliche Bildung in das Fahrwasser einer nationalen Selbstbeweihräucherung. Strauß treibt
die allgemein herrschende Begeisterung, die nach dem militärischen Sieg über Frankreich und nach der Reichsgründung in
Deutschland losgebrochen ist, auf die Spitze, indem er der
deutschen Nation Erfolg und Sieg auch in kultureller Hinsicht
zuspricht. Während "wir" "uns durch diese so unerwartete als
herrliche Wendung der Geschicke unserer vielgeprüften Nation
im Innersten erhoben" (1) fühlen, tut Strauß einen Griff ins
Bücherregal, und zwar dahin, wo die Klassiker stehen. Durch
einen Blick in deren Bücher steigert sich der "erhobene" Zustand zu einem rauschähnlichen. "So leben wir, so wandeln wir
beglückt" (2), lautet Straußens Jubilate. Nationaler und mili-
tärischer Erfolg gipfeln im kulturellen. Deutsche Überlegenheit glaubt Strauß auch bei einem Vergleich der französichen
mit der deutschen Sprache feststellen zu können: "Die französische Sprache ist Weltsprache geworden, indem sie sich als
Verkehrsmittel allen Völkern aufzudrängen oder bei ihnen ein-
zuschmeicheln wußte: die deutsche Sprache ist es, sofern sie
die edelsten Erzeugnisse aller anderen Sprachen sich und ihrem
Volke zu assimilieren weiß" (3). Der kulturelle Chauvinismus,
der bei Strauß mit den Klassikern und der deutschen Sprache
liebäugelt, ist schon damals und vor allen Dingen im weiteren
Verlauf der Geschichte - man denke nur an die "Verdeutschung"
der Sprache durch die Nationalsozialisten und an deren Klassi-
kerkult - weder der Sprache noch den Klassikern gut bekommen,
sondern hat sich als äußerst kulturfeindlich erwiesen. Nietzsche warnt davor, wie Löwith sagt, den deutschen Geist ins
Nationale zu verengen (4). Daß dies zur "Exstirpation des
deutschen Geistes zugunsten des 'deutschen Reiches'" (5) führt,

---

1   David Friedrich Strauß, a.a.O., S. 294
2   ebenda
3   David Friedrich Strauß, a.a.O., S. 230
4   Karl Löwith, a.a.O., S. 326
5   F. Nietzsche, Bd. 1, S. 137

diagnostiziert er am Kulturverfall seiner Zeit und prophezeit es gleichsam für die Zukunft. Er bekämpft den Verdummungseffekt, den eine Instrumentalisierung kulturgeschichtlicher Bildung aus nationalen Gründen mit sich bringt und fordert stattdessen: "Bildung nicht auf nationaler Grundlage, sondern Bildung des Deutschen, nicht Bildung nach dem Deutschen" (1).

Kulturelle Unproduktivität angesichts gegenwärtiger und vergangener "Erfolge"

Da sich für Strauß und viele seiner Zeitgenossen im militärischen Sieg und der nationalen Vereinigung auch eine kulturelle Überlegenheit äußert, neigt man allzuleicht dazu, die Hände in den Schoß zu legen. Der militärische Sieg bewirkt eine kulturelle Katastrophe. Man glaubt, daß die Kultur der Klassik auch für die Gegenwart verbürgt ist, nicht durch "Tätigkeit", sondern durch passive Erbauung. Die Götter des Erfolgs bestärken einen in dieser Meinung. "Die rechte und volle Erbauung quillt uns ... in unseren Dichtern ..., den Vätern und Großvätern unserer heutigen Geistes- und Gemüthsbildung, deren Weisen und holden Gesängen dankbar und lernbegierig zu lauschen, wir billig kein Ende finden ..." (2). Bisweilen überkommt einen dann beim Anblick vergangener deutscher Kultur der Anflug eines Gefühls, das einem sagt, daß passive Erbauung allein für die Gegenwart fruchtlos ist. Also läßt man sich "anregen". "Und endlich finden wir in den Schriften unserer großen Dichter, bei den Aufführungen der Werke unserer großen Musiker eine Anregung für Geist und Gemüth, für Phantasie und Humor, die nichts zu wünschen übrig läßt" (3). Man sonnt sich in einer Sonne, die längst untergegangen ist. Wie dunkel es mittlerweile geworden ist, davon vermitteln die wenig erbaulichen Früchte der Anregungen, die Strauß empfangen hat, einen anschauli-

---

1   F. Nietzsche, Nachgel. Fragm., Bd. III-4, S. 96
2   David Friedrich Strauß, a.a.O., S. 300
3   David Friedrich Strauß, a.a.O., S. 294

chen Eindruck. Nietzsche prangert den passiven Kulturkonsum
an, dem Literaten wie Strauß in den Gründerjahren den Weg
bereiten; die fruchtlos bleibende "Erbauung" und die Denk-
mäler, die man den Klassikern stiftet. So gibt man vor, seine
"Pflicht gegenüber dem kulturellen Erbe" zu erfüllen, während
man sich in Wirklichkeit damit nur um die Konsequenzen herum-
drückt, die einem aus den Werken der Gelehrten erwachsen können. "Nur eine Art gibt (es)", schreibt Nietzsche, "(die Klassiker) zu ehren, nämlich dadurch, daß man fortfährt, in ihrem
Geiste und mit ihrem Mute zu suchen, und dabei nicht müde wird.
Dagegen ihnen das so nachdenkliche Wort "Klassiker" anzu-
hängen und sich von Zeit zu Zeit einmal an ihren Werken zu
"erbauen", das heißt, sich jenen matten und egoistischen Regungen überlassen, die unsere Konzertsäle und Theaterräume
jedem Bezahlenden versprechen; auch wohl Bildsäulen stiften
und mit ihrem Namen Feste und Vereine bezeichnen - das alles
sind nur klingende Abzahlungen, durch die der Bildungsphilister sich mit ihnen auseinandersetzt, um im übrigen sie nicht
mehr zu kennen, und um vor allem nicht nachfolgen und weiter
suchen zu müssen. Denn: es darf nicht mehr gesucht werden; das
ist Philisterlosung" (1).

Stillosigkeit moderner Kultur

Ein weiterer Grund für den Kulturverfall im Zeitalter von
'Gründerprunk und Gründergeist' ist das Prestigebedürfnis.
Wie Hamann und Hermand ausführen, liegt es am ökonomischen
Aufschwung jener Zeit, daß sich viele Neureiche, die daran
teilhaben, mit dem erkauften Adel eines Kunst-Besitzers schmük-
ken, weil ihnen der Geburtsadel fehlt, der zum gesellschaftli-
chen Ansehen erforderlich ist (2). Das Atelier des Malers
Hans Makart, ein einzigartiges, ungewolltes Kuriosum, läßt

---

1   F. Nietzsche, Bd. 1, S. 144
2   Richard Hamann/Jost Hermand, Epochen deutscher Kultur von
     1870 bis zur Gegenwart, Bd. 1, Gründerzeit. Frankfurt 1977
     S. 25

leicht erkennen, worum es geht. Man will als "Besitzer aner-
kannter Kunstwerke bewundert werden" (1) und sucht dies durch
ein Sammelsurium von Kultur- und Kunstgegenständen aus den ver-
schiedensten Ländern und Epochen zu erreichen. Dies soll beim
Betrachter einen überwältigenden Eindruck auslösen, durch
den das Ansehen des Besitzers gehoben wird. Makart gelingt es
vortrefflich, das gewünschte Aufsehen zu erregen und die Be-
sucher seines Ateliers in Verwirrung und Erstaunen zu versetzen: "Da begegnet man auf reichornamentierter, deutscher Re-
naissancetruhe einem chinesischen Idol oder einem hellenischen
Anathema aus Terrakotta; unter einem Baldachin, getragen von
zwei spätrömisch gewundenen Säulen, die Armatur eines Gehar-
nischten; in einem Spinde altitalienischer Arbeit prunkt eine
Kollektion gold- und perlenbesetzter, orientalischer Hauben;
von einem hohen, kaminartigen Aufsatze grüßt aus phantastisch
in Holz geschnittenem Encadrement ein weibliches Brustbild nieder, das zwei flott modellierte Allegorien flankieren; Smyr-
naeer und Gobelins verkleiden die Wände, von denen sich eine
Anzahl guter Kopien nach alten Italienern und Niederländern
wirksam absetzen; abenteuerlich geformte Kronen, Ampeln, Lü-
sterweibchen lassen den Blick zum mächtigen Deckengetäfel em-
porschweifen; antikes und mittelalterliches Gewaffen ziert
hier einen Türsturz, füllt dort eine Ecke. Und auf Boulemöbeln
und Intarsiengestühl sitzend, umgeben von Büsten, Tierskelet-
ten, Mumien, Oleanderbäumen und Musikinstrumenten, kommt man
erst allgemach dazu, in der scheinbar wüst durcheinanderwogen-
den Herrlichkeit die künstlerischen Einklänge zu entdecken"
(2). Geschmacklosigkeit und Stillosigkeit triumphieren hier
aus Gründen sozialen Prestiges. Hamann und Hermand zufolge ist
das Atelier Hans Makarts keine außergewöhnliche Erscheinung
jener Jahre. Die Wohnung mit einem Sammelsurium von historischen Kunstwerken und Kitsch vollzustopfen, ist eine "Allge-

---

1 R. Hamann/J. Hermand, a.a.O., S. 25
2 R. Hamann/J. Hermand, a.a.O., S. 24

meinerscheinung im Lebensstil der oberen Zehntausend" (1).
Der Trend, kulturgeschichtliche Sammelsurien zu schaffen,
bleibt nicht auf Ateliers beschränkt. Nietzsche entdeckt seine
Spuren in der Architektur, der Mode und dem gesamten Kulturbetrieb der Gründerzeit. Das zeigt seine Kritik am "chaotischen
Durcheinander", in dem "der Deutsche unserer Tage" (2) lebt.
"Alles sollte ihn doch belehren: ein jeder Blick auf seine
Kleidung, sein Zimmer, sein Haus, ein jeder Gang durch die
Straßen seiner Städte, eine jede Einkehr in den Magazinen
der Kunstmodehändler; inmitten des geselligen Verkehrs sollte
er sich des Ursprungs seiner Manieren und Bewegungen, inmitten
unserer Kunstanstalten, Konzert,- Theater- und Musenfreuden
sich des grotesken Neben- und Übereinander aller möglichen
Stile bewußt werden. Die Formen, Farben, Produkte und Kuriosi-
täten aller Zeiten und Zonen häuft der Deutsche um sich herum
und bringt dadurch jene moderne Jahrmarktsbuntheit hervor, die
seine Gelehrten nun wiederum als das 'Moderne' an sich betrachten" (3). Dabei entsteht natürlich keine zur "Harmonie eines
Stils zusammenlaufende Mannigfaltigkeit" (4) als klassisches
Kennzeichen einer Kultur. Spricht man angesichts des geschilderten Durcheinanders von einer Einheit des Stils, stimmt
Nietzsche dem dennoch zu. Seine "Zustimmung" enthält jedoch
die schlimmste Anklage: es handelt sich um ein "System der
Nicht-Kultur, der man selbst eine gewisse 'Einheit des Stils'
zugestehen dürfte, falls es nämlich einen Sinn hat, von einer
stilisierten Barbarei zu reden" (5).

Bildung und Innerlichkeit

Die Kulturen fremder und vergangener Epochen sollen die fehlende eigene Kultur ersetzen. Dem Gebildeten dienen sie nicht

---

1   R. Hamann/J. Hermand, a.a.O., S. 25
2   F. Nietzsche, Bd. 1, S. 140
3   ebenda
4   F. Nietzsche, Bd. 1, S. 142
5   F. Nietzsche, Bd. 1, S. 143

als Vorlage für eigene kreative Entfaltung, sondern ihm gilt
die bloße Kenntnis als Sinn und Zweck seiner Beschäftigung.
Kultur erschöpft sich im Wissen um Kultur, und damit begnügt
man sich. "Das Wissen", so Nietzsche, "wirkt jetzt nicht mehr
als umgestaltendes, nach außen treibendes Motiv und bleibt
in einer gewissen chaotischen Innenwelt verborgen, die jener
moderne Mensch mit seltsamem Stolz als die ihm eigentümliche
"Innerlichkeit" bezeichnet. ... Unsere moderne Bildung ... ist
gar keine wirkliche Bildung, sondern nur eine Art Wissen um
die Bildung, es bleibt in ihr bei dem Bildungsgedanken, bei
dem Bildungsgefühl, es wird kein Bildungs-Entschluß daraus"
(1). Bildung bleibt innerlich und läuft so kulturstiftender
Aneignung zuwider. "Der innere Prozess, das ist jetzt die
Sache selbst, das ist die eigentliche Bildung" (2). Nietzsche
führt ein Erbe der spekulativen Philosophie kritisch vor, das
im kulturzerstörenden Prozeß der Moderne eine wichtige Rolle
spielt: man hält die bloß theoretische Bewältigung von Problemen schon für ihre praktische Lösung. Das erinnert an Marx'
"Kritik der Hegelschen Rechtsphilosophie", wo Marx sich gegen
den ideellen Charakter der "Versöhnung" von Vernunft und Wirklichkeit in der spekulativen Philosophie wendet. Bei Hegel
ist die Vermittlung von Gegensätzen nur theoretisch vollzogen,
als abstraktes Vorgehen. Marx hingegen beharrt darauf, daß sie
in der Wirklichkeit und durch sie selbst zustande kommt und
nicht länger nur deren "ideelle Ergänzung" bildet (3). Er
beklagt sich in diesem Zusammenhang über die Deutschen als die
bloß "philosophischen Zeitgenossen der Gegenwart" (4) und be-
mängelt, daß in Deutschland das "praktische Leben ebenso geist-
los, als das geistige Leben unpraktisch" (5) ist.
Bei Nietzsche ist der Zusammenhang natürlich ein anderer.
Schlechte Wirklichkeit meint hier nicht Klassenunterschiede,
sondern eine Gesellschaft, in der sich Leute wie Strauß als

---

1 F. Nietzsche, Bd. 1, S. 232
2 ebenda
3 Karl Marx, Die Frühschriften. Stuttgart 1953, S. 215
4 Karl Marx, a.a.O., S. 214
5 ebenda

"Träger der Kultur" aufspielen können und in der im Grunde nur Gewinn und Prestige, Reichspolitik und Militarismus etwas zählen. Die "ideelle Ergänzung" besteht in diesem Fall darin, daß man das Wissen von vergangener Kultur selbst schon für den Erwerb realer Kultur hält. Nietzsche zerstört das stolze Blendwerk des Gebildeten seiner Zeit, der sich mit der Gloriole des Wissens umgibt und einzig der Parole folgt: je mehr, desto besser und kultivierter.

Innere Bildung und äußere Barbarei

Verinnerlichung der Bildung bedeutet nicht, die Bildung zum eigentlichen Anliegen zu machen und sie als kritisches Korrektiv der eigenen Lebenspraxis zu verwenden oder die Möglichkeiten, die sie aufweist und an die sie die Erinnerung wach hält, in die Lebenspraxis einfließen zu lassen, sondern heißt, sie zur Wirkungslosigkeit verkümmern zu lassen. "Im Innern ruht dann wohl die Empfindung, jener Schlange gleich, die ganze Kaninchen verschluckt hat und sich dann still gefaßt in die Sonne legt und alle Bewegungen, außer den notwendigsten, vermeidet" (1). Mit der Ausschaltung von Bildungspotenzen qua Innerlichkeit verkümmert Kulturarbeit zum rein kompensatorischen Genuß. Neben die Folgenlosigkeit tritt mittelmäßiges Sich-begnügen. Dort gibt es "nur noch gediegene Mittelmäßigkeit ... die Kunst (ist) das ... was dem Berliner Börsenmann etwa abends die Posse ist" (2). So E.v.Hartmann, den Nietzsche hier zitiert und der dies zustimmend schreibt. Solcherart um ihren kulturstiftenden Gehalt gebracht, hat die Bildung selbst der krudesten, barbarischen gesellschaftlichen Praxis nichts mehr entgegenzusetzen. Nietzsche diagnostiziert: "Die ganze moderne Bildung (ist) wesentlich innerlich: auswendig hat der Buchbinder so etwas daraufgedruckt wie: Handbuch innerlicher Bildung für äußerliche Barbaren" (3). Wenn "innerliche Bildung"

---

1 F. Nietzsche, Bd. 1, S. 232
2 F. Nietzsche, Bd. 1, S. 268
3 F. Nietzsche, Bd. 1, S. 233

gesellschaftliche Barbarei auch nicht verursacht, kann sie ihr doch durch die ihr eigene Passivität Vorschub leisten. In jedem Fall verträgt sie sich mit der "verächtliche(n) Geld- und Genusswirthschaft", die der Bildungsbürger Nietzsche den "gebildeten Ständen" (1) ankreidet. Nietzsche mag auch den verselbständigten Wissens- und Bildungsstolz eines David Fried- rich Strauß vor Augen haben, der mit dem Säbelrasseln der Bismarck-Ära, der Aufwallung von nationalem und militärischem Stolz durchaus zusammenpaßt. Sechzig Jahre später geben sich für Eugen Kogon die verinnerlichte Bildung und die gesell- schaftliche Barbarei im lokalen Beieinander von Weimar und dem KZ Buchenwald, in dem er interniert war, symbolisch ein per- verses Stelldichein (2).

Der Mythos: Nietzsches Antithese zur entfremdeten Bildung

Nietzsche, der bei Strauß auf Kennzeichen eines entfremdeten Bildungs- und Kulturbewußtseins stößt, hat mit diesem das Selbstverständnis des "Kulturgestalters" gemein. Er entwickelt sein Konzept antithetisch zur bezeichneten kulturellen Misere, die durch "Ungebildete mit unzulänglicher Innerlichkeit und Gebildete mit verbildeter und verführter Innerlichkeit" (3) repräsentiert wird. Der antithetische Charakter von Nietzsches Argumentation tritt in seiner Darstellung bestimmter Merkmale griechischer Bildung, die er als historisches Vorbild für die Gegenwart interpretiert, deutlich hervor. Die Dysfunktio- nalität einer innerlichen, wirkungslos bleibenden Bildung war den Griechen nicht bekannt (4). Obwohl sie den gleichen Gefahren ausgesetzt gewesen waren wie die Moderne, verloren sie sich nicht in der chaotischen Mannigfaltigkeit früherer bzw. fremder Kulturen. Sie trotzten der Gefahr der "Überschwem-

---

1 F. Nietzsche, Nachgel. Fragm., Bd. III-4, S. 326.
2 Eugen Kogon, Der SS-Staat, Das System der Deutschen Konzentrationslager. München 1977, S. 78
3 F. Nietzsche, Bd. 1, S. 236
4 F. Nietzsche, Bd. 1, S. 232

mung" und züchteten kein Kulturgebilde heran, in dem das Überkommene nur den Zustand eines "Aggregats" erreicht (1). Sie
überwanden die Stillosigkeit und organisierten das Chaos (2).
Sie verstanden die Kunst nicht als "Dekoration" und "Verhül-
lung", sondern bei ihnen bestand "Einhelligkeit zwischen Leben, Denken, Scheinen und Wollen" (3). All dies war - so Nietzsche - dadurch möglich, daß sie sich einen "unhistorischen
Sinn zäh bewahrt" haben. "Müßte ein zeitgemäßer Mensch in
jene Welt durch Verzauberung zurückkehren, er würde vermutlich
die Griechen sehr 'ungebildet' befinden, womit dann freilich
das so peinlich verhüllte Geheimnis der modernen Bildung zu
öffentlichem Gelächter aufgedeckt wäre: denn aus uns haben wir
Modernen gar nichts; nur dadurch, daß wir uns mit fremden
Zeiten, Sitten, Künsten, Philosophien, Religionen, Erkenntnissen anfüllen und überfüllen, werden wir zu etwas Beachtungs-
wertem, nämlich zu wandelnden Enzyklopädien, als welche uns
vielleicht ein in unsere Zeit verschlagener Alt-Hellene an-
sprechen würde" (4). Auch Nietzsches Mythos-Bild ist deutlich
aus dem Gegensatz zur kulturhistorischen Überschwemmung der
Gegenwart heraus konzipiert. Der Mythos soll bei den vorsokratischen Griechen eine Bastion gegen das Übermaß des Überlie-
ferbaren gebildet und vor den Gefahren des "Systems der Nicht-
kultur" geschützt haben. Zeitkritik und historische Interpretation bilden eine unübersehbare Einheit. "Man denke sich
eine Kultur, die keinen festen und heiligen Ursitz hat, sondern alle Möglichkeiten zu erschöpfen und von allen Kulturen
sich kümmerlich zu nähren verurteilt ist ..." (5). "Dagegen
besaßen die Griechen" ein "zusammengezogenes Weltbild" (6).
Bei ihnen schloß "ein mit Mythen umstellter Horizont ... eine
ganze Kulturbewegung zur Einheit ab" (7).

---

1 F. Nietzsche, Bd. 1, S. 284
2 ebenda
3 F. Nietzsche, Bd. 1, S. 285
4 F. Nietzsche, Bd. 1, S. 233
5 F. Nietzsche, Bd. 1, S. 125
6 ebenda
7 ebenda

In Anbetracht des skizzierten Umfeldes entfremdeter Bildung
wird der Ruf nach dem Mythos auch für die Moderne laut: "Worauf weist das ungeheure historische Bedürfnis unbefriedigter
moderner Kultur, das Umsichsammeln zahlloser anderer Kulturen
... wenn nicht auf den Verlust des Mythos ..." (1). Mythos ist
für Nietzsche gleichbedeutend mit der Ablehnung eines Überma-
ßes an Bildungsinhalten, welches eine Verschüttung kulturstiftender Bildungspotenzen bewirkt. Mythos heißt "Vergessen" des
"Vergangenen", damit dieses nicht zum "Totengräber des Gegenwärtigen" wird (2) und ist in kulturstiftender Absicht gemeint.
"Ohne Mythos ... geht jede Kultur ihrer gesunden schöpferischen Kulturkraft verlustig" (3).
Einen möglichen Zusammenhang von "Vergessen" und künstlerischer, der Kultur zugute kommender Kreativität erläutert Goethe, der von Nietzsche häufig zur Unterstreichung seiner kul-
turkritischen Ansichten herangezogen wird. "Wie sehr das historische Wissen tödtet", schreibt Nietzsche, "hat Goethe einmal ausgedrückt: Hätte ich so deutlich wie jetzt gewußt, wie
viel Vortreffliches seit Jahrhunderten und Jahrtausenden da
ist, ich hätte keine Zeile geschrieben, sondern etwas anderes
gethan" (4).
In Nietzsches Überzeugung, daß das Nichtwissen, die "mythische
Abwehr des Einflusses vergangener Kulturen, eine Erneuerung
der gegenwärtigen Kultur begünstigen kann, klingt die aus
dem Neukantianismus stammende Theorie des Werts fiktiver Ideale an (5). Bewußt inszenierte Mythen sollen das auf die Ver-
herrlichung der Gegenwart hinauslaufende und kulturelle Innovationen vereitelnde Übermaß zur Schau gestellter Kulturgüter
ersetzen.

---

1 F. Nietzsche, Bd. 1, S. 213
2 F. Nietzsche, Bd. 1, S. 125
3 F. Nietzsche, Nachgel. Fragm., Bd. III-4, S. 271
4 ebenda
5 Siehe hierzu das Kapitel "Friedrich Albert Langes Einfluß
   auf die Philosophie Nietzsches". S. 123 ff. dieser Arbeit.

Der Idealismus der Mythos-Konzeption

Natürlich ist es äußerst fraglich, ob sich der von Nietzsche
ersehnte Mythos in das Bewußtsein der Allgemeinheit integrieren läßt und ob er dann zu dem beabsichtigten Effekt führt,
nämlich eine Barriere gegen das Eindringen einer konturlosen
Kulturenvielfalt zu bilden, bloße Innerlichkeit oder gar äußere Barbarei zu verhindern und insgesamt Quelle von Kultur
zu sein. Frühgriechische Überbauphänomene - wobei es zweifelhaft ist, ob sich die Griechen mit den Problemen des historischen Zeitalters herumzuschlagen hatten und ob Nietzsches idealistischer Lösungsversuch nicht einfach ins Griechentum projiziert ist (1) - lassen sich schwerlich, ohne gravierende Ände-
rungen zu erleiden, in Verhältnisse eines emporschießenden Ka-
pitalismus integrieren. Überlegungen bezüglich einer Veränderung der ökonomischen Basis als mögliche Grundlage für eine
kulturelle Veränderung und Verbesserung tauchen bei Nietzsche
überhaupt nicht aus. Insofern bleibt er als "Kulturgestalter"
hinter dem historisch erreichten Stand der marxistischen Ideo-
logieforschung zurück und bietet in der Tat ein "unzeitgemä-
ßes" Konzept an, das idealistischen Ursprungs ist, insofern es
von der Möglichkeit einer unmittelbaren Umsetzung von Gedanken
in Wirklichkeit ausgeht. Auf diesem Hintergrund ist auch Nietzsches Bemerkung zu verstehen, man könne sich darüber "wundern",
"daß die Kultur so wenig hemmend in diese militärischen Erfor-
dernisse (gemeint ist der deutsch-französische Krieg, M.F.)
dazwischen getreten ist, daß sie entweder so ohnmächtig war
oder so zugehörig dienstfertig" (2). Nietzsche erwartet von
einem veränderten Kulturbewußtsein die Durchdringung und Umgestaltung der bürgerlichen Gesellschaft, die Beseitigung von
Nationalismus, Militarismus und kapitalistischer Gewinnsucht.
Nietzsche kommt mit der Forderung des mythischen Sich-Abschlie-
ßens ungewollt einem Bewußtsein entgegen, dem an einer ratio-
nalen Aufklärung seiner Krise nicht viel liegt. Kulturideolo-

---

1 Siehe hierzu S. 155 ff. dieser Arbeit
2 F. Nietzsche, Nachgel. Fragm., Bd. III-4, S. 184

Werbeantwort

alhenaum · Hain · Hanstein
Savignystr. 53

6000 Frankfurt am Main 1

Hier ist Platz für Mitteilungen
und Anregungen

Ich bitte um Zusendung einer Probenummer
folgender Zeitschrift(en):

☐ **Bulletin des Leo Baeck Institutes**
☐ **Studium Linguistik**
☐ **Philosophischer Literaturanzeiger**
☐ **Zeitschrift für philosophische Forschung**
☐ **Philosophia Naturalis**
☐ **Psychologische Beiträge**

Wenn Sie Interesse an den Programmen der Verlage Athenäum, Hain, Hanstein, Syndikat und Europäische Verlagsanstalt haben, füllen Sie bitte diese Karte aus:

Name

| | | | | | | | | | | | | | | | | | |

Vorname

| | | | | | | | | | | | | | | | | | |

Straße

| | | | | | | | | | | | | | | | | | |
Nr.

Postleitzahl

| | | | | | | | | | | | | | | | | | |
Wohnort

Beruf/Fachrichtung

| | | | | | | | | | | | | | | | | | |

Datum

| | | | | |

In welchem Buch haben Sie diese Karte gefunden?

Bitte geben Sie auch an, welcher Themenschwerpunkt Sie besonders interessiert:

Anthropologie/ Ethnologie	1	Wirtschaftswissen- schaften/Polit. Ökonomie	5
Kulturtheorie/Kunst- geschichte/Literatur- und Sprachwissensch.	2	Philosophie/ Theologie	6
Psychologie/ Pädagogik	3	Jüdischer Verlag	7
Politik/Geschichte/ Zeitgeschichte/ Soziologie	4	Neuankündigungen Gesamtprogramm	8

gen wie D.F. Strauß bauen dem Bürgertum des ausgehenden 19.
Jahrhunderts Luftschlösser. Man berauscht sich am Mythos, sich
auf dem Höhepunkt deutscher Kultur zu befinden. Nietzsches Ta-
del in Form des Mythos ist deshalb weniger oppositionell,
als Nietzsche selbst annimmt: ungewollt verträgt es sich mit
dem Verfall, den er anprangert.

Historische Neutralisierung innovatorischer Impulse in Kultur und Wissenschaft

Die Gründung des Bankenwesens im ausgehenden 19. Jahrhundert,
der militärische Sieg über Frankreich, die fortschreitende Industrialisierung und Kapitalisierung der Arbeit, die das Bürgertum in einen triumphartigen Zustand versetzen, werden auf
der Ebene der Kultur begleitet von einer wachsenden Aneignung
vergangener Kultur. "Es läßt sich feststellen", schreibt Hermann Bausinger, "daß die historische Orientierung in den Kul-
turwerken um so eindeutiger und intensiver war, je rascher
sich das zivilisatorische Tempo beschleunigte - an der Kunst
der Gründerzeit läßt sich dies beispielsweise ablesen. Und
dieser Rückblick hat sich bis zu einem gewissen Grade dem
Kulturbegriff amalgamiert und dem Kultur-Interessierten vermittelt" (1). Die "historische Orientierung" ist natürlich dem
Kulturbegriff immanent, da Kultur immer schon vorhanden, Reser-
voir ist - sie ist aber hier besonders gemeint: die Aufgabe
von Kulturideologen wie Strauß besteht darin, im historischen
Zugriff sich Kultur so anzueignen, daß alles, was an ihr auf
einen Widerspruch zur vorherrschenden Ausrichtung an Profit,
Nationalismus und Prestige hinausläuft, auszumerzen und nur
die schmückende Hülle übrig bleibt. Diese Art von historischer
Orientierung zerstört die Möglichkeit innovatorischer Impulse,
beraubt die Kultur der Möglichkeit individueller und gesell-

---

1 Hermann Bausinger, Zur Problematik des Kulturbegriffs, ein
   Aufsatz in: Jahrbuch - Deutsch als Fremdsprache 1. Hrsg.
   Alois Wienlacher, Heidelberg 1976, S. 9

schaftlicher Verlebendigung. Nietzsche macht die Strukturen
dieser historisierenden Neutralisierung deutlich; die folgenlos bleibende Verinnerlichung; die nationale Zwangsjacke, in
die man sie preßt; die Klischees, denen man sie unterwirft,
und durch die man glaubt, sie gleichsam in der Tasche zu haben,
wodurch man vor schärferem Hinblicken und neuen Erfahrungen,
zu denen sie anregt, geschützt ist; ihre - dem Prestige zugute
kommende - Zelebrierung, durch die sie vollends vom gesellschaftlichen Alltag losgelöst wird. Diese Form der Aneignung
schafft die exklusive Distanziertheit und Abgehobenheit der
bürgerlichen Kultur, ihre sich in Festtagsreden und Protzbau-
ten äußernde Verdinglichung. Durch sie etabliert sich Kultur
als Kulturkonsum, als Feierabendbeschäftigung für Leute mit
Eintrittskarten, als Möglichkeit des Prestiges, der Gewissens-
beruhigung und der Kompensation frustrierender alltäglicher
Erfahrungen (1).
Nietzsche hält dem einen kritischen Begriff von Kultur entgegen, der sich auf die Urform europäischen Kulturlebens bezieht,
in dem, wie er meint, eine Einheit von Kultur und Lebenspraxis
existierte. Sein Kulturbegriff erhebt sich nicht exklusiv
über die schnöde Praxis, sondern zielt auf deren Durchdringung. Kultur wird nicht als Affirmation und Flucht aufgefaßt,
sondern als Kritik an der Vormacht zivilisatorischer Errungenschaften der Zeit: kulturimmanente Potenzen sollen zur Umgestaltung des Alltags aktiviert werden.
Die Kritik an der neutralisierenden Wirkung der Aneignung
vergangener Kultur führt Nietzsche weiter zur Wissenschaftskritik. Es ist nicht nur die persönliche Bekanntschaft mit dem
Historiker Burckhardt, von dem Nietzsche einige Momente der
Historismuskritik übernimmt, die er verstärkt. In der Wissenschaft, dem Paradepferd bürgerlichen Erfolgsdenkens und Stolzes, dem modernen und aufgeklärten Sich-an-die-Fakten-Halten,

---

1   Siehe hierzu: Herbert Marcuse, Über den affirmativen Cha-
     rakter in der Kunst, in: Kultur und Gesellschaft I. Frank-
     furt am Main 1965, S. 65 ff

sind diegleichen Mechanismen am Werk, die dem Kulturreservoir
der Vergangenheit die schöpferischen Impulse entziehen: die
der Neutralisierung historischer Erfahrung und somit der Boy-
kottierung bewußter Gestaltung der Gegenwarts- und Zukunftsge-
schichte. Die wissenschaftliche Form historischer Orientierung
versperrt, trotz der Fortschrittsgläubigkeit, die sich an Wissenschaft heftet, die Möglichkeit, in der Geschichte "Reiter
und Tragender" zu sein, wie Manès Sperber einmal das ideale
Verhältnis zur Kultur charakterisiert hat.

DIE "LEBENSFEINDLICHKEIT" POSITIVISTISCHER
GESCHICHTSWISSENSCHAFT

"Der Vorsatz der Wissenschaft, keinen wesentlichen Unterschied
zu machen zwischen der Verschwörung brutaler Machthaber gegen
jede menschliche Aspiration auf Glück und andrerseits dem
Kampf dagegen, diese ganze Philosophie, die beides bloß auf
den Begriff des Gegebenen bringt und diese Haltung auch noch
als Objektivität verherrlicht, ist auch den übelsten Gewalten
noch willkommen" (1).

"Das Wissen ist lebensfeindlich", so lautet die Anklage, die
Nietzsche in der "Zweiten Unzeitgemäßen Betrachtung" gegen die
wissenschaftliche Historie erhebt. Die Verallgemeinerung sollte die Kritik schrill und unüberhörbar machen und den Triumph
der Wissenschaft übertönen. Sie hat ihr Ziel erreicht, hat
aber gleichzeitig Nietzsches Intentionen verdunkelt und dem
Mißbrauch seiner Philosophie Tür und Tor geöffnet. Die Geschichte konnte Nietzsches Angriff auf das Wissen allzuleicht
anschwärzen und ihm die Zustimmung und Kumpanei all derer auf-
bürden, die auf die Verdummung der Unterdrückten auswaren und
deshalb Wissen und Objektivität als Charakteristika "jüdischen
entarteten Lebens" denunzierten. Sie machten aus dem Wissenschaftskritiker Nietzsche ihren Vorkämpfer und Ideologen, als
den ihn auch viele ihrer Gegner, wie z.B. Lukàcs, betrachten
und kritisieren (2).
Thomas Mann ist differenzierter. Ohne "volkspädagogische Absichten" (Iring Fetcher) zu verfolgen wie Lukàcs, denen zulie-
be oft das Kind mit dem Bade ausgeschüttet wird, sieht er, daß
Nietzsches Wissenskritik in eine "philosophische Augenblickssituation" gehört. "Als Korrektur rationalistischer Saturiertheit ist diese Meinung zu erklären und sofort bedarf sie der

---

1   Max Horkheimer, Kritische Theorie der Gesellschaft. Bd. 2
     hrsg. von A. Schmidt, Frankfurt 1968, S. 128
2   Georg Lukàcs, Die Zerstörung der Vernunft. Irrationalis-
     mus und Imperialismus, Bd. 2. Darmstadt und Neuwied 1974,
     S. 26

Gegenkorrektur" (1). Der folgende Beitrag soll die "philosophische Augenblickssituation" ausleuchten helfen. Dabei wird
sich herausstellen, daß die "rationalistische Saturiertheit"
nur ein Teil des von Nietzsche angegriffenen wissenschaftlichen Geschichtsverständnisses ist. Nietzsche bekämpft am historischen Wissen Grundzüge positivistischer Wissenschaft.
Die wissenschaftliche Geschichtsschreibung des 19. Jahrhunderts überwindet die teleologische und systemphilosophische.
Man verfährt induktiv, nicht deduktiv, die Geschichte muß sich
am Maßstab empirischer Überprüfbarkeit messen lassen. Gleichzeitig trennt David Friedrich Strauß im "Leben Jesu" (2) das
Geschichtsbild des christlichen Alltagsbewußtseins von seiner
mythischen Schlacke. Soweit decken sich die wissenschaftlichen
Absichten mit denen Nietzsches, der in der "Zweiten Unzeitgemäßen Betrachtung" gegen Hegels und Eduard von Hartmanns Teleologie zu Felde zieht und an anderer Stelle Straußens Bemühungen empirisch wissenschaftlicher Art gegen das Christentum lo-
bend hervorhebt (3). Nietzsche konstatiert jedoch, daß die
Wissenschaft die Überwindung von Teleologie und religiös-my-
thischem Bewußtsein mit ihrem Umschlag in Positivismus bezahlt.
Sich an das Gegebene zu halten und system-philosophische Voraussetzungen der Geschichtsschreibung und solche religiöser
Art als Vorurteil und inobjektiv zu brandmarken, führt bei ihr
zu einem Faktizismus, der vom Gegebenen nicht mehr lernt, als
daß es gegeben ist. Von der Geschichte bleibt, wenn man sie
durch die Raster positivistischer Methodik hindurchpreßt,
die abstrakte Faktizität übrig, ihre schaurige Karikatur.
Das positivistische Geschichtsverständnis signalisiert für
Nietzsche ein verkümmertes Verhältnis des modernen Menschen zu
seiner Geschichte. In ihm kommt auch seine Orientierungs-

---

1   F. Nietzsche, Also sprach Zarathustra. Mit einem Nachwort
     von Thomas Mann. Tübingen 1978. S. 353
2   David Friedrich Strauß, Das Leben Jesu. Leipzig 1874
3   Strauß war "ein strenger Jünger seiner Wissenschaft" ge-
     wesen, bevor er von der "Hegelei erfaßt" wurde. - F.
     Nietzsche, Nachgel. Fragm., Bd. III-4, S. 199

und Kritiklosigkeit hinsichtlich der gegenwärtigen geschichtlichen Praxis zum Ausdruck, die ihrem vorgegebenen Gang überlassen wird. "Das Denken verzichtet auf seinen Anspruch, zugleich kritisch und zielsetzend zu sein" (1). Diese Worte
Horkheimers, die auf den logischen Empirismus der dreißiger
Jahre gemünzt sind (2), gelten auch für den empirisch orientierten Historismus (3) des 19. Jahrhunderts. Der erwähnte Verzicht veranlaßt Nietzsche, das, "worauf die Zeit mit Recht
stolz ist, ihre historische Bildung, hier einmal als Schlacken,
Gebrest und Mangel der Zeit ... zu verstehn" zu versuchen (4).

Begriffsloser Empirismus

Im folgenden soll die Methodik des von Nietzsche kritisierten
Historismus an Hand eines Beispiels kurz skizziert werden.
Ranke gilt als Begründer der modernen wissenschaftlichen Historie (5). Er wendet sich strikt gegen das Modell deduktiver Geschichtsphilosophie. Ranke vollzieht die "Emanzipation der Geschichtswissenschaft als erfahrungswissenschaftlicher Diszi-
plin von der spekulativen Geschichtsphilosophie" (6). "Rankes
programmatischer Anspruch, zu zeigen, 'wie es eigentlich gewesen', erfordert methodisch den Ausgang von der 'Erkenntnis des
Einzelnen' und verbietet die deduktive Anwendung von Abstrak-
tionen wie 'Fortschritt', 'Idee' oder 'Weltgeist' auf das

1   Max Horkheimer, a.a.O., S. 128
2   Max Horkheimer, a.a.O., S. 90
3   Horkheimer sieht einen Faden, der den logischen Empiris-
    mus mit früheren Formen des Empirismus verbindet: "Der
    logische hat mit dem älteren Empirismus die Ansicht ge-
    meinsam, daß alles inhaltliche Wissen über Gegenstände in
    letzter Linie aus Tatsachen der Sinneserfahrung fließe.
    Es hat sich ergeben, meint auch Rudolf Carnap, daß alle
    Begriffe 'auf Wurzelbegriffe zurückzuführen sind, die
    sich auf das >Gegebene<, die unmittelbaren Erlebnisinhal-
    te beziehen'". Horkheimer, a.a.O., S. 91. Siehe ebenfalls
    - den von Horkheimer zitierten - Rudolf Carnap, in: Ru-
    dolf Carnap, Erkenntnis, Bd. I. 1930 und hier bes. den
    Aufsatz: Die alte und die neue Logik.
4   F. Nietzsche, Bd. 1, S. 210
5   Herbert Schnädelbach, Geschichtsphilosophie nach Hegel.
    Die Probleme des Historismus. Freiburg/München 1974, S.
    34 ff
6   ebenda, S. 43

geschichtliche Material" (1). Jene hält Ranke "weder für phi-
losophisch haltbar noch für historisch beweisbar" (2). Ranke
ist Vertreter der nachhegelschen, antispekulativen Geschichtswissenschaft, die am naturwissenschaftlichen Exaktheitsmodell
orientiert ist. Als solche wird die Historie von Nietzsche im
allgemeinen eingeschätzt. Er notiert sich: "Das Historische
ist besonders als Gegenkraft gegen den theologischen Mythos,
aber auch gegen die Philosophie, so breit entwickelt: das absolute Erkennen feiert hier und in den mathematischen Naturwissenschaften seine Saturnalien, das Geringste, was hier wirklich ausgemacht werden kann, gilt höher als alle metaphysischen Ideen" (3). Und Nietzsche fährt fort mit dem Satz, um
den sich seine ganze Kritik dreht: "Der Grad der Sicherheit
bestimmt hier den Werth, nicht der Grad der Unentbehrlichkeit
für den Menschen" (4).
Bevor diese Kritik näher untersucht wird, zunächst einmal
zurück zu Ranke. Eine vornehmlich an einzelnen Fakten orientierte Geschichtsschreibung birgt die Gefahr eines begriffslosen
Empirismus in sich. Ranke hat dies wohl gesehen. Ihm zufolge
"irren auch diejenigen Historiker, welche die ganze Historie
lediglich als ein ungeheures Aggregat von Tatsachen ansehen,
das man im Gedächtnis zu fassen sich das Verdienst erwerben
müsse: wodurch geschieht, daß einzelnes an einzelnes gehängt
und nur durch eine allgemeine Moral zusammengehalten wird. Ich
bin vielmehr der Meinung, daß die Geisteswissenschaft in ihrer
Vollendung an sich selbst dazu berufen und befähigt sei, sich
von der Erforschung und Betrachtung des Einzelnen auf ihrem
eigenen Wege zu einer allgemeinen Ansicht der Begebenheit, zur
Erkenntnis ihrer objektiv vorhandenen Zusammenhänge zu erheben" (5). Nietzsche, der Ranke in der "Unzeitgemäßen Betrachtung" über die Historie nicht namentlich erwähnt, vermerkt je-

1   Herbert Schnädelbach, a.a.O., S. 43
2   ebenda, S. 36
3   F. Nietzsche, Nachgel. Fragm., Bd. III-4, S. 17
4   ebenda
5   Zitiert von Herbert Schnädelbach, a.a.O., S. 43

doch in den "Nachgelassenen Fragmenten": "Wenn solche Historiker wie Ranke allgemein werden, belehren sie nicht" (1). Ranke
hat demnach seinen eigenen Vorsatz, von der Erforschung einzelner Fakten zur Erkenntnis allgemeiner geschichtlicher Gesetzmäßigkeiten überzugehen, nicht oder nur unvollständig
in die Tat umgesetzt. Laut Schnädelbach trifft Nietzsches Vorwurf nicht zu (2). Sicher ist, daß sich Nietzsche seinen Gegner gleichsam idealtypisch zurechtlegt, indem er bestimmte
Züge überzeichnet und andere wegläßt. Damit will er die tenden-
zielle Begriffslosigkeit des induktiven Verfahrens des Historismus anprangern, der bei der Überwindung der Geschichtsphilosophie streckenweise in Faktizismus versandet und dadurch
die geschichtlich ermöglichte Chance zur Belehrung und Kritik
verspielt.

Geschichtsschreibung ohne Handlungsorientierung

Eine der Folgen des empirisch orientierten Historismus besteht
darin, daß "die V(ergangenheit) zerfällt" (3). Mit der Beseitigung systemphilosophischer Prämissen der Geschichtsschreibung verliert der Historismus den integrativen Rahmen für
die Darstellung historischer Ereignisse. "Es gibt keine Pro-
portionen der Dinge zueinander, der eine hält dies, der andere
das wichtig" (4). Die historische Forschung liefert Geschichte
"zu scheußlichen Klumpen geballt" (5). Noch nicht auf dem
Weg zu einem sich an historische Gesetze, Strukturen und Trieb-
kräfte haltenden, durch die Sache formierten Verständnis von
Geschichte, verkommt die Geschichtswissenschaft zum "historischen Wühlen" (6). "Alles Vergangene liegt wie eine bunte

---

1   F. Nietzsche, Nachgel. Fragm., Bd. III-4, S. 280
2   Herbert Schnädelbach, a.a.O., S. 43-45
3   F. Nietzsche, Nachgel. Fragm., Bd. III-4, S. 291
4   ebenda
5   F. Nietzsche, Bd. 1, S. 255
6   F. Nietzsche, Nachgel. Fragm., Bd. III-4, S. 18

Jagdbeute da" (1). Das Chaos der eruierten Daten und Fakten besagt nichts oder nur wenig über die wirklich vorhandenen historischen Kräfte. Aus ihm läßt sich keine Einsicht in umfassende
Zusammenhänge und Gesetzmäßigkeiten historischer Verläufe gewinnen. Das Erkenntnisinteresse des Historismus ist - so Nietzsche - "nur auf Kunde, nicht auf Einsicht gerichtet" (2),
es kann nur "erinnern, nicht belehren" (3). Sein Ergebnis
sind "dumme Fakten", um einen Ausdruck Zieglers zu verwenden
(4), sinnentleerte Resultate fehlender Darstellung und reduzierten Geschichtsverständnisses.
Die akribische Erforschung einzelner Fakten und Details läßt
den Typus des Gelehrten entstehen, dessen "Scharfsichtigkeit
in der Nähe mit großer Myopie in die Ferne und in das Allgemeine" (5) verbunden ist. Nietzsches Beschreibung im Steno-
Stil der "Nachgelassenen Fragmente" beschwört ein pointilli-
stisches Bild herauf, das groteske Formen angenommen hat: "Das
Gesichtsfeld sehr klein und die Augen werden sehr nahe heran-
gehalten. Will der Gelehrte von einem eben durchforschten
Punkt zu einem neuen, so rückt er den ganzen Sehapparat zu jenem Punkte: er zerlegt ein Bild, wie durch Anwendung eines
Opernglases, in lauter Flecke. Sie alle sieht er nie verbunden, sondern berechnet nur ihren Zusammenhang: deshalb hat er
von allem Allgemeinen keinen starken Eindruck. Er beurteilt
z.B. eine Schrift, die er im Ganzen nicht zu überschauen vermag, nach einem Flecken aus dem Bereich seiner Studien: er
würde nach seiner Art zu sehen zuerst behaupten müssen, ein
Oelgemälde sei ein wilder Haufen von Klexen" (6).
Die Armut an Einsicht in geschichtliche Zusammenhänge, die
den faktizistisch reduzierten Historismus charakterisiert, ist
auch auf seine Einebnung geschichtlicher Gegenstände von unter-
schiedlicher Bedeutung zurückzuführen. Geschichtlich Relevan-

---

1 F. Nietzsche, Nachgel. Fragm., Bd. III-4, S. 290
2 ebenda, S. 300
3 ebenda, S. 441
4 Theobald Ziegler, Die geistigen und sozialen Strömungen
  Deutschlands im 19. und 20. Jahrhundert. Berlin 1921,
  S. 518
5 F. Nietzsche, Nachgel. Fragm., Bd. III-4, S. 236
6 ebenda

tes wird mit Ereignissen von geringer oder gänzlich fehlender
Relevanz auf den einen Nenner: "empirisches Ereignis, faktisch
überprüfbar" gebracht und dadurch um seinen Stellenwert im historischen Kontext. Seine Besonderheit wird einer Allgemeinheit des Faktums geopfert. "Alles Vergangene (wird) gleich
wichtig genommen" (1). Der faktizistischen Reduktion historischer Ereignisse entspricht eine vom eigentlichen Inhalt der
Sache absehende Beliebigkeit in der Auswahl. Wenn es nur um
die Faktizität geht, nur um die Beantwortung der stereotypi-
schen Frage "Wirklich?", dann wird der Inhalt in den Hintergrund gedrängt und es ist völlig egal, worauf sich die historische Untersuchung richtet. "Nehmen wir an, es beschäftigt
sich einer mit Demokrit, so liegt mir immer die Frage auf
den Lippen: warum nicht Heraklit? Oder Philo oder Bacon? Oder
Descartes? Und so beliebig weiter. Und dann: warum denn just
ein Philosoph? Warum nicht ein Dichter, ein Redner? Und warum
überhaupt ein Grieche, warum nicht ein Engländer, ein Türke?"
(2).
Eine Geschichtsschreibung, die die Vergangenheit faktizistisch
ihres Sinns beraubt, die Bedeutungsunterschiede ihrer Begebenheiten nivelliert und zur willkürlichen, von Inhalten absehen-
den Feststellung von Fakten verkommen ist, boykottiert die Möglichkeit einer Anleitung durch Geschichte. Sie verhindert, daß
Erfahrungen an Hand der Vergangenheit gemacht werden, die
als Beurteilungsmaßstab für die einzuschlagende Richtung gegenwärtiger historischer Praxis immer vonnöten sind. Habermas
spricht von einer "Neutralisierung der handlungsorientierenden
Folgen historischen Wissens" (3). "Wenn alles, was wird" -
schreibt Nietzsche -"interessant, des Studiums würdig erachtet
wird, so fehlt bald für alles, was man thun soll, der Maasstab
und das Gefühl" (4). In der fehlenden Unterweisungsmöglichkeit

---

1   F. Nietzsche, Nachgel. Fragm., Bd. III-4, S. 290
2   F. Nietzsche, Bd. 1, S. 241
3   F. Nietzsche, Erkenntnistheoretische Schriften. Mit einem
     Nachwort von Jürgen Habermas (Hrsg.), Frankfurt 1968,
     S. 244
4   F. Nietzsche, Nachgel. Fragm., Bd. III-4, S. 246

des Historismus liegt der Grund für seine Disqualifizierung
von der Teilnahme an "lebensrelevanter" Theoriebildung. "Was
nicht zum Leben taugt, ist keine wahre Historie" (1).

Geschichtsschreibung ohne Handlungsmotivierung

Die empirisch orientierte Geschichtsschreibung verfährt mit
der Vergangenheit wie mit einer Ansammlung von Daten und Fakten. Anstatt historischen Gesetzmäßigkeiten nachzugehen und
die Bedeutung von Personen, Gruppen und Ereignissen für den
historischen Verlauf zu ergründen, behandelt sie die Geschichte "wie ein Additionsexempel" (2). Man summiert die eruierten
Daten und Fakten und hält das additive Geschichtsverständnis
für den Gang der Sache selbst. "Glaubt ihr wirklich, die Geschichte zusammenrechnen zu können wie ein Additionsexempel
und haltet ihr dafür euren gemeinen Verstand und eure mathe-
matische Bildung für gut genug?" (3), fragt Nietzsche voller
Hohn. Durch die Verwechslung der Forschungsmethode mit dem
Sujet löscht der Historismus das Interesse an demselben aus.
Wut, mitfühlende Teilnahme, Bewunderung etc. werden in dem
Bad summarischer Aufrechnung von Geschichte neutralisiert:
"Sobald es als Resultat der Rechnung erscheint, wirkt es nicht
mehr" (4). Ganze Schülergenerationen wissen davon ein Lied
zu singen. "Enthusiasmus zu erregen", heißt es bei Goethe, ist
"das Beste, was wir von der Geschichte haben" (5). Nietzsche
erinnert an Goethes Einwände gegen die Unterdrückung motivie-
render Impulse, die sich aus vergangener Geschichte gewinnen
lassen und für die gegenwärtige und zukünftige fruchtbar werden können. In diesem Zusammenhang schildert er die Nüchternheit des modernen, sich an die Fakten haltenden Gebildeten

---

1   F. Nietzsche, Nachgel. Fragm., Bd. III-4, S. 67
2   F. Nietzsche, Bd. 3, S. 289
3   ebenda
4   F. Nietzsche, Nachgel. Fragm., Bd. III-4, S. 286
5   Goethe, Maximen und Reflexionen,   495

als einen Ausdruck von Stumpfheit, die mit der Schopenhauerischen Abgeklärtheit des "nil admirari", dem Resultat von ge-
schichtlichem Überblick und metaphysischer Einsicht nichts gemein hat: "Der Gebildete ist jetzt vor allem historisch gebildet: durch sein historisches Bewußtsein rettet er sich vor
dem Erhabenen ... Nicht mehr der Enthusiasmus, den die Geschichte erregt - wie doch Goethe vermeinen durfte - sondern
gerade die Abstumpfung alles Enthusiasmus ist jetzt das Ziel
dieser Bewunderer des nil admirari, wenn sie alles historisch
zu begreifen suchen" (1). Die Geschichtswissenschaft zerstört
dadurch eine der Voraussetzungen, die für eine aktive Teilnahme an geschichtlicher Praxis notwendig sind. Sie ist, wie
Nietzsche sagt, von "lähmende(m) Einfluß ... auf die historische Thatkraft" (2). Ihre positivistische Beschränkung auf Fakten widersetzt sich jeglicher Handlungs-Motivierung, die zum
Zweck historischer Erneuerung vonnöten ist.

Der museale Charakter der populärwissenschaftlichen Historie

Die Geschichtswissenschaft schmälert den Umgang mit vergangener und gegenwärtiger Geschichte. Vor allen Dingen in ihren
populärwissenschaftlichen Ablegern neigt man dazu, historische
Begebenheiten interessant auszuschmücken und mit dem Reiz
des Fremdartigen und Abenteuerlichen zu kokettieren, den sie
häufig besitzen. Die Unterdrückung von Handlungsmotivierung
durch eine faktizistisch reduzierte Geschichtswissenschaft
wird von Nietzsche genauso abgelehnt wie eine folgenlos bleibende Befriedigung von Neugier und Sensationslust durch ihre
populärwissenschaftliche Sparte, die auf diese Art den Mangel
an handlungsorientierendem Wissen zu kompensieren sucht. Wer
von der Geschichte "Vorbilder, Lehrer, Tröster" braucht und in

---

1   F. Nietzsche, Bd. 1, S. 288-289
2   F. Nietzsche, Nachgel. Fragm., Bd. III-4, S. 249

ihr die "vorzüglichste Lehrmeisterin" sieht, den "muß es ver-
drießen, neugierige Reisende oder peinliche Mikrologen auf den
Pyramiden großer Vergangenheiten herumklettern zu sehen; dort
wo er die Anreizung zum Nachmachen und Bessermachen findet,
wünscht er nicht dem Müßiggänger zu begegnen, der begierig
nach Zerstreuung oder Sensation, wie unter den gehäuften Bil-
derschätzen einer Galerie herumstreicht" (1). Die Beziehung,
die die populärwissenschaftliche Historie zwischen ihren Kon-
sumenten und der Vergangenheit herstellt, wird rein museal.
Insofern sie auf ein folgenlos bleibendes Interesse abzielt,
verläuft von ihr aus eine gerade Linie zum bloßen dummen Ner-
venkitzel. An deren Anfang steht der Sammler malerisch ausge-
schmückter Geschichtsbücher und exotischer Reiseberichte usw.
An deren Ende steht der Prototyp des modernen Touristen, der
blöde und sinnlos das Alter und die Fremdartigkeit historischer Gegenstände außerhalb seines Gesichts- oder Kulturkrei-
ses bestaunt und sich daran erbaut.

Zweck der Geschichtswissenschaft: das Archivieren

Insofern der empirisch orientierte Historiker an der Faktizität eines geschichtlichen Ereignisses interessiert ist und
nicht an ihrer Bedeutung im historischen Kontext, ermittelt er
das kleinste und geringste historische Detail, was ausgemacht
werden kann. Nietzsche spricht vom "entfesselten Erkenntnistrieb" (2), "der immer nach dem Grade der Sicherheit urteilt
und immer kleinere Objekte sucht. Während jeder Mensch zufrie-
den ist, wenn ein Tag vorbei ist, wühlt, gräbt und combiniert
der Historiker später nach diesem Tag, um ihn der Vergessen-
heit zu entreißen: das Kleine soll auch ewig sein, weil es
erkennbar ist" (3). Diese Art von Faktenhuberei, in der - völ-

---

1   F. Nietzsche, Bd. 1, S. 220
2   F. Nietzsche, Nachgel. Fragm., Bd. III-4, S. 17
3   ebenda

lig dysfunktional - "Unbedeutende(s) perpetuirt" (1) wird, konstatiert und beklagt auch Jacob Burckhardt: "Man sollte bei
der Abfassung einer Monografie jedesmal Tacitus' 'Agricola'
neben sich haben und sich sagen: je weitläufiger, desto ver-
gänglicher" (2). "Zur vollständigen Bearbeitung würden tausend
Menschenleben nicht ausreichen" (3). Nietzsche sieht im Historismus faktizistischer Prägung ein Musterbeispiel für gelehr-
tes-sinnentleertes Forschen und Archivieren. Die Tätigkeit
des Historikers ist zum Selbstzweck erstarrte, nutzlose Ge-
schäftigkeit: "Allmählich entsteht eine gelehrtenhafte Gewohnheit, ... die Sammelwuth tritt ein, völlige Verwirrung der
menschlichen Aufgaben: bedeutende Naturen verlieren sich in
bibliographische Fragen usw. In summa Ruin der Lebendigen, die
fortwährend durch ehrwürdigen Moderduft geplagt werden" (4).
Eine derart betriebene Geschichtsschreibung besitzt "keine Beziehung auf's Leben als bewahrend, nicht schaffend" (5). Mögliche Handlungs- und Lösungsvorschläge, die die Vergangenheit
der Gegenwart zu bieten hat, werden unter einem Berg von Fakten begraben.

Geschichtswissenschaft, aber kein praktisch-innovatorisches
Geschichtsbewußtsein

Der faktizistisch orientierte Historismus, der die Möglichkeit
von Belehrung und Anleitung der Gegenwart durch die Vergangenheit verhindert und die Motivation für eine praktische Hinwendung zur Geschichte nicht entstehen läßt, vereitelt so die
Entstehung eines auf praktische Innovationen abzielenden Ge-
schichtsbewußtseins und schwächt dadurch die Einflußnahme auf
den Verlauf der Geschichte. Jetzt zeigt er seine positivisti-

---

1   F. Nietzsche, Nachgel. Fragm., Bd. III-4, S. 291
2   Jacob Burckhardt, Weltgeschichtliche Betrachtungen. Stutt-
     gart 1969, S. 17
3   ebenda
4   F. Nietzsche, Nachgel. Fragm., Bd. III-4, S. 291
5   ebenda, S. 290

sche Kehrseite: man überläßt die Geschichte dem vorgegebenen
Gang. Habermas weist auf diese Konsequenz hin: Ihm, dem Historismus, "entspricht ... die sehr handgreifliche Folge einer
von Theorie unberührten, den naturwüchsigen Interessen über-
lassenen, den mündig machenden Impulsen entzogenen Praxis"
(1). Und Habermas zitiert Nietzsche: "Das heißt eben doch
nur: die Menschen sollen zu den Zwecken der Zeit abgerichtet
werden, um so zeitig als möglich mit Hand anzulegen: sie sollen in der Fabrik der allgemeinen Uttilitäten arbeiten, bevor
sie reif sind, ja damit sie gar nicht mehr reif werden - weil
dies ein Luxus wäre, der 'dem Arbeitsmarkt' eine Menge von
Kraft entziehen würde" (2).
Nietzsche warnt vor den Folgen eines Mangels an historisch-
praktischem Problembewußtsein. Inmitten des Jahrhunderts der
Geschichtsschreibung findet "durch die Wissenschaft, durch die
Forderung, daß die Historie Wissenschaft sein soll" (3), ein
Lernen von der Vergangenheit zum Zweck der Bewältigung von
Gegenwarts- und Zukunftsproblemen nicht statt. Mit der Erforschung der Faktizität, dem "Ideal eines Wahrheitsstrebens, bei
dem nichts herauskommt" (4), verspielt man die Chance der
Belehrung und Motivation, die die Geschichte bereithält. Der
"wissenschaftlich" erzeugte Mangel ist einer der Gründe für
die regelmäßige Wiederkehr geschichtlicher Katastrophen. Das
berühmte Diktum von der "Lebensfeindlichkeit historischen Wissens" ist auf diesem Hintergrund zu verstehen. "Der wissenschaftliche Mensch benimmt sich wie der stolzeste Müßiggänger
des Glücks: als ob das Dasein nicht eine heillose Sache sei,
sondern ein für ewige Dauer garantierter Besitz" (5).

---

1   Jürgen Habermas im Nachwort zu: F. Nietzsche, Erkenntnis-
     theoretische Schriften, a.a.O., S. 244
2   F. Nietzsche, Bd. 1, S. 255
3   ebenda, S. 231
4   F. Nietzsche, Nachgel. Fragm., Bd. III-4, S. 248
5   ebenda, S. 313

Das objektivistische Selbstmißverständnis der in der Praxis
"geschwächten" Lebens involvierten Historie

Das Forschungsprinzip der modernen Historie, "zu zeigen, wie
es eigentlich gewesen", verlangt vom Historiker zweierlei: er
darf den historischen Stoff nicht unter sachfremde, teleologische Prämissen stellen und darf sich, bei der exakten Feststellung historischer Fakten, nicht durch Fragen wie der nach
den Folgen wissenschaftlichen Erkennens, nach seiner Verant-
wortung etc., irritieren lassen. Offenbarung und Moral haben
vor der sachorientierten Forschung zurückzutreten. Die Objektivität der neuzeitlichen Wissenschaft etabliert sich als
"Haltung", die aus der Überwindung eines sachfremden Interes-
ses hervorgeht, wozu auch persönliche Wünsche und Vorstellungen des Historikers zu rechnen sind.
Dem Historismus gilt der auf diese Weise ermittelte geschichtliche Stoff als frei von "subjektiver" Beigabe. Ihm zufolge
hinterläßt das Subjekt, das derartige, in seinem religiösen,
ethischen oder persönlichen Interesse begründeten Prämissen
und Erwägungen während des Prozesses der Forschung hintansetzt,
keine Spuren am Objekt, der eruierten Geschichte. Subjekt
und Objekt sind angeblich radikal voneinander getrennt. Nietzsche hingegen sieht in der so verstandenen Objektivität eine
Ideologie. Ohne an der Existenz der vom Historiker eruierten
Fakten und Daten zu zweifeln, dechiffriert er die faktizisti-
sche Orientierung an der Vergangenheit als Ausdruck von "Sub-
jektschwäche", die sich mit Objektivität, im Sinne einer radikalen Trennung von Subjekt und Objekt, nur tarnt. Der Historismus ist in der Praxis "geschwächten" Lebens involviert. Er
produziert "Subjektschwächung" und diese reproduziert sich
in historischer Faktenforschung.
Nietzsche erklärt somit die Erkenntnis der Geschichte aus der
Geschichte der Gegenwart und nicht, wie der Historist, aus
den historischen Fakten. Diese Methode hat er mit einer materialistischen Ideologiekritik gemein. Sie führt jede Analyse
gegenwärtiger oder vergangener Geschichte auf konkrete, öko-

nomische und soziale Bedingungen, auf den Stand des historischen Bewußtseins und die Klassenlage dessen zurück, der ana-
lysiert. Jedoch bleiben Nietzsches Basis und Bedingungen: "der
moderne Mensch", die "geschwächte Persönlichkeit", und wie
die anderen typisierenden Bestimmungen alle heißen, gegenüber
den materialistischen in sozialer und ökonomischer Hinsicht
abstrakt und wirken irgendwie rückständig. Dies liegt daran,
daß Nietzsche die "Basis" woanders ansetzt, nämlich im psychologischen Bereich, ohne dabei die historischen, sozialen und
ökonomischen Verhältnisse, welche diesen durchkreuzen, näher
zu bestimmen. In den folgenden Kapiteln soll gezeigt werden,
welche Bedeutung die "Basis", die "Subjektschwächung" für
die moderne, empirisch orientierte Geisteswissenschaft und für
die Beziehung des "modernen Menschen" zu seiner gelebten Geschichte hat.

Mangelnde Partizipation und kümmerliche Resultate

Insofern der Historismus von den geschichtlichen Inhalten und
ihrer Bedeutung im jeweiligen historischen Kontext sowie für
die Gegenwart abstrahiert und vom Historiker nur die Eruierung
von Daten und Fakten verlangt, erzeugt er in ihm Gleichgültigkeit und schwächt die subjektive Teilnahme an Geschichte.
Nietzsche zufolge versucht man, mit der Bezeichnung "Objektivität" den entstandenen Schwächen ein gewichtiges Ansehen
zu verschaffen. Das kann aber nicht verhindern, daß diese
sich für die Aneignung von Geschichte nachteilig auswirken:
"Sind die Historiker erst in der geschilderten Weise zu ewiger
Subjektlosigkeit oder, wie man sagt, zu Objektivität ausgeblasen: so vermag nichts mehr auf sie zu wirken; es mag was Gutes
und Rechtes geschehen, als Tat, als Dichtung, als Musik: sofort sieht der ausgehöhlte Bildungsmensch über das Werk hinweg
und fragt nach der Historie des Autors" (1). Habermas unter-

---

1   F. Nietzsche, Bd. 1, S. 242

streicht Nietzsches Polemik gegen die geschwächte Subjektivität, die für die Misere historischer Aneignung und Erfahrung
verantwortlich ist: "Nur im Maße einer Partizipation am fort-
wirkenden Zusammenhang der Geschichte läßt Geschichte theoretisch sich aneignen" (1). Der Mangel an Partizipation, die
"Schwäche der modernen Persönlichkeit" (2), stellt die Instanz
dar, die die kümmerlichen Resultate faktizistisch reduzierter
Geschichtsschreibung vermittelt. Angesichts jener Schwäche erweist sich die vielgepriesene Objektivität als unhaltbarer
Euphemismus. "Die objectiv genannte Geschichtsschreibung ist
ein Ungedanke: die objektiven Historiker sind vernichtete
oder blasirte Persönlichkeiten" (3).

Der Faktizismus als verkappte Theologie

Die empirisch orientierte Historie bildet den Stolz der Moderne. Es scheint so, als seien der Glaube und all seine Begleit-
erscheinungen endgültig überwunden. D.F. Strauß bejubelt die
Aufgeklärtheit und Objektivität, mit der man sich "an die
Fakten hält" und fühlt sich über die Mythen des christlichen
Geschichtsverständisses erhaben (4). Nietzsche diagnostiziert
eine unterschwellige Beziehung zwischen dem für restlos überwunden gehaltenen Glauben mit seinem lebensfeindlichen "me-
mento mori!" und dem Historismus. Da es diesem nur um "Sicherheit" und nicht um "Unentbehrlichkeiten für den Menschen" (5)
geht, ist seine "objektive" Haltung passiv und retrospektiv.
Sie bietet keine Handlungsorientierung und keine Motivierung.
Nietzsche kennzeichnet sie mit folgendem Satz: "In allen Zeiten war es anders, es kommt nicht darauf an, wie du bist" (6).

---

1   Jürgen Habermas, a.a.O., S. 244
2   F. Nietzsche, Bd. 1, S. 244
3   F. Nietzsche, Nachgel. Fragm., Bd. III-4, S. 300
4   David Friedrich Strauß, Ges. Schriften, Bd. 6, Der alte
     und der neue Glaube. Bonn 1903, S. 49
5   F. Nietzsche, Nachgel. Fragm., Bd. III-4, S. 17
6   F. Nietzsche, Bd. 1, S. 255

Ein "Konservieren aus Schwäche" (1) nennt er die Ansammlung dysfunktionaler Gewißheiten. Wie der religiöse Glaube an den Unwert alles irdischen Geschehens eine bewußte und aktive Einflußnahme auf die historische Praxis verhindert, so läßt sich dies auch von der Gewißheiten-Suche des objektiven Historikers sagen. Sie hat mit den Glaubens-Gewißheiten vergangener Zeiten mehr gemein, als man bei oberflächlicher Betrachtung annimmt: "Die herbe und tiefsinnig ernste Betrachtung über den Unwert alles Geschehens, über das Zum-Gericht-Reifsein der Welt,

hat sich zu dem skeptischen Bewußtsein verflüchtigt, daß es jedenfalls gut sei, alles Geschehene zu wissen, weil es zu spät dafür sei, etwas Besseres zu tun" (2). "In diesem Sinne leben wir noch im Mittelalter, ist Historie immer noch eine verkappte Theologie" (3). Da dem Historismus eine "Schwäche" zugrunde liegt, wird hier schon die Wissenschaft als Typus des Ressentiments angedeutet. Die Objektivität als Form des Ressentiments ist von der vorurteilsvollen Haltung des Gläubigen zum Leben nicht soweit entfernt, wie der Historiker anzunehmen bereit ist.

Wissenschaftliche Kongruenz und Kälte gegenüber dem Objekt

Der Historismus gelangt über die Erkenntnis eines Moments eines historischen Ereignisses, das der Faktizität, nicht hinaus. Eine allgemein menschliche, moralische, kulturelle Bedeutung historischer Personen und Ereignisse bleibt außerhalb seines Gesichtsfelds. Ob der Geschichtsforscher genügend Erfahrung und Qualitäten besitzt, die ihn befähigen, eine derartige Bedeutung angemessen zu beurteilen, ist irrelevant. Die an empirischer Überprüfung interessierte Wissenschaft verlangt von ihm nicht, die Hülle der Faktizität zu durchstoßen. Sie kann

1   F. Nietzsche, Nachgel. Fragm., Bd. III-4, S. 360
2   F. Nietzsche, Bd. 1, S. 260
3   ebenda

deshalb ohne Bedenken Leuten den Zugang zu ihrem Bereich gestatten, die diese Voraussetzungen nicht erfüllen. So hält
Nietzsche einen Mangel an Verwandtschaft zwischen dem Historiker und seinem Sujet für ein typisches Merkmal moderner Geschichtswissenschaft: "Allmählich fehlt alle Kongruenz zwischen dem Mann und seinem historischen Bereich; kleine vor-
laute Burschen sehen wir mit den Römern umgehen, als wären
diese ihresgleichen ... und in den Überresten griechischer
Dichter wühlen sie und graben sie, als ob auch diese corpora
für ihre Lektion bereit lägen und vilia wären, was ihre eigenen corpora sein mögen" (1). In einem Seitenhieb gegen die
Philologie sieht Nietzsche in der Inkongruenz, die zwischen
ihr und dem Altertum besteht, den Kern der nur vorgeschobenen
Objektivität: "Man nimmt jetzt an: der, den ein Moment der
Vergangenheit gar nichts angeht (hervorgehoben von Nietzsche)
sei berufen, ihn darzustellen: Philologen und Griechen verhalten sich meistens so zueinander, sie gehen sich nichts an. Das
nennt man auch 'Objektivität': Selbst zum Photographiren gehört, ausser Object und Platte, das Licht: doch meint man, es
genüge Object und Platte" (2). Nietzsche leugnet nicht gewisse
Voraussetzungen moderner Wissenschaft, wie die eines Mißver-
hältnisses zwischen dem Wissenschaftler und seinem Objekt, sondern greift sie auf und macht sie als Probleme und Mängel
kenntlich. Wissenschaftliche Objektivität wird dabei als Euphemismus für herrschende Inkongruenz sichtbar.
In der "Kälte des Spezialisten" steigert sich die Inkongruenz
zu totaler Entfremdung. In einer Überlegung, die an Schopenhauers nicht-empirische, intuitive Erkenntnis erinnert, spricht
Nietzsche vom "Schopenhauerischen Menschen", der das "freiwil-
lige Leiden der Wahrhaftigkeit auf sich nimmt" (3). Dagegen
konstatiert er angesichts des objektiv-empirischen Gelehrten:
"Er ahnt das Leiden nicht, das manche Erkenntnis mit sich
führt und fürchtet sich deshalb nicht auf gefährlichstem Be-

---

1   F. Nietzsche, Bd. 1, S. 241
2   F. Nietzsche, Nachgel. Fragm., Bd. III-4, S. 283
3   F. Nietzsche, Bd. 1, S. 316

reiche. Das Maulthier kennt den Schwindel nicht. Sie sind kalt
und erscheinen deshalb leicht grausam, ohne es zu sein" (1).
Die Objektivität muß auch hier als Maske herhalten: "Der Mangel an Pathos und moralischer Kraft kleidet sich als überlegne
Kälte der Betrachtung" (2). Unter dem Deckmantel der Objektivität gehen Kälte und ein, auf empirische Verifizierung bzw.
Falsifizierung reduziertes Erkennen, Hand in Hand. Eine Alli-
anz, die Nietzsche das Schlimmste befürchten läßt. Der Gelehrte ist von einer "Gefühlsarmut", die "selbst zu Vivisection"
(3) befähigt. Nietzsche bemerkt am Historismus Tendenzen,
die sich in den medizinischen und psychiatrischen Laborversu-
chen an tierischem und menschlichem lebenden "Material" voll
entfalten. In ihnen wird das Leben zur Sache, zum bloßen Zentrum von Reaktionen. Durch die Zerstörung des objektivisti-
schen Scheins, der all das nur schlecht verhüllt, versucht
Nietzsche den Glauben und das Vertrauen darauf zu zerstören,
daß wissenschaftliche Fortentwicklung automatisch menschlichen
und kulturellen Fortschritt zur Folge hat. Schon im Zusammenhang mit seiner Kritik an D.F. Strauß hat er darauf hingewiesen: "Alles dient der kommenden Barbarei, die Kunst sowohl
wie die Wissenschaft" (4). Nur am Rande sei hier eine Notiz
Nietzsches vermerkt, die ebenfalls an Schopenhauer und dessen
Wut auf die "Kathederphilosophen" erinnert: "Ein Professor ist
ein Wesen, auf dessen Unbildung und Geschmacksroheit man so
lange schließen darf, bis er nicht das Gegenteil beweist" (5).

Disgregation und Unproduktivität

Der Historismus überschüttet die Zeit mit einem Überangebot
von Vergangenheitseindrücken. Diese bieten jedoch keine Ein-

---

1   F. Nietzsche, Nachgel. Fragm., Bd. III-4, S. 236
2   ebenda, S. 282
3   ebenda, S. 236
4   ebenda, S. 326
5   ebenda, S. 220

sicht in größere historische Zusammenhänge, noch gewähren
sie - im Hinblick auf Gegenwart und Zukunft - Handlungsorientierung und -motivierung. Sie machen eher zerstreut, als daß
sie informieren und anregen. Diese Art von Kenntniszufuhr, die
Anhäufung bloßen "Faktenschutts" (J. Burckhardt) - "der moderne Mensch schleppt zuletzt eine ungeheure Menge von unverdau-
lichen Wissenssteinen mit sich herum" (1) - bewirkt psychische
Disgregation; dadurch schwächt sie die Urteilsbildung und
lähmt die Entscheidungskraft. "So wird das Individuum zaghaft
und unsicher und darf sich nicht mehr glauben ..." (2). Es
entsteht ein "Mangel an Urtheil" (3) als Kennzeichen des modernen Menschen. Der Historismus ist somit eine der ideologie-
geschichtlichen Ursachen für die Disgregation und den Identi-
tätszerfall des modernen Individuums. Er legt auch den Grund
für die "Skepsis der Moderne", die Nietzsche im Frühwerk von
der Seite ihrer Unproduktivität betrachtet. Entscheidungsge-
schwächt und ohne Selbstvertrauen neigt das Individuum eher
dazu, sich an festgestellten Gewißheiten festzuhalten, als
sich produktiv an das Experiment neuer Praxis zu wagen. "Es
versinkt in sich selbst, ins Innerliche, das heißt hier nur:
in den zusammengehäuften Wust des Erlernten, das nicht nach
außen wirkt, der Belehrung, die nicht das Leben wird" (4).
Durch Disgregation und Urteilsmangel entsteht die Gefahr,
daß man einer bloß innerlich bleibenden Erinnerung an geschichtliche Ereignisse vor einer nach außen wirkenden, pro-
duktiven Neubelebung den Vorzug gibt: "Scheint es doch fast,
als wäre es die Aufgabe, die Geschichte zu bewachen, daß nichts
aus ihr herauskomme, als eben Geschichten, aber kein Geschehen" (5). Man begnügt sich damit, die Dinge schwarz auf weiß
nach Hause zu tragen. Diese Tendenz der empirisch orientierten
Geisteswissenschaft bildet ein retardierendes Moment im Rahmen der geschichtlichen Praxis.
Objektivität soll die skeptische Unproduktivität unkenntlich

---

1   F. Nietzsche, Bd. 1, S. 232
2   ebenda, S. 238
3   F. Nietzsche, Nachgel. Fragm., Bd. III-4, S. 290
4   F. Nietzsche, Bd. 1, S. 238
5   ebenda, S. 239

machen. Dem historisch gebildeten Geschichtsbewacher "steht
freilich die reine Objektivität schön zu Gesichte" (1), wie
Nietzsche mit ironischem Unterton vermerkt. Indem man sie ent-
larvt, "wird die Not und das innere Elend des modernen Menschen an den Tag kommen" (2). Dadurch schafft man die Voraussetzungen dafür, "gemeinsam eine Kultur anzupflanzen, die
wahren Bedürfnissen entspricht" (3). Für Nietzsche sind sowohl
die objektive Wissenschaft des Historismus wie auch die Ideologiekritik, die man an ihm übt, von bestimmender Bedeutung
für den Gang der Geschichte.

Goethe als Vorläufer von Nietzsches Kritik der Disgregation

Der von Nietzsche erwähnte Zusammenhang von Disgregation und
Unproduktivität spielt auch bei Goethe eine Rolle. Nicht ohne
Grund stellt Nietzsche dessen Ausspruch an den Eingang seiner
Abhandlung über die Historie: "Übrigens ist mir alles verhaßt,
was mich bloß belehrt, ohne meine Tätigkeit zu vermehren oder
mich unmittelbar zu beleben" (4). Goethe schildert in "Dichtung und Wahrheit" seine erste Erfahrung mit der zersplitternden und passiv machenden Auswirkung entfremdeter Bildung.
Zur Zeit seines Leipziger Studienaufenthaltes steht er unter
dem Druck, das breitgefächerte und in den widersprüchlichen
Ansichten seiner Lehrer dargebotene, frühbürgerliche Bildungs-
programm absolvieren zu müssen. Er beobachtet bei sich: "eine
vielfache Zerstreuung, ja Zerstückelung (seines) Wesens" (5).
Um der "Geschmacks- und Urteilsungewißheit" (6) ein Ende zu
bereiten, gibt er alle unter "Fremdeinfluß" entstandenen und
nur halbherzig in Angriff genommenen Arbeitsprojekte auf und

1   F. Nietzsche, Bd. 1, S. 239
2   ebenda
3   ebenda
4   ebenda, S. 209
5   Johann Wolfgang Goethe, Dichtung und Wahrheit. Aus meinem
    Leben. München 1949, S. 214
6   ebenda

verbrennt seine Pläne. Er entzieht sich gewaltsam dem Disgregation hervorrufenden Einfluß und gewinnt seine Sicherheit dadurch zurück, daß er sich auf eigene Bedürfnisse besinnt. Er erhebt das Berührtwerden und Betroffensein zur Bedingung und zum Maßstab seiner künstlerischen Tätigkeit. Die Gewinnung äußerer Anschauung und deren innere Verarbeitung vollziehen sich auf dieser Grundlage: "Und so begann diejenige Richtung, von der ich mein ganzes Leben über nicht abweichen konnte, nämlich dasjenige, was mich erfreute oder quälte oder sonst beschäftigte, in ein Bild, ein Gedicht zu verwandeln und darüber abzuschließen, um sowohl meine Begriffe von den äußeren Dingen zu berichtigen, als mich im Innern deshalb zu beruhigen. Alles was daher von mir bekannt geworden, sind nur Bruchstücke einer großen Konfession ..." (1). Mit dem Historismus, der geradezu auf die Erzeugung von Disgregation und Verunsicherung angelegt ist, sind die Gefahren, denen sich Goethe ausgeliefert sah, enorm gewachsen. Nietzsche notiert Goethes Satz: "Das Wissen fördert nicht mehr, bei dem schnellen Umtrieb der Welt; bis man von allem Notiz genommen hat, verliert man sich selbst" (2). Er beklagt "die Zahl der jährlich erscheinenden, historischen Schriften. Dazu noch zu rechnen, daß fast die ganze Altertumswissenschaft noch hinzu gehört! Und überhaupt in fast allen Wissenschaften beinahe die überwiegende Masse Schriften historisch ist, ausgenommen die Mathematik und.einzelne Disziplinen der Medizin und Naturwissenschaft" (3). Das historische Fieber, heißt es zwei Zeilen weiter, hat die Moderne erfaßt. Goethes Rückzug auf eigene Bedürfnisse scheint nicht mehr möglich zu sein, soweit sind Urteilsungewißheit und Disgregation fortgeschritten: "Sieht man einmal aufs Äußerliche, so bemerkt man, wie die Austreibung der Instinkte durch Historie die Menschen fast zu lauter abstractis und Schatten umgeschaffen hat" (4). "Greift man solche Masken an, ... so hat man plötzlich nur Lumpen und bunte Flicken in den Händen"

1   J. W. Goethe, Dichtung und Wahrheit, a.a.O., S. 234
2   F. Nietzsche, Nachgel. Fragm., Bd. III-4, S. 273
3   ebenda, S. 273-274
4   F. Nietzsche, Bd. 1, S. 239

(ebenda). Nietzsche überträgt - unter dem Eindruck des Historismus - den Goethischen Ansatz von Urteilsungewißheit und Unproduktivität auf das Leben im ganzen. Dazu kommt, daß sie bei ihm bedeutend verstärkt sind: "So bricht das Leben selbst in sich zusammen und wird schwächlich und mutlos, wenn das Begriffsbeben, das die Wissenschaft erregt, dem Menschen das Fundament aller seiner Sicherheiten und Ruhe, den Glauben an das Beharrliche und Ewige nimmt" (1).

Kongruenz und Tendenzgeschichte

Neben dem Mangel an Partizipation, dem Ressentiment, der Inkongruenz und der unproduktiven Skepsis berührt Nietzsche noch eine andere Saite moderner, empirisch ausgerichteter Geisteswissenschaft, die Tendenzgeschichte. Ebenso wie jene ist sie Teil der gegenwärtigen historischen Praxis und für diese konstitutiv. Gewisse Teile moderner Historie zeichnen sich in ihrer Interpretation der Vergangenheit durch einen Konformismus besonderer Art aus. Man richtet sich nach tagespolitischen Gesichtspunkten oder nach allgemein herrschenden und dadurch unsichtbaren Vorurteilen der Zeit. Man schematisiert und nivelliert die Vergangenheit nach Maßgabe der Gegenwart. Wenn sich diese Art von Geschichtsschreibung mit dem Attribut "objektiv" schmückt, läßt sie die damit bezeichnete Haltung zur bloßen Phrase verkommen: "Jene naiven Historiker nennen 'Objektivität' das Messen vergangener Meinungen und Taten an den Allerweltsmeinungen des Augenblicks: hier finden sie den Kanon aller Wahrheiten; ihre Arbeit ist, die Vergangenheit der zeitgemäßen Trivialität anzupassen. Dagegen nennen sie jene Geschichtsschreibung 'subjektiv', die jene Popularmeinung nicht als kanonisch nimmt" (2).
Wie aus den "Nachgelassenen Fragmenten" hervorgeht, sind Mommsens Arbeiten für den frühen Nietzsche Musterbeispiel einer

---

1   F. Nietzsche, Bd. 1, S. 282
2   ebenda, S. 246

trivialisierenden Geschichtsschreibung. Er vergleicht Luthers
Worte über Cicero mit denen Mommsens: "Luther: Cicero, ein wei-
ser und fleißiger Mann, hat viel gelitten und getan" (1).
Mommsen dagegen "schraubt ... seinen Cicero zum Journalisten
herab" (2). Später stehen Treitschke und sein staatspoliti-
scher Konformismus im Zentrum von Nietzsches Kritik an der
Tendenzgeschichte: "Es gibt eine reichsdeutsche Geschichtsschreibung, es gibt, fürchte ich, selbst eine antisemitische,
- es gibt eine Hof-Geschichtsschreibung und Herr von Treitschke schämt sich nicht" (3).
Die Lebenspraxis und der Charakter des Historikers bilden
gleichsam die Basis, von der Nietzsche die Tendenzgeschichte
ableitet. Der Historiker eruiert, was ihm als "geschwächter
Persönlichkeit" kongruent ist, oder er macht sich historische
Ereignisse kongruent: "Man schraubt die Geschichte je nach
seiner Höhe herauf und herunter" (4). Infolge der erwähnten
Inkongruenz kommt die Geschichte dabei häufig schlecht weg:
"Normalität seiner Motive, Nüchternheit, insofern zu allen
Zeiten die gemeineren Naturen und somit die Masse von gleichen
Motiven geleitet worden ist ... In einem Maulwurfsloch findet
sich der Maulwurf am besten zurecht. Er ist behütet von vielen
künstlichen und abnormen Hypothesen und vor allem Ausschwei-
fenden und gräbt, wenn er beharrlich ist, alle gemeinen Motive
der Vergangenheit durch seine eigene Gemeinheit aus. Freilich
ist er deshalb unfähig, das Seltne, Große und Abnorme, das
heißt das Wichtige und Wesentliche zu verstehen" (5). Objektivität erfüllt hier die Funktion ideologischen Beiwerks, mit
dem einige Wissenschaftler versiert ihre Intentionen kaschie-
ren. Sie dient nicht zur Vermeidung vorurteilsvoller Interpretation, sondern zu deren Verkleidung: "Wie leicht geht die

1   F. Nietzsche, Nachgel. Fragm., Bd. III-4, S. 314
2   ebenda, Nietzsches Vorläufer der Kritik am verflachenden
     Historismus war Johann Jacob Bachofen. Siehe über Nietz-
     sches Beziehung zu Bachofen und dessen Historismuskritik
     die Nietzsche Biographie von C.P. Janz, a.a.O., S. 313 ff
     und S. 493.
3   F. Nietzsche, Nachgel. Fragm., Bd. III-4, S. 314
4   ebenda
5   ebenda, S. 236

objective Geschichtsschreibung in die tendenziöse über. Das
ist eigentlich das Kunststück, das zweite zu sein und das
erste zu scheinen" (1).

Auch Hegel warnt vor einer Art verkleinernder Geschichtsschreibung. Bei ihm wird sie allerdings nicht von den Objektiven und
Antiquaren ausgeübt, sondern von "Psychologen", die an den
"großen, historischen Figuren" "als Privatpersonen" (2) interessiert sind. Hierzu zählen auch "Kammerdiener", die Einblick
in die alltäglichen Gewohnheiten der Großen haben und deren
menschliche Schwächen und Spleens kennen. Mangelnde Kongruenz
ist der Grund für ihre herabsetzende Darstellung. Hegel schrei-
"Der Mensch muß essen und trinken, steht in Beziehung zu Freun-
den und Bekannten, hat Empfindungen und Aufwallungen des Augenblicks. Für einen Kammerdiener gibt es keinen Helden, ist
ein bekanntes Sprichwort; ich habe hinzugesetzt - und Goethe
hat es zehn Jahre später wiederholt - nicht aber darum, weil
dieser kein Held, sondern weil jener der Kammerdiener ist.
Dieser zieht dem Helden die Stiefel aus, hilft ihm zu Bette,
weiß, daß er lieber Champagner trinkt usf. Die geschichtlichen
Personen, von solchen psychologischen Kammerdienern in der
Geschichte bedient, kommen schlecht weg; sie werden von diesen
ihren Kammerdienern nivelliert, auf gleiche Linie oder vielmehr ein paar Stufen unter die Moralität solcher feinen Men-
schenkenner gestellt" (3). Auch bei Hegel findet man Hinweise
auf eine Geschichtsschreibung, die Züge des Ressentiments trägt
"Der Thersites des Homer" - heißt es weiter im gleichen Text -
"der die Könige tadelt, ist eine stehende Figur aller Zeiten.
Schläge, d.h. Prügel mit einem soliden Stabe, bekommt er zwar
nicht zu allen Zeiten, wie in den homerischen, aber sein Neid,
seine Eigensinnigkeit ist der Pfahl, den er im Fleische trägt,
und der unsterbliche Wurm, der ihn nagt, ist die Qual, daß
seine vortrefflichen Absichten und Tadeleien in der Welt doch

---

1   F. Nietzsche, Nachgel. Fragm., Bd. III-4, S. 301
2   G.W.F. Hegel, Vorlesung über die Philosophie der Geschich-
     te. Werke 12. Frankfurt 1970, S. 48
3   G.W.F. Hegel, a.a.O., S. 48

ganz erfolglos bleiben. Man kann auch eine Schadenfreude am
Schicksal des Thersitismus haben", wie Hegel die rachsüchtig-
neidische Geschichtsschreibung nennt.
Hier sind die Parallelen zwischen Hegel und Nietzsche beendet.
Hegel will mit seiner Kritik gewährleisten, daß die "Helden"
nach ihrer Rolle betrachtet werden, die sie im - von Hegel
spekulativ gefaßten - objektiven Gang der Geschichte spielen,
und nicht nach ihren unbedeutenden Eigenarten. Die "welthistorischen Individuen", "in deren Zwecke ein ... Allgemeines
liegt" (1), sind in ihren Handlungen und Leidenschaften als
das Medium zu begreifen, in dem sich der Weltgeist realisiert.
Hegels Annahme eines "Weltgeists", der sich der Zwecke bedeu-
tender Individuen bedient, um sich zu realisieren, wird von
Nietzsche natürlich nicht mehr geteilt (2). Wenn er die Historiker auf die Notwendigkeit hinweist, sich die Größe bestimmter historischer Gestalten und Ereignisse zu vergegenwärtigen
und diese herauszustellen, so geschieht dies im Gegenzug zur
Tendenzgeschichte, die der mediocrité der Zeit entgegen-
kommt. Antithetisch zur nivellierenden und die Vergangenheit
konformistisch der Gegenwart anpassenden Geschichtsschreibung
will Nietzsche den Sprengstoff scharf machen, den manche ver-
flossenen Perioden für seine Zeit parat halten. Der Geschichtsforscher soll sich nicht mit landläufigen Schilderungen historischer Begebenheiten begnügen, in denen die gegenwartskriti-
tisch aufzufassenden Elemente untergegangen sind, sondern
soll gerade diese zur Geltung bringen: "Der echte Historiker
muß die Kraft haben, das Allgemeine zum Niegehörten umzuprä-
gen" (3). Das anti-konformistische Geschichtsverständnis ist
der Tendenz nach innovatorisch. Man "entnimmt daraus, daß
das Große, das einmal da war, jedenfalls einmal möglich (hervorgehoben von N.) war und deshalb auch wohl wieder möglich
sein wird (4). Hier ist an Benjamin zu erinnern, der - unter

---

1   G.W.F. Hegel. a.a.O.. S. 45
2   siehe S. 95 der vorliegenden Arbeit
3   F. Nietzsche, Bd. 1, S. 250
4   ebenda, S. 221

Bezugnahme auf Nietzsches Historismus-Kritik - die Aufgabe kritischer Geschichtsschreibung folgendermaßen definiert hat: "In jeder Epoche muß versucht werden, die Überlieferung von neuem dem Konformismus abzugewinnen, der im Begriff steht, sie zu überwältigen" (1).

Tendenzgeschichte bei Nietzsche?

Da Nietzsche die Form der Geschichtsschreibung aus der gegenwärtigen historischen Praxis erklärt und nicht aus der Geschichte selbst, entspricht es seiner Vorgehensweise, die antipositivistische und anti-konformistische Geschichtsschreibung, welche er postuliert, ebenfalls an die Praxis zu binden, und zwar an eine solche "höherer" Art: "Nur aus der höchsten Kraft dürft ihr das Vergangene deuten: nur in der stärksten Anspannung eurer edelsten Eigenschaften werdet ihr erraten, was in dem Vergangenen wissens- und bewahrungswürdig und groß ist. Gleiches durch Gleiches! Sonst zieht ihr das Vergangene zu euch nieder. Glaubt einer Geschichtsschreibung nicht, wenn sie nicht aus dem Haupte der seltensten Geister herausspringt: immer aber werdet ihr merken, welcher Qualität ihr Geist ist, wenn sie genötigt wird, etwas Allgemeines auszusprechen oder etwas Altbekanntes noch einmal zu sagen ..." (2). "Höchste Kraft", "edelste Eigenschaften" und übereinstimmendes Niveau sollen Basis der geforderten Geschichtsschreibung sein. Im Vorgriff auf spätere Schriften bestimmt Nietzsche die Geschichtsforschung gleichsam genealogisch. Was darunter zu verstehen ist, erläutert Deleuze folgendermaßen: "'Genealogie' meint Herkunft oder Entstehung, aber auch Differenz oder Distanz in der Herkunft. Genealogie meint Vornehmheit und Niedrigkeit, Vornehmheit und Gemeinheit, Vornehmheit und Dekadenz in der Herkunft. Das Vornehme und das Gemeine, das Hohe und

---

1   Walter Benjamin, Ges. Schriften. Frankfurt 1974. Hrsg.
     von R. Tiedemann und H. Schweppenhäuser, Bd. 1-2, S. 695
2   F. Nietzsche, Bd. 1, S. 250

das Niedrige bilden derart das eigentlich genealogische oder
kritische Element" (1). Dieses Element bleibt jedoch - als Voraussetzung für eine kritische Geschichtsschreibung - äußerst
unbestimmt, wie dies auch bei dem Inhalt der anti-positivisti-
schen und nonkonformistischen Geschichtsschreibung der Fall
ist: "Sie hat nur von dem Großen und Einzigen zu reden, von
dem Vorbild" (2). Anders als die materialistische Geschichtsschreibung, die Ideologie und Ideologiekritik an eine histo-
risch-konkrete, ökonomische und soziale Basis rückkoppelt (was
allerdings auch sie vor ideologischen Funktionalisierungen
nicht bewahrt hat), sieht Nietzsche hiervon ab und verfährt
rein antithetisch. Einer Praxis subjektschwachen Lebens
und ihrer "verkleinernden" Geschichtsschreibung hält er "Stärke" und ein Konzept "monumentaler" Geschichtsschreibung entgegen. Diese differieren zwar von jenen, sind aber - in sozialer, politischer und ökonomischer Hinsicht - undifferenziert.
    kommt es, daß die Wirkungsgeschichte der Kritik in eine
Richtung führt, die ihrer berechtigten Intention genau entgegengesetzt ist. Es scheint so, als wolle Nietzsche nicht das
ganz andere, sondern dasselbe, nur anders. Da er nicht die
gesellschaftlichen Hintergründe berücksichtigt, die Wandel
und Funktion der Geschichtsschreibung ermöglichen und bestimmen, gerät sein, mit "Kraft" und "Größe" argumentierender Ein-
wand schneller in den "Dienst" der Zeit, als sich der "Unzeit-
gemäße" jemals hätte träumen lassen. Die abstrakte Antithese
kommt der Vorliebe für Heroenverehrung entgegen, die - worauf
Ziegler hinweist (3) - zur Zeit Bismarcks weit verbreitet
war. Hier diente die Ideologie von der Größe gegenwärtiger und
vergangener historischer Gestalten allerdings herrschender kon-
servativer Politik.
Aus der antithetischen Kritik am positivistischen Empirismus
der Geschichtswissenschaft, die durch den von ihr verursach-

---

1   Gilles Deleuze, Nietzsche und die Philosophie. München
    1976, S. 6
2   F. Nietzsche, Nachgel. Fragm., Bd. III-4, s. 7
3   Theobald Ziegler, Die geistigen und sozialen Strömungen,
    a.a.O., S. 338

ten Orientierungs- und Motivationsverlust, die Gefahr inhumaner Verselbständigung durch Konformität und Passivität gegenüber dem vorgegebenen Gang der Verhältnisse einer geschichtlichen und kulturellen Erneuerung entgegenarbeitet, wird unter der Hand, wie Lukàcs richtig sieht (1), ein ideologisches Instrument für den aufkommenden Imperialismus. Nur ist diese Funktion nicht intendiert. Ohne Kenntnis und unbesorgt um die Funktionsweise von Ideologien leistet der frühe Nietzsche einen Beitrag zur politisch-reaktionären Tendenzgeschichte. Im folgenden Kapitel möchte ich noch näher auf Nietzsches Vorschlag für eine innovatorische Geschichtsschreibung eingehen, insbesondere auf die "monumentale Historie" und den ihr inhärenten Fiktionalismus. Es steht außer Frage, daß fiktionaler Monumentalismus politisch instrumentalisierbar ist (s. Fußnote auf Seite 85 der vorliegenden Arbeit). Diese Tatsache darf aber nicht dazu führen, daß man über den positivismus- und empirismuskritischen Stellenwert hinwegsieht, den er bei Nietzsche innehat.

---

1   G. Lukàcs, a.a.O., S. 26 ff

DIE BEDEUTUNG DER MONUMENTALEN GESCHICHTSFIKTIONEN IN NIETZSCHES WISSENSCHAFTSKRITIK

Der historische Siegeszug der Wissenschaften

Die rasche Entfaltung von Naturwissenschaft und Technik, die den Prozeß der kapitalistischen Industrialisierung von der Mitte des vergangenen Jahrhunderts an in Deutschland begleitet, ist verbunden mit einem Schwund an Bedeutung und Ansehen der Religion in der Gesellschaft. Die Wissenschaften werden in zunehmendem Maße Gegenstand von Hoffnung und Erwartung. David Friedrich Strauß ist ideologischer Verfechter dieser gegenläufigen Tendenzen. In seinem Buch: "Der alte und der neue Glaube" (1) verkündet er der Moderne sein "Bekenntnis zur Wissenschaft" (2). Die Neuzeit setzt auf die "modern-wissenschaftliche Weltansicht" als "Weltstraße der Zukunft" (3). Gleichzeitig vertritt er die Ansicht, daß die Religion dem modernen Menschen keine Orientierungshilfe mehr zu bieten hat: "Wir können für unser Handeln keine Stütze in einem Glauben suchen, den wir nicht mehr haben, in einer Gemeinschaft, deren Voraussetzungen, deren Stimmungen wir nicht mehr theilen" (4). Die Wissenschaft kommt zunehmend in den Genuß des Ansehens und Vertrauens, welches man früher der Religion entgegengebracht hat: "Der wissenschaftliche Stand ist eine Art Clerus - schreibt Nietzsche - und mißachtet die Laien; er ist der Erbe des geistlichen Clerus ... Was man früher der Kirche gab, giebt man jetzt, obzwar spärlicher, der Wissenschaft ..." (5). Der Glaube, daß die Wissenschaft der Menschheit eine goldene Zukunft eröffnet, ermöglicht ihr völlige Handlungsfreiheit. "Das laisser aller unserer Wissenschaften. Man glaubt an einen

1   David Friedrich Strauß, Der alte und der neue Glaube - Ein Bekenntniß. Leipzig 1872
2   ebenda, S. 11 ff
3   ebenda, S. 373 und 374
4   ebenda, S. 85
5   F. Nietzsche, Nachgel. Fragm., Bd. III-4, S. 253, und Bd. 1, S. 260

unbedingt heilsamen Erfolg" (1).

Nietzsche sieht in der vorbehaltlosen Anerkennung der Wissenschaft eine Fehleinschätzung. In der dritten der "Unzeitgemäßen Betrachtungen", die dem Andenken Schopenhauers gewidmet ist, spricht er sich deshalb gegen die Vorrangstellung aus, die die Gesellschaft der Wissenschaft gewährt. Indem er einen philosophischen Grundgedanken seines Lehrers anführt, formuliert er auch seine eigene Wissenschaftskritik. Schopenhauer - so Nietzsche - wendet sich dagegen, daß "unter Kultur wesentlich Förderung der Wissenschaft verstanden wird" (2). Bei Schopenhauer besteht der Zweck des menschlichen Lebens in der Hauptsache darin, "die Erzeugung des Philosophen, des Künstlers und des Heiligen in uns und außer uns zu fördern und dadurch an der Vollendung der Natur zu arbeiten" (3). Obzwar Nietzsches Ziel die kulturelle Erneuerung der Geschichte ist, während Schopenhauer als Ideal die "Willensverneinung" anstrebt, stimmen beide in der Kritik an der absolut gesetzten Wissenschaft überein.

Das Scheitern der Wissenschaft an der Frage kultureller Erneuerung

Repräsentanten des bürgerlichen Fortschrittsglaubens, wie D.F. Strauß, sind der Ansicht, daß mit der modernen Wissenschaft der Höhepunkt geschichtlicher Entwicklung erklommen sei, auf dem alle Zivilisations- und Kulturideale der Menschheit verwirklicht sind oder zumindest ihre Erfüllung unmittelbar bevorsteht. Nietzsche bestreitet das. Insbesondere verneint er die Möglichkeit einer kulturellen Gestaltung und Erneuerung der Gegenwart durch die Wissenschaft. Für ihn ist sie nicht Verkünder "kommende(r) Zeiten, im Sinne der Kultur

---

1   F. Nietzsche, Nachgel. Fragm., **Bd.** III-4, S. 15
2   F. Nietzsche, Bd. 1, S. 336
3   ebenda, S. 326

verstanden" (1), sondern deren Totengräber. Er nimmt zwar den
ungeheuren Fortschritt der wissenschaftlichen Forschung zur
Kenntnis, die, mit dem Darwinismus und den damit zusammenhängenden naturwissenschaftlichen Studien (2) bis in vormenschli-
che Bereiche vorgedrungen sind, doch sieht er hiermit einen
schwerwiegenden Mangel an Fähigkeiten zur Verbesserung gegenwärtiger Verhältnisse verbunden: "So weit flog die Geschichts-
betrachtung noch nie, selbst nicht, wenn sie träumte; denn
jetzt ist die Menschengeschichte nur die Fortsetzung der Tier-
und Pflanzengeschichte; ja in den untersten Tiefen des Meeres
findet der historische Universalist noch die Spuren seiner
selbst, als lebenden Schleim; den ungeheuren Weg, den der
Mensch bereits durchlaufen hat, wie ein Wunder anstaunend,
schwindelt dem Blicke vor dem noch erstaunlicheren Wunder,
vor dem modernen Menschen selbst, der diesen Weg zu übersehen
vermag. Er steht hoch und stolz auf der Pyramide des Weltpro-
zesses; indem er oben darauf den Schlußstein seiner Erkenntnis
legt, scheint er der horchenden Natur rings umher zuzurufen:
'Wir sind am Ziele, wir sind das Ziel, wir sind die vollendete
Natur.' Überstolzer Europäer des neunzehnten Jahrhunderts, du
rasest! Dein Wissen vollendet nicht die Natur, sondern tötet
nur deine eigne. Miß nur einmal deine Höhe als Wissender an
deiner Tiefe als Könnender. Freilich kletterst du an den Son-
nenstrahlen des Wissens aufwärts zum Himmel, aber auch abwärts
zum Chaos. Deine Art zu gehen, nämlich als Wissender zu gehen,
ist dein Verhängnis" (3). Jacob Burckhardt hält in einem Brief,
den er nach der Lektüre der zweiten der "Unzeitgemäßen Betrachtungen" an Nietzsche schreibt, das "Wissen ohne Können" für
das "wahrhaft tragische Mißverhältnis" (4) der Zeit. Auch
ihm ist bewußt, daß der Fortschritt der Wissenschaft mit der
Unfähigkeit zur kulturellen Erneuerung der Gesellschaft ge-

---

1   F. Nietzsche, Bd. 1, S. 266
2   Eine umfangreiche Bibliographie zur Deszendenztheorie
    zwischen 1859 und 1875 findet man bei G. Seidlitz, Die
    Darwin'sche Theorie. Elf Vorlesungen über die Entstehung
    der Thiere und Pflanzen durch Naturzüchtung. Dorpat 1871;
    Leipzig 1875
3   F. Nietzsche, Bd. 1, S. 266-267
4   J. Burckhardt, Briefe, Bd. V. Basel 1963, S. 222-223

paart ist. Dabei ist die Wissenschaft mitverantwortlich für
das fehlende innovative Vermögen. Der Grund hierfür liegt
in ihrem positivistischen Empirismus.

Das Objekt von Nietzsches Kritik bildet der Historismus. An
ihm demonstriert er, wie wenig das moderne, auf quantifizie-
rende Methoden angelegte Wissenschaftsverständnis den hochge-
spannten Erwartungen entspricht. Im Historismus sieht Nietzsche die Gefahr kultureller médiocrité entstehen. Schuld hier-
an trägt das vom naturwissenschaftlichen Exaktheitsmodell
übernommene Wahrheitskriterium, demzufolge es darauf ankommt,
den historischen Stoff empirisch zu verifizieren. Unter der
Dominanz dieses Maßstabs wird die Frage nach dem spezifischen
Gehalt eines historischen Ereignisses irrelevant. Ob es sich
um Dinge oder Handlungen von kultureller oder geschichtlicher
Bedeutung handelt, macht für die wissenschaftliche Feststellung der Faktizität keinen Unterschied. "Für die Wissenschaft
giebt es kein Groß und Klein" (1). Zu welch absurder faktizistischer Nivellierung der Vergangenheit es führt, wenn die
Feststellung von Fakten zur alleingültigen Richtschnur der
Aneignung von Geschichte gemacht wird, zeigt ein Beispiel, das
Jacob Burckhardt anführt, der sich - wie Nietzsche - gegen
das Scheren der Geschichte über den Kamm eines positivistischen Empirismus zur Wehr setzt. "Der 'wissenden Kaste'",
berichtet Karl Löwith, "war Burckhardt von Anfang an als eine
freie Persönlichkeit abgeneigt; denn es gebe nichts Einfälti-
geres unter der Sonne als diese Gelehrten. 'Der liebe Gott
will auch bisweilen seinen Jocus haben, und dann macht er
Philologen und Geschichtsforscher von einer gewissen Sorte,
welche sich über die ganze Welt erhaben dünken, wenn sie wissenschaftlich ermittelt haben, daß Kaiser Conrad II. am 7. Mai
1030 zu Goslar auf den Abtritt gegangen ist und dgl. Weltinter-
essen mehr. ... Es ist in dieser deutschen Studierstubenwelt
eine Nichtigkeitskrämerei ohnegleichen. Das wissen diese und
andere Leute nicht mehr, daß wahre Geschichtsschreibung ein

---

1   F. Nietzsche, Nachgel. Fragm., Bd. III-4, S. 14

Leben in jenem geistigen Fluidum verlangt, welches aus Monumenten aller andern Art, aus Kunst und Poesie ebenso gut dem Forscher entgegenweht, wie aus den eigentlichen Scriptoren" (1). Schon Hegel hatte in der "Phänomenologie" das "Wissen des Unmittelbaren oder Seienden" als "Gewißheit" bezeichnet, die nur für "die abstrakteste und ärmste Wahrheit" (2) gelten könne. "Sie sagt von dem, was sie weiß, nur dies aus: es ist, und ihre Wahrheit enthält allein das Sein der Sache" (s.o.). Dabei geht sie die Beziehung des denkenden Ich zur Sache sowie der Umstand, daß die Sache, "deren ich gewiß bin, nach einer Menge unterschiedener Beschaffenheiten eine reiche Beziehung an ihr selbst oder ein vielfaches Verhalten zu anderen wäre" (s.o.), nichts an. Burckhardt und Nietzsche, die die Geschichtsteleologie Hegels ablehnen (3), würden ihm in seiner Beurteilung der "sinnlichen Gewißheit", die im Grunde die Kritik am positivistischen Empirismus enthält, zustimmen. Qualitative Eigenschaften von Personen und ihre unterschiedlichen Bedeutungen im Rahmen einer Geschichtsepoche, das allgemeine kulturelle Gepräge sowie der Gehalte von Kunstwerken, entziehen sich der empiristischen Aneignung von Geschichte, da sie sich nicht in Zahlen, Daten und Mengenangaben wiedergeben lassen. Das Verständnis für bedeutsame kulturelle Ereignisse der Geschichte geht durch diese Methode der Geschichtsaneignung verloren. Beispielhaft für die Verkümmerung des Kulturbewußtseins ist der "historisch Gebildete", der von seiner Beschäftigung mit vergangener Geschichte und Kultur nichts als ein paar Daten und Fakten nach Hause trägt, aus denen sich das Wesentliche eines Kulturereignisses nicht einmal mehr erahnen läßt: "Es mag was Gutes und Rechtes geschehen, als Tat, als Dichtung als Musik: sofort sieht der ausgehöhlte Bildungsmensch über

---

1   Karl Löwith, Jacob Burckhardt - Der Mensch inmitten der Geschichte. Luzern 1936, S. 82
2   G.W.F. Hegel, Phänomenologie des Geistes. Frankfurt 1972, S. 82
3   F. Nietzsche, Bd. 1, S. 236 f., und Jacob Burckhardt, Weltgeschichtliche Betrachtungen, Ges. Werke IV. Darmstadt 1970, S. 2

das Werk hinweg und fragt nach der Historie des Autors" (1).
Nietzsche deutet den modernen durch den positivistischen Empirismus geprägten Modus, die Realität zu erfassen, als Ausdruck
von Kulturfeindschaft: "Jetzt will man Gewißheit, Unterhaltung
im Realen, aus Feindschaft gegen die Kunst und gegen das Gro
ße" (2).
Indem das unzulängliche Wissen verifizierbarer Daten und Fakten den Platz behauptet, wird das Bewußtsein um kulturelle
Vorbilder beraubt, die als Maßstab für eigene kulturelle Leistungen vonnöten sind. Im Verlauf einer Aneignung von Geschichte, die sich in erster Linie auf die Feststellung des Gegebenen erstreckt, gehen Inspirationen und Vorbilder für kulturelle Leistungen verloren. Die Wissenschaft "schwächt das Handeln
und macht blind gegen das Vorbildliche" (3). Um dem kulturfeindlichen Einfluß empiristischer Geisteswissenschaft vorzubeugen, will Nietzsche auf den Begriff des "Großen" nicht verzichten. "Wodurch also nützt dem Gegenwärtigen die monumentalistische Betrachtung der Vergangenheit, die Beschäftigung mit
dem Klassischen und Seltenen früherer Zeiten? Er entnimmt daraus, daß das Große, das einmal da war, jedenfalls einmal möglich war und deshalb auch wohl wieder möglich sein wird; er
geht mutiger seinen Gang, denn jetzt ist der Zweifel, der
ihn in schwächeren Stunden anfällt, ob er nicht vielleicht das
Unmögliche wolle, aus dem Felde geschlagen. Nehme man an,
daß jemand glaube, es gehörten nicht mehr als hundert produktive, in einem neuen Geiste erzogene und wirkende Menschen dazu, um der in Deutschland gerade jetzt modisch gewordenen
Gebildetheit den Garaus zu machen, wie müßte es ihn bestärken
wahrzunehmen, daß die Kultur der Renaissance sich auf den
Schultern einer solchen Hundert-Männer-Schar heraushob" (4).
Die von der Wissenschaft unterschlagene Größe in kulturellem
Sinn soll dem Zeitbewußtsein wieder zugeführt werden, um Orientierungen und Antriebe für eine kulturelle Erneuerung gegenwärtiger Verhältnisse zu schaffen.

---

1   F. Nietzsche, Bd. 1, S. 242
2   F. Nietzsche, Nachgel. Fragm., Bd. III-4, S. 248
3   ebenda, S. 215
4   F. Nietzsche, Bd. 1, S. 219-220

Der Wert der historischen Größe bei Jacob Burckhardt

Auch Jacob Burckhardt plädiert für "das Offenhalten des Geistes für jede Größe" (1). Er hält die Gegenwart im politischen wie im kulturellen Sinn für mittelmäßig. Von "unserm Knirpstum, unserer Zerfahrenheit und Zerstreuung" ausgehend und von der Einsicht, daß "Größe ist, was wir nicht sind", fühlt er, "daß der Begriff unentbehrlich ist, und daß wir ihn uns nicht dürfen nehmen lassen" (2). Er will am Ideal politischer und kultureller Größe festhalten, da es über die Gegenwart hinausweist und die Möglichkeit einer Verbesserung offenhält. "Die als Ideale fortlebenden großen Männer haben einen hohen Wert für die Welt und für ihre Nation insbesondere; sie geben derselben ein Pathos, einen Gegenstand des Enthusiasmus und sie regen sie bis in die untersten Schichten intellektuell auf durch das vage Gefühl von Größe; sie halten einen hohen Maßstab der Dinge aufrecht, sie helfen zum Wiederaufraffen aus zeitweiliger Erniedrigung" (3). Der von Burckhardt auch als Vorbild genannte Napoleon und die berühmte "Dispens von der Moral", den Burckhardt zufolge die "großen Männer" der Geschichte für sich beanspruchen (4), spielt für die, von Nietzsche postulierte monumentale Geschichtsauffassung keine Rolle. Burckhardt erklärt, daß er, um den Begriff der "Größe" zu bestimmen, auf "alles Systematisch-Wissenschaftliche verzichten" (5) muß. "Die wirkliche Größe ist ein Mysterium. Das

1   Jacob Burckhardt, Weltgeschichtliche Betrachtungen, a.a.O S. 180
2   ebenda, S. 151
3   ebenda, S. 152
4   Die politisch "Großen" stehen unter der "Dispensation von dem gewöhnlichen Sittengesetz" (ebenda, S. 175), da ihre Handlungen dem "Vorteil des Ganzen, des Staates oder Volkes" (ebenda, S. 176) nützlich sind. Burckhardt steht jedoch der Hegelschen Staatsphilosophie skeptisch gegenüber: "Es wäre nun gar nichts gegen jene Dispensation vorzubringen, wenn die Nationen wirklich etwas so Unbedingtes, a priori zu ewigem und mächtigem Dasein Berechtigtes wären. Allein sie sind es nicht ..." (ebenda, S. 176).
5   ebenda, S. 151

Prädikat wird mehr nach einem dunklen Gefühl als nach eigentlichen Urteilen aus Akten erteilt oder versagt.
Welches ist der Maßstab? Ein unsicherer, ungleicher, inkonse-
quenter. Bald wird das Prädikat mehr nach der intellektuellen,
bald mehr nach urkundlicher Überzeugung, bald (und wie gesagt,
öfter) mehr nach dem Gefühl; bald entscheidet mehr die Persönlichkeit, bald mehr die Wirkung, die sie hinterlassen; oft
findet auch das Urteil seine Stelle schon von einem stärkeren
Vorurteil eingenommen" (1). Eine empirische Überprüfung anhand
von meßbaren Daten, Urteilen aus Akten, Urkunden etc. reicht
zur Interpretation von "Größe" nicht aus. Burckhardt verläßt
explizit den wissenschaftlichen Rahmen der empirischen Verifizierung. Über das historische Vorbild entscheiden eher subjektive Wünsche und Vorstellungen, eher Werturteile, als quanti-
fizierbare Feststellungen.
Die vorgetragenen Gedanken Burckhardts stammen aus dem Vor-
tragszyklus: "Über historische Größe", den Burckhardt im November 1870 hält. Unter seinen Zuhörern befindet sich auch Nietzsche. In einem Brief an Gersdorff vom 7. November 1870 bekun-
det er Affinität und tiefes Verständnis. Er glaubt, der "Einzige seiner (Burckhardts, der Verfasser) Zuhörer zu sein,
der die tiefen Gedankengänge mit ihren seltsamen Brechungen
und Umbiegungen ... begreift" (2). Burckhardt ist, wie auch
Nietzsche, von der Notwendigkeit idealer Vorbilder, die tendenziell unwissenschaftlich sind, für die Transzendierung der
gegenwärtigen Zeit überzeugt. Wenn Burckhardt auch selbst
nie eine "monumentalische Historie" schreibt (3), ist es aus

---

1   Jacob Burckhardt, Weltgeschichtliche Betrachtungen, a.a.O
    S. 152
2   F. Nietzsche, Bd. 3, S. 1029
3   Burckhardt will durch Erinnerung an das Vergangene "die
    Kontinuität und Unvergänglichkeit des Geistes" (Weltge-
    schichtliche Betrachtungen, a.a.O., S. 13) bewahren hel-
    fen. "Jede einzelne Erkenntnis von Tatsachen hat nämlich
    neben ihrem speziellen Wert als Kunde oder Gedanke aus
    einem speziellen Reiche noch einen universalen oder histo-
    rischen als Kunde einer bestimmten Epoche des wandelbaren
    Menschengeistes und gibt zugleich, in den richtigen Zu-
    sammenhang gebracht, Zeugnis von der Kontinuität und
    Unvergänglichkeit dieses Geistes" (ebenda, S. 12 f.).

dem oben genannten Grund schwer nachvollziehbar, wenn neue Interpreten seine Bedenken gegenüber Nietzsche auf dessen Plädoyer für eine Historie zurückführen, die eine kulturelle Erneuerung einleiten soll (1).

Nicht-empirische Vorbilder als unentbehrlich für eine
ideelle Transzendierung der Gegenwart

Trotz aller Übereinstimmung bezüglich des kulturellen Werts

---

1 So behauptet Schnädelbach, daß Burckhardt Nietzsches Historie als "Anzeichen der modernen Barbarei der Geschichts-
   losigkeit" gegolten haben müsse, weil jener eine von
   "praktischen Interessen nicht verfärbte Erkenntnis und
   Weisheit" angestrebt habe (Herbert Schnädelbach, Geschichtsphilosophie nach Hegel. München 1974, S. 80 ff.).
   Schnädelbach übersieht Burckhardts Begründung einer monumentalen Historie, deren Wert darin besteht, daß sie, in
   kultureller Absicht, über die Gegenwart hinausweist. Dabei darf man jedoch nicht außer acht lassen, daß Burckhardt und Nietzsche die Gefahren der monumentalen Geschichtsschreibung gekannt haben. Es ist Burckhardt, der
   schreibt: "Ferner entdecken wir in uns ein Gefühl der
   unechtesten Art, nämlich ein Bedürfnis der Unterwürfigkeit
   und des Staunens, ein Verlangen, uns an einem für groß gehaltenen Eindruck zu berauschen und darüber zu phantasie-
   ren. ... Dies gilt freilich nur von dem Eindruck der
   politisch und militärisch Mächtigen, denn den intellektuell Großen (Dichtern, Künstlern und Philosophen) macht
   man die Anerkennung bei Lebzeiten oft beharrlich strei-
   tig" (Burckhardt, Weltgeschichtliche Betrachtungen, a.a.O
   S. 151).
   Nietzsche formuliert das Problem noch schärfer: "Neigung
   der Zeit für die starken Einseitigkeiten ... Zu verglei-
   chen dem Schwindsüchtigen, der nach Leben schnappt und
   bei jedem Augenblick an Gesundheit ... denken muß. Hat eine Zeit viele dergleichen Naturen, so ehrt sie endlich
   die Kraft, selbst wenn sie roh und feindselig ist: Napoleon als gelber gesunder Tiger ..." (Nachgel. Fragm., Bd.
   III-4, S. 360). Bei der Konzeption der "monumentalischen
   Historie" ist Nietzsche selbst noch von dieser gefährli-
   chen Sympathie frei. Die ersten Bedenken gegenüber Nietzsche von seiten Burckhardts richten sich auf die erst später hervortretende Tendenz zur Tyrannei (s. Löwith, Jacob
   Burckhardt - Der Mensch in der Geschichte. Luzern 1936,
   S. 21 ff). In dem oben erwähnten Brief an Gersdorff
   schreibt Nietzsche über Burckhardts monumentale Historie
   noch, daß "die Sache an das Bedenkliche streift" (ebenda).
   Später läßt er selbst die Bedenken fallen.

der monumentalen Historie darf ein wichtiger Unterschied zwischen Burckhardt und Nietzsche nicht übersehen werden. Burckhardt hält sich bei der Darstellung eines historisch "Großen" an die Voraussetzung, daß "große Leistungen nur durch ihn, innerhalb seiner Zeit und Umgebung möglich waren" (1). Er verbindet seine, subjektive Wünsche und Werturteile beachtende Interpretation mit der Wahrung der empirisch überprüfbaren, raumzeitlichen Bedingungen. Nur eine künstlerische Darstellung von Geschichte, wie bei der Historienmalerei, darf sich hierüber hinwegsetzen. Sie verfälscht jedoch dadurch nicht das abgebildete Thema, sondern macht sein überzeitliches, wahres Wesen sichtbar (2), wie Burckhardt, der platonischen Kunstphilosophie Schopenhauers verwandt, annimmt. Nietzsche, der konsequent den Vorbild-Gedanken verfolgt, stößt auf das Problem, daß eine historische Gestalt sich nur dann zur Transzendierung des Gegenwärtigen eignet, wenn man die raum-zeitlichen Merkmale, die sie von anderen Epochen abgrenzen, außer acht läßt. Berücksichtigt man jene hingegen, so gewinnt man kein ideales Vorbild, das als nachstrebenswert gilt, da man es unter Umständen wahrmachen kann, sondern die genaue Kenntnis eines geschichtlichen Phänomens, das auf Grund seiner historischen Einmaligkeit unwiederholbar ist. An das oben erwähnte Beispiel der Renaissance anknüpfend, fährt Nietzsche fort: "Und doch - um an dem gleichen Beispiel sofort noch etwas Neues zu lernen - wie fließend und schwebend, wie ungenau wäre jene Vergleichung! Wieviel des Verschiedenen muß, wenn sie jene kräftigende Wirkung tun soll, dabei übersehen, wie gewaltsam muß die Individualität des Vergangnen in eine allgemeine Form hineingezwängt und an allen scharfen Ecken und Linien zugunsten der Übereinstimmung zerbrochen werden! Im Grunde ja könnte das, was einmal möglich war, sich nur dann zum zweiten Male als möglich einstellen, wenn die Pythagoräer recht hätten, zu glauben daß bei gleicher Konstellation der himmlischen Körper auch auf

---

1   Jacob Burckhardt, Weltgeschichtliche Betrachtungen, a.a.O
     S. 153
2   Karl Löwith, Jacob Burckhardt - Der Mensch inmitten der
     Geschichte, a.a.O., S. 188

Erden das gleiche, und zwar bis aufs einzelne und kleine, sich wiederholen müsse ..." (1). "Der wahrhart geschichtlichen Connexus von Ursache und Wirkung (würde) ..., vollständig erkannt, nur beweisen ..., daß nie wieder etwas durchaus Gleiches bei dem Würfelspiel der Zukunft und des Zufalls herauskommen könne" (2). Nietzsche verlangt den Verzicht auf exakte Darstellung, weil diese kein vorbildhaftes Bild für historische Innovationen entstehen läßt. Über Burckhardt steht in dem genannten Brief an Gersdorff: "Dieser ältere, höchst eigenartige Mann, ist ... nicht zu Verfälschungen ... der Wahrheit geneigt" (3).

Die zweite der "Unzeitgemäßen Betrachtungen" enthält die Einsicht, daß der Empirismus an der Transzendierung der Gegenwart scheitert. Ideale Vorbilder, die als handlungsweisender Maßstab für eine kulturelle Erneuerung der Gesellschaft erforderlich sind, lassen sich auf dem Weg empirischer Überprüfung nicht gewinnen. Ein Gedanke Horkheimers, der aus dem Zusammenhang der Kritik am logischen Empirismus des 20. Jahrhunderts stammt, trifft auch für die empirisch-faktisch orientierte Geschichtswissenschaft zu, auf deren Gefahren der Festschreibung gegenwärtiger Verhältnisse Nietzsche aufmerksam macht: "Die Erkenntnis bezieht sich einzig auf das, was ist, und seine Wiederholung. Neue Formen des Seins ... liegen jenseits der empiristischen Theorie" (4). Zwar findet man bei Nietzsche keine Theorie über eine soziale, die Produktion- und Eigentumsverhältnisse umgestaltende Praxis, wie sie im Hintergrund von Horkheimers Gesellschafts- und Wissenschaftskritik steht; dennoch ist mit dem "unwirklichen" Charakter des Vorbilds genau das Moment getroffen, das zur -ideellen- Überwindung der Herrschaft mängelhafter Umstände unabweislich ist. "Das Ziel" - so Horkheimer - "das es (das kritische Denken, Anm. des Verfassers) erreichen will, der vernünftige Zustand, gründet

1   F. Nietzsche, Bd. 1, S. 222
2   ebenda, S. 223
3   ebenda
4   Max Horkheimer, Kritische Theorie der Gesellschaft, Bd. 2, hrsg. von A. Schmidt, Frankfurt 1968, S. 94

zwar in der Not der Gegenwart. Mit dieser Not ist jedoch das Bild ihrer Beseitigung nicht schon gegeben. Die Theorie, die es entwirft, arbeitet nicht im Dienste einer schon vorhandenen Realität, sie spricht nur ihr Geheimnis aus" (1).
Nietzsche hält das Aushängen des wissenschaftlichen Maßstabs empirischer Überprüfung zur Transzendierung der Gegenwart und ihrer kulturellen Erneuerung für notwendig. Er vertritt eine Ethik der Erneuerung, die zur Kritik am positivistisch-empirischen Wissenschaftsbetrieb und seiner zementierenden Wirkung verpflichtet. "Tugendhaft ist derjenige", schreibt er, der "sich gegen jene blinde Macht der Fakta, gegen die Tyrannei des Wirklichen empört und sich Gesetzen unterwirft, die nicht die Gesetze jener Geschichtsfluktuation sind" (2). Das Verhältnis von Mensch und Geschichte darf nicht allein wissenschaftlicher Rationalität überlassen werden. Auf dem status quo zu verharren oder ihn zu verändern ist ein ethisches Problem, das die Wissenschaft allein nicht lösen kann. Hier deutet sich eine Wertethik an, die sich aus außerwissenschaftlichen Quellen speist und gegen den Monopolanspruch fortschreitenden Erfahrungswissens in Fragen historischer Sinngebung gerichtet ist (3).

---

1   Max Horkheimer, Kritische Theorie d. Gesellschaft, a.a.O. S. 165
2   F. Nietzsche, Bd. 1, S. 265
3   Berührungspunkte zwischen Nietzsche und Max Weber sind hier klar zu sehen. So schreibt Wolfgang J. Mommsen über Webers Entscheidung zwischen Verantwortungs- bzw. Gesinnungsethik, daß sie durch "keinerlei formale Regeln" herbeigeführt werden kann. "Noch weniger kann Wissenschaft hier etwas ausrichten". "Denn" - so Weber- "Fachwissenschaft ist Technik, lehrt technische Mittel. Wo aber um Werte gestritten wird, da wird das Problem in eine ganz andere, jeder Wissenschaft entzogene Ebene des Geistes projiziert..." (Max Weber, Brief an Else Jaffé, 13.9.1907 - zitiert von W.J. Mommsen, im Aufsatz"Rationalisierung und Mythos bei Max Weber" im Sammelband: Mythos und Moderne. Karl Heinz Bohrer (Hrsg.), Frankfurt 1983, S. 384).

Das Scheitern positivistischer Objektivität an der Aufgabe
einer kulturellen Erneuerung der Gesellschaft

Der objektive Tatsachensinn, der über den Glauben an den Einfluß transzendenter Wesenheiten, an einen spekulativen Sinn
des historischen Geschehens, an Mythen und Wunder, in denen
sich göttliche Allmacht offenbart, hinaus ist, gilt als fort-
schrittliche Einstellung schlechthin. Da all jene Dinge, die
sich empirisch nicht verifizieren lassen, auf subjektive Wünsche und Vorstellungen zurückweisen, strebt der positivistische Empirismus, um ein für allemal solchen entstellenden
Projektionen vorzubeugen, als Ideal einen von Emotionen möglichst freigehaltenen Umgang mit den Objekten wissenschaftlicher Forschung an: "Neigung, Liebe, Lust, Unlust und Erhebung
- das alles kennt die Wissenschaft nicht", heißt es in der
kleinen Schrift über "Wissenschaft und Weisheit im Kampf" (1),
die aus dem Umkreis der "Unzeitgemäßen Betrachtungen" stammt.
Der Gebildete des 19. Jahrhunderts pflegt sich an dieser Ob-
jektivitätsvorstellung zu orientieren.
Nietzsche untersucht die Frage, inwieweit der wissenschaftliche Tatsachensinn einer kulturellen Erneuerung der gegebenen
Verhältnisse zustatten kommt. Er faßt dabei Objektivität weder
als ein schon erfülltes Ideal auf, noch dringt er auf dessen
Erfüllung; er untersucht Funktion und Bedeutung der beanspruch-
ten Haltung im konkreten Zusammenhang der Geschichtsaneignung.
Seine Beobachtung ergibt, daß Objektivität nicht nur eine
Voraussetzung empirischen Forschens ist, sondern auch ein
Resultat desselben. Die methodische Fixierung auf Faktenaneig-
nung, welche Geschichte zu Bergen von katalogisiertem, stati-
stisch verarbeitetem und in Archiven gestapeltem Material
anwachsen läßt, bewirkt beim Forschenden völlige Teilnahmslosigkeit gegenüber dem geschichtlichen Geschehen, die gleichsam
als Selbstschutz fungiert: "Denn welches Mittel bleibt noch
der Natur übrig, um das überreichlich sich Aufdrängende zu be-
wältigen? Nur das eine Mittel, es so leicht wie möglich anzu-

---

1   F. Nietzsche, Bd. 3, S. 343

nehmen, um es schnell wieder zu beseitigen und auszustoßen"
(1). Die Fixierung auf die Feststellung des Wirklichen untergräbt auf Dauer den Sinn für das Wirkliche: "Historie läßt die
Gewöhnung entstehen, die wirklichen Dinge nicht mehr ernst zu
nehmen..." (2). Der Anschein von abgebrühter Routine, mit
dem man kokettiert, erweist sich bei genauerem Hinsehen als
Verkleidung von Unempfänglichkeit und Stumpfheit. Man versteckt
sich hinter einer "objektiv sich gebärdenden Gleichgültigkeit"
(3), die nicht voraussetzungslos ist, sondern ein erzwungenes
Resultat dieser Art von Geschichtsaneignung. Durch die Neutralisierung der Anteilnahme wird eine notwendige Bedingung der
historischen Verbesserung verspielt.
Nietzsche attackiert den oberflächlichen Kulturkonsum des
übersättigten Bildungsbürgers, der sich, wie im Fall der Lite-
ratur, die neue Wege weist, durch Folgenlosigkeit auszeichnet.
"Es mag das Erstaunlichste geschehen, immer ist die Schar
der historisch Neutralen auf dem Platze, bereit, den Autor
schon aus der Ferne zu überschauen ... Im Grunde ... bleibt
alles beim alten: man schwätzt zwar eine Zeitlang etwas Neues,
dann aber wieder etwas Neues und tut inzwischen das, was man
immer getan hat. Die historische Bildung ... erlaubt gar nicht
mehr, daß es zu einer Wirkung im eigentlichen Verstande, nämlich zu einer Wirkung auf Leben und Handeln komme: auf die
schwärzeste Schrift drücken sie sogleich ihr Löschpapier,
auf die anmutigste Zeichnung schmieren sie ihre dicken Pinsel-
striche, die als Korrekturen angesehn werden sollen: da war's
wieder einmal vorbei" (4).
Eine richtungsweisende Identifikation mit Geschichte fällt
ebenfalls dem Empirismus zum Opfer. Grund hierfür ist der
Relativismus, der ein zentrales Problem des empirisch orientierten Historismus bildet. In dem Augenblick, in dem die
Geschichtswissenschaft deduktive theologische und teleologi-

---

1   F. Nietzsche, Bd. 1, S. 233
2   ebenda
3   ebenda, S. 249
4   ebenda, S. 242

sche Interpretationsmodelle von Geschichte verwirft und diese
nicht mehr als Manifestation göttlicher Vorsehung oder Realisierung spekulativer Ideen betrachtet, wonach sich bis dahin
ihre Bewertung gerichtet hat, geht der Wertmaßstab verloren.
Er wird den Anschauungen und Konventionen entnommen, die in
der jeweilig behandelten geschichtlichen Periode vorherrschten
und ändert sich hiermit. Die Relativierung des Werturteils er-
schwert es, sich mit diesem oder jenem geschichtlichen Ereignis zu identifizieren. An die Stelle des subjektiven Fürwahrhaltens, das immer auch richtungsweisend für den künftigen
geschichtlichen Verlauf ist, treten fruchtloser Skeptizismus
und dumpfe Resignation: "Der junge Mensch ist so heimatlos geworden und zweifelt an allen Sitten und Begriffen. Jetzt weiß
er: in allen Zeiten war es anders, es kommt nicht darauf an,
wie du bist. In schwermütiger Gefühllosigkeit läßt er Meinung
auf Meinung an sich vorübergehen ..." (1). Die erschwerten
Identifikationsbedingungen verstärken beim Subjekt eher die
Bereitschaft zur Anpassung an herrschende gesellschaftliche
Mächte, als daß sie zu einer verändernden Praxis führen, die
auf die Überzeugung des Subjekts, wie Geschichte zu sein hat
und wie nicht, angewiesen ist. Objektivität mag deshalb wohl
für die innere Distanz des Wissenschaftlers zum Objekt des
Forschens stehen, aber nicht für eine Distanz zu den gegebenen
sozialen und politischen Verhältnissen, in denen der objektive
Wissenschaftler völlig aufzugehen pflegt: "Alles objektiv nehmen, über nichts zürnen, nichts lieben, alles begreifen, wie
macht das zart und anschmiegsam. Und selbst, wenn ein in dieser Schule aufgezogener öffentlich einmal zürnt, so freut
man sich, denn man weiß ja, es ist nur artistisch gemeint, es
ist ira et studio und doch sine ira et studio" (2). Das Augen-
zwinkern mit dem diese Kritik geäußert wird, das Zeichen grund-
sätzlichen Angepaßtseins ist nicht zu übersehen. Letzteres ist
überhaupt das Geheimnis dieser Art von Objektivität. Nietzsche
setzt sie in ihrer Brauchbarkeit mit der Hegelschen Staats-

---

1   F. Nietzsche, Bd. 1, S. 255
2   ebenda, S. 264

philosophie gleich: "Alles objektiv nehmen, über nichts zürnen, nichts lieben ... das heißt jetzt 'historischer Sinn'.
Die Regierungen fördern einen solchen Sinn ebenso gern, als
sie die Hegelei gefördert haben" (1). Einmal mehr zeigt sich
hier, daß die Kritische Theorie das Erbe der Wissenschaftskritik aus den "Unzeitgemäßen Betrachtungen" angetreten hat.
Auch Horkheimer zufolge ist die moderne Wissenschaft durch den
Verzicht auf richtungsweisendes Denken charakterisiert. Sie
überläßt die Zielsetzung ihres Forschens herrschenden Mächten
und feiert ihre Entmündigung als Objektivität: "Die zielset-
zenden Mächte bedienen sich des Denkens, das auf jede bestim-
mende Rolle verzichtet hat. Und die Gelehrten, in deren allgemein gesunkener sozialer Geltung dieser Zustand sich genau
ausdrückt, bescheiden sich dabei und versprechen, sich an
diese Ordnung der Dinge zu halten, indem sie den Verzicht, in
den einzelnen Schritten der Reflexion auch zu wissen, wohin
sie laufen, gehorsam als Sauberkeit, wissenschaftliche Strenge
oder sonstwie hinstellen, ähnlich wie die Bürger eines schlechten Staates ihre schweigende Duldung der Tyrannei und Loyali-
tät" (2).
Teilnahmslosigkeit und fehlende Identifikation untergraben die
Bereitschaft und Fähigkeit, aus der Vergangenheit wegweisende
Gedanken für das Künftige zu gewinnen. Der objektive Wissenschaftler verliert zunehmend das Vermögen zu einem kreativen
Umgang mit dem Gegenstand der Erkenntnis, welches die "starken
Kunstgeister" besitzen, die "allein aus jener Historie wahrhaft, das heißt zum Leben hin, zu lernen und das Erlernte in
eine erhöhte Praxis umzusetzen" (3) imstande sind. Auch hier
ist Objektivität keine geeignete Voraussetzung für eine kulturelle Verbesserung, und zeigt auch nicht das Fehlen außertheo-
retischer Einflüsse und Voraussetzungen an, wie die positivi-

---

1   F. Nietzsche, Nachgel. Fragm., Bd. III-4, S. 260
2   M. Horkheimer, Kritische Theorie der Gesellschaft, Bd.
    2, a.a.O., S. 114-115
3   F. Nietzsche, Bd. 1, S. 224

stische Wissenschaft behauptet, sondern wird als Euphemismus
sichtbar, der einen Mangelzustand verdeckt. Sie ist "Phrase:
weil die künstlerische Potenz fehlt" (1). Nietzsche schildert
sie sarkastisch als theoretische Form des Eunuchentums: "Oder
sollte als Wächter des großen geschichtlichen Welt-Harems ein
Geschlecht von Eunuchen nötig sein? Denen steht freilich die
reine Objektivität schön zu Gesichte. Scheint es doch fast,
als wäre es die Aufgabe, die Geschichte zu bewachen, daß nichts
aus ihr herauskomme als eben Geschichten, aber ja kein Geschehen" (2).

Die Fähigkeit zu kreativer Erneuerung ist im modernen Wissenschaftsbetrieb nur bedingt erwünscht. Wissenschaft hat nicht
das grundlegend Andere zu bewirken, sondern zu bewerkstelligen
was von den herrschenden Mächten als "nützlich" definiert
wird. "Es soll ... das Zeitalter der gemeinsamen, möglichst
nutzbaren Arbeit ... (sein). Die Menschen sollen zu den Zwek-
ken der Zeit abgerichtet werden, um so zeitig als möglich
mit Hand anzulegen: sie sollen in der Fabrik der allgemeinen
Utilitäten arbeiten ..." (3). Die weitgehende Ausschaltung subjektiver Anteilnahme und des persönlichen Fürwahrhaltens,
die durch Methode und System betriebene Abtötung der Fähigkeit
zu kreativer Erneuerung, verwandeln die Wissenschaftler in
"konkrete Abstracta" (4). Wie der Erkenntnisgegenstand, durch
alle Konkretheit hindurch, abstrakt, nämlich bloß gegeben
ist, so wird der subjektive Bezug des Wissenschaftlers zum Erkenntnisgegenstand ausgelöscht: der Wissenschaftler bleibt übrig als leeres, austauschbares Konkretum, als Mensch ohne
Eigenschaften, abstrakt in seiner Konkretheit. Dabei trägt er
den Dienstanzug des Staates und der herrschenden gesellschaftlichen Mächte. "Wenn sie (die modernen Gebildeten, Anm. des
Verf.) Charakter und eigne Art haben sollten, so steckt dies
alles so tief, daß es gar nicht sich ans Tageslicht herauswin-

---

1   F. Nietzsche, Nachgel. Fragm., Bd. III-4, S. 282
2   F. Nietzsche, Bd. 1, S. 239
3   ebenda, S. 254-255
4   ebenda, S. 241

den kann: wenn sie Menschen sein sollten, so sind sie es nur
für den, 'der die Nieren prüft'. Für jeden anderen sind sie
etwas anderes, nicht Menschen, nicht Götter, nicht Tiere,
sondern historische Bildungsgebilde, ganz und gar Bildung,
Bild, Form ohne nachweisbaren Inhalt, leider nur schlechte
Form, und überdies Uniform" (1). Die objektivierenden Verfah-
rensweisen der positivistischen Wissenschaft rufen eine Verarmung der Subjektivität hervor. "Die objektiven Historiker
sind vernichtete und blasierte Persönlichkeiten" (2). Musterbeispiele für eine beschädigte Subjektivität sind die Gelehrten (3). Subjektiv verarmt fügen sie sich leicht in die instru-
mentelle Rolle, die man für sie bereithält. Sie fungieren als
berechenbare Größen, als "Denk-, Schreib- und Redemaschinen"
(4), die sich funktionsgerecht und bruchlos in die fabrikmäßig
organisierte Arbeit am vorgeschriebenen Nutzen einspannen las-

---

1 F. Nietzsche, Bd. 1, S. 241
2 F. Nietzsche, Nachgel. Fragm., Bd. III-4, S. 300
3 An anderer Stelle beschreibt Nietzsche die Auswirkungen
   der Maschinenarbeit. Diese führt ebenfalls zu einer Verarmung der Subjektivität. Die Maschine ist "unpersönlich,
   sie entzieht dem Stück Arbeit seinen Stolz, sein individu-
   ell Gutes und Fehlerhaftes - also sein bißchen Humanität"
   (F. Nietzsche, Bd. 1, S. 990). Die aufgezwungene Arbeits-
   weise bewirkt Veränderungen, die den, durch wissenschaftlichen Methodenzwang erzeugten, ähnlich sind. Die Maschine "gibt nicht den Antrieb zum Höhersteigen ... Sie macht
   tätig und einförmig" (ebenda, S. 966). Sie "gibt das
   Muster der Parteiorganisation und der Kriegsführung.
   Sie lehrt dagegen nicht die individuelle Selbstherrlich-
   keit; sie macht aus vielen eine Maschine und aus jedem
   Einzelnen ein Werkzeug zu seinem einem Zweck" (ebenda,
   S. 966). In einer Zeit, in der jeder, auch die marxistischen Gesellschaftskritiker, den industriellen Fortschrit-
   für einen Hebel sozialer Verbesserungen und der Entfaltung der Humanität halten, sind dies wirklich "unzeitge-
   mäße", mahnende Worte. Bezüglich der Auswirkungen der
   Technik auf das Alltagsleben ist Nietzsche skeptisch:
   "Die Presse, die Maschine, der Telegraph sind Einrichtungen, deren tausendjährige Konklusion noch niemand zu ziehen gewagt hat" (ebenda, S. 983).
4 F. Nietzsche, Bd. 1, S. 240

sen: "Ich bedaure, daß man schon nötig hat, sich des sprachli-
chen Jargons der Sklavenhalter und Arbeitgeber zur Bezeichnung
solcher Verhältnisse zu bedienen, die an sich frei von Utilitäten, enthoben der Lebensnot gedacht werden sollten; aber
unwillkürlich drängen sich die Worte 'Fabrik', 'Arbeitsmarkt',
'Angebot', 'Nutzbarmachung' - und wie all die Hilfszeitwörter
des Egoismus lauten - auf die Lippen, wenn man die jüngste Ge-
neration der Gelehrten schildern will. Die gediegene Mittelmäßigkeit wird immer mittelmäßiger, die Wissenschaft im ökonomischen Sinne immer nutzbarer" (1).
Nietzsche erschließt auf psychologischem Weg die Rolle der
Wissenschaft in der Gesellschaft. Er macht darauf aufmerksam,
daß von subjektiv geschwächten und funktionsgerechten angepaß-
ten Wissenschaftlern keine Initiative, die auf eine grundsätzliche Veränderung gegenwärtiger Verhältnisse hinausläuft,
zu erwarten ist. Daran gemahnt das monumentale Gegenbild des
"großen Subjekts", das sich von der Masse der durch wissenschaftlichen, objektivierenden Methodenzwang geschwächten
und in Dienst genommenen Objekten abhebt und einer historischen Erneuerung den Weg bahnt: "Glücklicherweise bewahrt
sie (die Geschichte, M.F.) aber auch das Gedächtnis an die
großen Kämpfer gegen die Geschichte, das heißt gegen die blinde Macht des Wirklichen, und stellt sich dadurch selbst an
den Pranger, daß sie jene gerade als die eigentlichen historischen Naturen heraushebt, die sich um das 'so ist es' wenig
kümmerten, um vielmehr mit heiterem Stolz einem 'so soll es
sein' zu folgen" (2).

1   F. Nietzsche, Bd. 1, S. 256
2   In Hegels Geschichtsphilosophie nehmen die "welthistori-
     schen Individuen" die Rolle eines Vollstreckers des Welt-
     geistes ein. Indem sie ihre persönlichen Zwecke verfolgen
     und ihren Machtwillen unbeirrt ausleben, vollzieht sich
     durch ihre Aktivität der Fortschritt des Weltgeistes und
     damit der Geschichte. "Sie sind insofern Heroen zu nennen
     als sie ihre Zwecke und ihren Beruf nicht bloß aus dem
     ruhigen geordneten, durch das bestehende System geheilig-
     ten Lauf der Dinge geschöpft haben, sondern aus einer
     Quellen, deren Inhalt verborgen ist und nicht zu einem ge-
     genwärtigen Dasein gediehen ist, aus dem innern Geiste,
     der noch unterirdisch ist, der an die Außenwelt wie an

Der Versuch einer Kulturstiftung mit monumentalen Fiktionen

Die bisherige Darstellung der Kritik Nietzsches am positivistischen Empirismus hat gezeigt, daß eine kulturelle Erneuerung der Geschichte von "Persönlichkeiten", die zu "ewiger Subjektlosigkeit oder, wie man sagt, Objektivität, ausgeblasen"
(1) sind, nicht zu erwarten ist. Die objektivierenden Verfah-
rensweisen der Wissenschaft fördern die Beibehaltung der gegebenen Verhältnisse. "Unsere Zeit ... capricirt sich auf die
objektive Geschichtsschreibung ... und verräth das allergrößte
Behagen an sich selbst" (2). Diese Erkenntnis bestimmt das Konzept der monumentalen Historie. Sie soll - über die bloße
Kritik an positivistischer Wissenschaft hinausgehend - eine
Erneuerung der Geschichte hervorrufen, indem sie sich an die
subjektiven Komponenten menschlichen Handelns und Denkens richtet, die im Heiligtum des Positivismus tabu sind. "Diejenige
Betrachtung der Geschichte ist die beste, welche die fruchtbar-

---

Fortsetzung von der vorhergehenden Seite:

  die Schale pocht und sie sprengt, weil er ein anderer
  Kern als der Kern dieser Schale ist, - die also aus sich
  zu schöpfen scheinen und deren Taten einen Zustand und
  Weltverhältnisse hervorgebracht haben, welche nur ihre Sa-
  chen und ihr Werk zu sein scheinen" (Hegel, Vorlesungen
  über die Philosophie der Geschichte. Frankfurt 1970, Bd.
  12, S. 46). Der antispekulative Geschichtsdenker Burckhardt (siehe hierzu K. Löwith, J. Burckhardt, Der Mensch
  inmitten der Geschichte, a.a.O., S. 78) faßt hingegen die
  große Willenskraft einzelner als die eigentliche Motorik
  geschichtlicher Fortschritte auf. Die "abnorme Willenskraft, welche magischen Zwang um sich verbreitet und
  alle Elemente der Macht und Herrschaft an sich zieht und
  sich unterwirft" (J. Burckhardt, Weltgeschichtliche Betrachtungen, a.a.O., S. 169) läßt Napoleon "in wenigen
  Jahren die sogenannte 'Arbeit von Jahrhunderten'" tun
  (ebenda). Was, um mit Hegel zu reden, "an der Zeit ist"
  (s.o.), wird ausschließlich durch die Leistungen der
  "Großen" vollbracht: "Denn die großen Männer sind zu
  unserm Leben notwendig, damit die weltgeschichtliche Bewegung sich periodisch und ruckweise frei mache von bloß
  abgestorbenen Lebensformen und von reflektierendem Ge-
  schwätz" (Burckhardt, a.a.O., S. 180). Diese personalisie-
  rende Vorstellung von geschichtlicher Erneuerung wird von
  Nietzsche in den Kontext der Wissenschaftskritik trans-
  feriert.

1   F. Nietzsche, Bd. 1, a.a.O., S. 242
2   F. Nietzsche, Nachgel. Fragm., Bd. III-4, S. 277

ste ist, aber für das Leben. Was nützt es, die Ursachen streng
zu sammeln, daraus das Faktum herzustellen und so zu mortifi-
ciren! Bei einer anderen Betrachtung hätte es noch lebendig
weiterzeugen können: sobald es als Resultat der Rechnung erscheint, wirkt es nicht mehr, sondern vergeudet alle Kräfte in
der Erklärung seiner selbst" (1). Die monumentale Geschichtsschreibung ist ein Vorschlag, wie Geschichte zu schreiben
sei; sie enthält keine materialen Aussagen über Geschichte. An
die Stelle der wissenschaftlichen soll die unwissenschaftliche
Betrachtung von Geschichte treten. Ihr soll es obliegen, eine
grundsätzliche geschichtliche Verbesserung zu initiieren:
"Die Historie muß das Problem der Historie selbst auflösen,
das Wissen muß seinen Stachel gegen sich selbst kehren" (2).

Die monumentale Historie als antithetische Reaktion auf die
positivistische Geschichtswissenschaft

Alfred Schmidt hat in Seminaren und Gesprächen die Philosophie
Nietzsches über weite Strecken als "antithetisch-reaktiv" bezeichnet; eine Charakterisierung, die, wie ich meine, in vol-
lem Umfang auf die monumentale Historie zutrifft. Hier besagt
sie, daß der Vorschlag einer auf das Subjekt bezogenen Geschichtsschreibung als antithetische Reaktion auf den Positivismus zu lesen ist. Dann steht nicht mehr die problematische
Intention Nietzsches im Blickpunkt, sondern ihr Erkenntnisgehalt im Hinblick auf die Bereitschaft und Fähigkeit von Menschen zu einer, die gegenwärtigen Verhältnisse überwindenden
Praxis, gegen welche sich der Positivismus sträubt. Nietzsche
selbst schlägt in einem Aphorismus aus "Menschliches-Allzumenschliches" eine solche Lesart vor: "Die Antithese ist die
enge Pforte, durch welche sich am liebsten der Irrtum zur
Wahrheit schleicht" (3). Was auf einen Irrtum hinausläuft,

1   F. Nietzsche, Nachgel. Fragm., Bd. III-4, S. 286
2   F. Nietzsche, Bd. 1, S. 261
3   ebenda, S. 563

nämlich das positiv gefaßte Vorhaben, mit monumentalen Fiktionen eine grundsätzliche Erneuerung der Geschichte herbeizufüh-
ren, enthält in antithetischem Spannungsverhältnis zum Positivismus ein Moment von Wahrheit.
Nietzsche konfrontiert den positivistischen Empirismus der Geschichtswissenschaft, welche subjektive Komponenten der Erfahrung wie "Anteilnahme" und "Identifikation" ausschaltet, einen
kreativen Umgang mit dem historischen Stoff erstickt und un-
fruchtbaren Objektivismus erzeugt, mit einer monumentalen Ge-
schichtsdarstellung. Diese hebt explizit auf die verdrängte
Subjektivität, auf Emotionalität und Irrationalität ab. Man
kann sie, "weil sie möglichst von den Ursachen absieht, mit
geringer Übertreibung eine Sammlung der 'Effekte an sich'
nennen ..., als von Ereignissen, die zu allen Zeiten Effekt
machen werden. Das, was bei Volksfesten, bei religiösen oder
kriegerischen Gedenktagen gefeiert wird, ist eigentlich ein
solcher 'Effekt an sich': er ist es, der die Ehrgeizigen nicht
schlafen läßt, der den Unternehmenden wie ein Amulett am Herzen liegt ..." (1). Die monumentale Historie will ihre anzie-
hende Wirkung für die Aufgabe historischer Erneuerung nutzbar
machen. Monumentale Bilder sollen Anteilnahme, Identifikation
und Bestürzung hevorrufen und als konstitutive Elemente einer
Veränderung zur Geltung bringen. "Die Menschheit wächst ...
nur durch die Verehrung des Seltnen Großen. Selbst das Selten
Groß Gewähnte, z.B. das Wunder, übt diese Wirkung. Das Erschrecken ist der Menschheit bestes Theil" (2). Der Verzicht
auf gefühlsmäßige Reaktionen, wie das Erschrecken, entzieht
den Bemühungen um eine Neugestaltung der Gesellschaft wichtige
Impulse.
Um Impulse geht es Nietzsche auch in der Frage der Fiktionen,
welche die geforderten monumentalen Geschichtsbilder enthalten,
die sich als ideale Leitbilder dem Subjekt zur Identifikation

---

1   F. Nietzsche, Bd. 1, a.a.O., S. 222-223
2   F. Nietzsche, Nachgel. Fragm., Bd. III-4, S. 35

anbieten (1). Nietzsche geht soweit zu sagen, daß es gerade
ihr fiktiver Charakter ist, der die starke seelische Bindung
und Wertschätzung hervorbringt: "Wenn wir die großen Individu-
en als unsere Leitsterne gebrauchen, so verschleiern wir viel
an ihnen, ja wir verhüllen alle die Umstände und Zufälle,
die ihr Entstehen möglich machen, wir isolieren sie uns, um
sie zu verehren" (2). Das Falsche im empirisch konkreten Sinn
löst praktische Nachahmung aus: "Die monumentale Historie
täuscht durch Analogien; sie reizt mit verführerischen Ähn-
lichkeiten den Mutigen zur Verwegenheit, den Begeisterten
zum Fanatismus ..." (3). Sie stimuliert die Aktivität des
Subjekts und bindet es an Ziele, die über die Gegenwart hinausweisen: "Der Wahn des Monumentalen befördert die Fortzeugung
des Großen" (4). In der Kritik am Positivismus gelangt Nietz-

---

1   In Nietzsches Wissenschaftskritik spielen Dinge hinein,
    die später in der psychoanalytischen Wissenschaft Freuds
    wieder auftauchen. Freud definiert Identifizierung als
    als ein Streben, "das eigene Ich ähnlich zu gestalten wie
    das zum 'Vorbild' genommene". In: Sigmund Freud, Massen-
    psychologie und Ich-Analyse - Die Zukunft der Illusion.
    Frankfurt 1977, S. 44. Idealbildungen und der Wunsch, so
    zu werden, wie das Ideal, sind Bestandteile frühkindli-
    cher Sozialisation im Umfeld des Sohn-Vater- und Tochter-
    Mutter-Verhältnisses.
2   F. Nietzsche, Nachgel. Fragm., Bd. III-4, S. 23
3   F. Nietzsche, Bd. 1, S. 223
    Auch Freud hält das Unbewiesene und Nichtbeweisbare für
    einen stärkeren Orientierungspunkt des Denkens und Han-
    delns als die empirisch verifizierbare Erkenntnis: "So
    kommen wir zu dem sonderbaren Ergebnis, daß gerade dieje-
    nigen Mitteilungen unseres Kulturbesitzes, die die größte
    Bedeutung für uns haben könnten, denen die Aufgabe zuge-
    teilt ist, uns die Rätsel der Welt aufzuklären und uns
    mit dem Leiden des Lebens zu versöhnen, daß gerade sie
    die allerschwächste Beglaubigung haben. Wir würden uns
    nicht entschließen können, eine für uns so gleichgültige
    Tatsache anzunehmen, wie daß Walfische Junge gebären an-
    statt Eier abzulegen, wenn sie nicht besser beweisbar
    wäre" (a.a.O., S. 107). "Man muß fragen, worin besteht
    die innere Kraft dieser Lehren, welchen Umständen verdan-
    ken sie ihre von der vernünftigen Anerkennung unabhängige
    Wirksamkeit?" - "Das Geheimnis ihrer Stärke ist die Stär-
    ke dieses Wunsches usw." (ebenda, S. 110).
4   F. Nietzsche, Nachgel. Fragm., Bd. III-4, S. 249

sche zu Erkenntnissen, die später für die Massenpsychologie
bedeutsam werden (1).

Nietzsche verspricht sich vom Glauben an Ideale eine Stärkung
der Kreativität: "Nur in der Liebe aber, nur umschattet von
der Illusion der Liebe, schafft der Mensch, nämlich nur im
unbedingten Glauben an das Vollkomene und Rechte" (2).

Die Bereitschaft und Fähigkeit von Menschen, die Gegenwart zu
verändern, läßt sich mit einem objektiven Blick auf Fakten,
Ursachen und Gesetzmäßigkeiten nicht erklären. Die monumentale
Historie soll Anteilnahme am geschichtlichen Geschehen und
Identifizierung mit Zielen ermöglichen, die das Gegenwärtige
transzendieren. Dieses Potential soll in den Prozeß der bewußten Erneuerung der Geschichte integriert werden. Als Antithese zur Wissenschaft läuft Nietzsches Forderung nach einer
Historie im Dienste des Lebens nicht auf eine pragmatische
Unterordnung (3) der Geschichtserkenntnis unter ein Gegen-
wartsinteresse hinaus, sondern auf die Beherrschung der Wis-

---

1   Die monumentalen Fiktionen, die zur Nachahmung und persön-
     lichem Einsatz für die Erneuerung der Geschichte führen
     sollen, gleichen den Mythen Sorels. Diese spielen zwar
     ihre Rolle im Rahmen einer syndikalistischen Strategie:
     der Mythos des Generalstreiks soll dazu dienen, die Men-
     schen zu geschichtlich wirkenden Einheiten zusammenzu-
     bringen. Im Prinzip aber sind sie von Nietzsches Fiktio-
     nen nicht unterschieden. Hans Barth beschreibt die Funk-
     tion der Mythen Sorels wie folgt: "Wie geschieht in der
     Geschichte die schöpferische Tat? Zwei Antworten sind vor
     allem Anfang an als falsch und dürftig, weil die Natur
     des Menschen verkennend, auszuschließen: weder vermögen
     Nützlichkeitserwägungen noch die vom Verstande geschaffe-
     nen Begriffe den Menschen zu einem einheitlichen Verhalten
     zu bestimmen. Den Aufbruch elementarer Kräfte, den Auf-
     schwung der Seele bewirkt nie ein Begriff, sondern immer
     nur ein Bild. Die Lehre vom sozialen Mythos zielt also
     zweifellos auf das Verständnis der Massenbewegung ab ...
     von ihm geht die Begeisterung aus, der die Menschheit das
     Leben und seine Größe verdankt. Er erzeugt und festigt
     den Glauben, aus dem die großen Taten der Geschichte her-
     vorgehen" (Hans Barth, Masse und Mythos - Die ideologi-
     sche Krise an der Wende zum 20. Jahrhundert und die Theo-
     rie der Gewalt: George Sorel. Hamburg 1954, S. 70).
2   F. Nietzsche, Bd. 1, S. 252
3   Herbert Schnädelbach, a.a.O., S. 80 ff

senschaft. Ihre unkreative Entfesselung, ihrem Desinteresse, ihren Mangel an Orientierung und ihrer Funktionalisierung will er hiermit Einhalt gebieten.

Zum Verhältnis von Wissenschaft und Praxis

Nietzsche durchschaut das positivistische Wissenschaftsideal des angeblich reinen, von außertheoretischen Einflüssen freigehaltenen Denkens als "Mythologie der Moderne" (1). Das "Losgebundensein von persönlichem Interesse" (2) ist nur ein Vorwand, den sich ein "Wissenschaftsverständnis" zunutze macht, das, wie Monika Funke sagt, "die Unvoreingenommenheit und Vorurteilsfreiheit der Forschung prätendiert und dadurch beiträgt, die ideologischen Verfälschungen unkenntlich zu machen" (3). Die unter dem Deckmantel der "Objektivität" verborgenen Voraussetzungen liegen in der Psyche des Wissenschaftlers: es sind seine mangelnde Anteilnahme, sein Unvermögen, sich mit historischen Zielen zu identifizieren und in kreativem Umgang mit Geschichte Vorstellungen zu entwickeln, die über die Gegenwart hinausweisen. "Objektivität" steht für Mängel, die den Wissenschaftler für die herrschenden Mächte disponibel machen. Unter ihnem Namen kommen die verschiedenen Elemente individualpsychologisch und gesellschaftlich bestimmter Praxis zusammen. "Die Trennung von Theorie und Praxis als wissenschaftstheoretisches Postulat des Historismus wird somit selbst ideologisch weil sie unter dem 'Losgebundensein von persönlichem Interesse' eine bestimmte Praxis verbirgt, nämlich die der Indifferenz, Neutralität, der Anpassung" (4).

---

1   F. Nietzsche, Bd. 1, S. 264
2   ebenda, S. 247
3   Monika Funke, Ideologiekritik und ihre Ideologie bei Nietzsche. Stuttgart-Bad Cannstatt 1974, S. 53
4   ebenda, S. 61

Nietzsche behandelt den Zusammenhang von positivistischer Wissenschaft mit gesellschaftlicher Praxis als Problem des "Lebens". Die Verarmung der Subjektivität des Wissenschaftlers, welche dem Zwang der objektivierenden Methoden positivistischer Geschichtswissenschaft zuzuschreiben ist und eine folgenlos bleibende Geschichtsaneignung zeitigt, wird als Negation "wahrhaften Lebens" dargestellt, welches durch die Möglichkeiten einer von postitivistischer Rationalität unbeeinflußten fruchtbaren Auseinandersetzung mit Geschichte charakterisiert ist. "Wir sind zum Leben, zum richtigen und einfachen Sehen und Hören, zum glücklichen Ergreifen des Nächsten und Natürlichen verdorben und haben bis jetzt noch nicht einmal das Fundament einer Kultur, weil wir selbst nicht davon überzeugt sind, ein wahrhaftes Leben in uns zu haben" (1). In der rastlosen Tätigkeit des empirisch-faktisch orientierten Forschens offenbart sich eine "Krankheit" des Lebens: "Es ist krank, dieses entfesselte Leben, und muß geheilt werden" (2). Manche Formulierungen Nietzsches erwecken den Anschein, als betrachte er die Wissenschaft als vom "Leben" losgelöst. so heißt es z.B. in einer, rhetorisch zu verstehenden Frage: "Soll nun das Leben über das Erkennen, über die Wissenschaft, soll das Erkennen über das Leben herrschen" (3)? Bei Sätzen wie: "Die Historie (ist) ohne Rückwirkung auf das Leben" (4), "dem Leben schädlich" (5), entsteht der Anschein von radikalem Getrennt- und Entgegengesetztsein der Bereiche Leben und Wisseschaft. Derartige Wendungen lassen sich dadurch erklären, daß Nietzsche den Begriff "Leben" häufig im emphatischen Sinn des "wahrhaften Lebens" benutzt. Bisweilen wird auch die unkreative, mit subjektiver Verarmung zusammenhängende Geschichtsaneignung selbst als Lebenspraxis aufgefaßt, und zwar als solche geschwächter Art: "Das Übermaß an Historie hat die plasti-

---

1   F. Nietzsche, Bd. 1, S. 220
2   ebenda, S. 281
3   ebenda, S. 282
4   F. Nietzsche, Nachgel. Fragm., Bd. III-4, S. 300
5   ebenda, S. 305

sche Kraft des Lebens angegriffen; es versteht nicht mehr,
sich der Vergangenheit wie einer kräftigen Nahrung zu bedienen
(1). Die gewünschte, umgestaltende Aneignung von Geschichte
soll sich dagegen auf der Basis eines "starken Lebens" vollziehen: "Nur aus der höchsten Kraft der Gegenwart dürft ihr
das Vergangene deuten: nur in der stärksten Anspannung eurer
edelsten Eigenschaften ..." (2). Nietzsche unterscheidet zwischen "starkem" und "schwachem" Leben. Beide Arten stellen
"genealogische" Ausgangspunkte der konservierenden bzw. der
erneuernden Historie dar. Die psychologische Hinterfragung
der Scheinobjektivität der Wissenschaft zeigt, daß Nietzsche
das "Leben" nicht als _eine_ Perspektive (neben der Perspektive:
positivistische Wissenschaft) betrachtet, sondern als Bedingung, die jeder geschichtlichen Erscheinung und Erkenntnis,
jeder Perspektive vorgeordnet ist. "Das Erkennen setzt das Leben voraus ..." (3). Positivistische Wissenschaft ist ein
Teilbereich der Totalität des Lebens. Sie ist eine Form geschwächter Lebenspraxis, die sich in der Reproduktion und
Konservierung gegebener Verhältnisse erschöpft (4).

1   F. Nietzsche, Bd. 1, S. 281
2   ebenda, S. 250
3   ebenda, S. 282
4   Habermas vertritt in dem Nachwort zu "Friedrich Nietzsche
    - Erkenntnistheoretische Schriften" (Frankfurt 1968) die
    Ansicht, daß Nietzsche das Involviertsein der positivi-
    stischen Geisteswissenschaft in der Lebenspraxis entgehe.
    Er halte den Historismus für eine "Form, in der sich
    die Geisteswissenschaften gegenüber der Praxis verselb-
    ständigen und das letzte Band zwischen Erkenntnis und
    Interesse lösen" (S. 243). Nietzsche geht Habermas zufol-
    ge dem szientistischen Selbst-Mißverständnis der Wissen-
    schaft auf den Leim. Demgegenüber weist Habermas darauf
    hin, daß "auch die strengen Verfahrensweisen einer objek-
    tivierenden Forschung ... den logischen Zusammenhang
    des hermeneutischen Vorverständnisses der Interpreten
    nicht auflösen (können)" (S. 246-247). Nietzsches Fehl-
    einschätzung soll sich in dem Konzept einer "Historie im
    Dienste des Lebens" auswirken. Da für Nietzsche die Ver-
    wissenschaftlichung der Historie irrtümlicherweise auf
    eine Trennung von der Lebenspraxis hinauslaufe, nehme
    Nietzsche bewußt Abstriche an der wissenschaftlichen
    Objektivität vor, um der Erkenntnis eine Rolle für die
    Lebenspraxis zu verschaffen: "sie (die historische Wissen-

ZUM VERHÄLTNIS VON ILLUSIONISMUS UND GESCHICHTSPESSIMISMUS

Schopenhauers und Nietzsches Verzicht auf die Annahme eines
vernünftigen Weltgrunds

Nietzsche idealisiert eine Verfälschung der Wirklichkeit nicht
nur im Fall der Wissenschaftskritik, sondern auch im Rahmen
der Auseinandersetzung mit der radikalen Sinnkritik und Aufklärung in der Philosophie Schopenhauers. Die propagierten Illusionen und Mythen haben nicht nur wissenschaftskritische,
sondern auch philosophiekritische Bedeutung. Es ist wichtig,
dies festzuhalten und aus der Erkenntnisschelte die einzelnen
Einwände herauszufiltern, die sonst in einem "Rundschlag des
Irrationalismus" unterzugehen drohen. Um das Verständnis für
Nietzsches Illusionismus zu erweitern, ist es deshalb notwendig, zunächst an Schopenhauer zu erinnern. Schopenhauer wendet
sich dagegen, Geschichte als im Grunde vernünftig und sinnvoll

---

Fortsetzung von der vorhergehenden Seite:

Wissenschaft, M.F.) soll ihre Bedeutung für die Lebenspraxis dadurch zurückgewinnen, daß sie sich, um den Preis
möglicher Objektivität, der Zwangsjacke wissenschaftlicher Methodik entkleidet und aufhört, strikte Wissenschaft zu sein" (S. 247). Es läßt sich jedoch zeigen,
daß Nietzsche das wissenschaftliche Denken als Teil herrschender Praxis durchschaut. Der Verzicht auf Objektivität
dient schon allein deshalb nicht einer Bindung des Denken
an die Praxis, sondern der Freisetzung subjektiver Komponenten der Erfahrung, die aus dem Prozeß positivistischer Geschichtsaneignung weitgehend ausgeschlossen sind.
Sie sollen Impulse der Erneuerung bilden und die konser-
vierende Praxis geschwächter und angepaßter Subjekte
ersetzen.

zu begreifen (1). Er denkt dabei nicht an Leute, die moralische und physische Übel wirklichkeitsfremd übersehen, nicht
an "das gedankenlose Reden Solcher, unter deren platten Stir-
nen nichts als Worte beherbergen" (2), sondern er bekämpft
kompromißlos jeden Versuch, wahrgenommenes Leid und Unrecht
als gerechtfertigt erscheinen zu lassen, indem man es als
Produkt göttlicher Güte und Weisheit hinstellt. Unzählige
Angriffe richtet er gegen Leibniz, den "Begründer des systema-
tischen Optimismus" (3), dessen "Theodizee" er als eine Art
mißglückter Erklärung und Rechtfertigung des Unglücks in der
Welt verwirft: "Die Übel aber und die Quaal der Welt stimmten
schon nicht zum Theismus: daher dieser durch allerlei Ausreden,
Theodiceen, sich zu helfen suchte, welche jedoch den Argumen-
ten ... Voltaire's unrettbar unterlagen" (4). Hinter der Kri-

---

1   Schopenhauers Philosophie und der empirisch orientierte
Historismus, der sich von der Methode der Deduktion geschichtlicher Ereignisse aus der Geschichte vorgeordneten
Sinnprinzipien und Vernunfthypothesen trennt, stimmen in
diesem Punkte überein. Nietzsche bezichtigt allerdings
Ranke, einen Vertreter dieses Historismus, der Inkonse-
quenz: "Die beschönigende Geschichtsschreibung Rankes,
seine Leisetreterei an allen Stellen, wo es gilt, einen
furchtbaren Unsinn des Zufalls als solchen hinzustellen.
Sein Glaube an einen gleichsam immanenten Finger Gottes,
der gelegentlich einmal etwas am Uhrwerk schiebt und rückt,
denn er wagt nicht mehr, weder ihn als Uhrwerk noch als
Ursache des Uhrwerks hinzustellen."
F. Nietzsche, Nachgel. Fragm., Bd. V-3, S. 394
2   Arthur Schopenhauer, Bd. 2, a.a.O., S. 407
3   ebenda, Bd. 4, S. 681
4   ebenda, S. 692. -- Leibniz wollte zeigen, "daß die Tat-
sächlichkeit der Übel in der Welt keine Instanz gegen
ihren Ursprung aus allgütiger und allmächtiger Schöpfer-
tätigkeit bilde" (Windelband-Heimsoeth, Lehrbuch der
Geschichte der Philosophie. Tübingen 1957, S. 420). Er
hat die "Endlichkeit und Beschränktheit" der Menschen als
"metaphysische Übel" angesehen und das moralische Übel,
das den Grund für das physische Übel bildet, auf das
metaphysische zurückgeführt. Da "Endlichkeit zum Begriff
des Geschöpfs" gehört, und "Beschränktheit das Wesen
der Kreatur" ist, ist eine übellose Welt eine logische
Unmöglichkeit. Gott, zu dessen Begriff die Güte wie auch
die Weisheit gehört, hat sich bei der Schaffung der Welt
von dem Gedanken leiten lassen, "welche Welt die wenigsten und geringsten Übel enthält" (ebenda, S. 421). Angesichts der Güte und Weisheit Gottes ist es deshalb un-

tik an Leibniz steckt als eigentliches, zeitgenössisches Ziel des Angriffs die spekulative Geschichtsphilosophie Hegels, zu deren geistesgeschichtlichen Voraussetzungen die "Theodizee" Leibniz' gehört (1). Für sie hat der unversöhnliche Gegner Schopenhauer fast nur Worte des Schimpfes und der Verachtung übrig. Man kann es deshalb schon als eine Mißbilligung von seltener Ausführlichkeit betrachten, wenn er über Hegels spekulative Fassung des göttlichen Plans als "Darstellung des Geistes ..., wie er sich das Wissen dessen, was er an sich ist, erarbeitet" (2), folgende Sätze schreibt: "Die deutsche sogenannte Philosophie" tritt auf "als reines Sichselbstdenken der absoluten Idee und Schauplatz des Ballets der Selbstbewegung der Begriffe, daneben aber stets noch als unmittelbares Vernehmen des Göttlichen, des Übersinnlichen, der Gottheit, ... Wahrheit, Gutheit, und was sonst noch für Heiten gefällig seyn mögen, oder auch als bloßes Ahnen (ohne d) aller dieser Herrlichkeiten" (3). Die theologischen und spekulativen Prä-

---

Fortsetzung von der vorhergehenden Seite:

> möglich, daß "die existierende Welt eine andere als die beste" ist. Das Erdbeben von Lissabon am 1. November 1775 "brachte bei vielen die Vorstellung von der Vollkommenheit und Zweckmäßigkeit der Welt ins Schwanken: die Gleichgültigkeit, mit der die Natur das Menschenleben und all seine Zweck- und Wertinhalte zerstörte, schien weit eher für eine blinde Notwendigkeit alles Geschehens als für eine teleologische Anlage der Welt zu sprechen. Voltaire, in welchem sich dieser Umschwung der Auffassung auch vollzog, begann im Candide die 'beste der möglichen Welten' zu verspotten .. " (ebenda, S. 422).

1   Hegel will über den bloßen Glauben an eine Theodizee hinausgehen und Geschichte in conreto als Realisierung eines göttlichen Plans darstellen: "Jener Glaube ist nämlich gleichfalls unbestimmt, ist, was man Glaube an die Vorsehung überhaupt nennt, und geht nicht zum Bestimmten, zur Anwendung auf das Ganze, auf den umfassenden Verlauf der Weltgeschichte fort. Die Geschichte erklären aber heißt, die Leidenschaften des Menschen, ihr Genie, ihre wirkenden Kräfte enthüllen, und diese Bestimmtheit der Vorsehung nennt man gewöhnlich ihren Plan". (G.W.F. Hegel Vorlesung über die Philosophie der Geschichte, a.a.O., S. 25).

2   ebenda, S. 31

3   Schopenhauer, Bd. 5, S. 140

missen lassen Hegel das Unglück der Weltgeschichte, die von
ihm selbst als "Schlachtbank" bezeichnet wird, "auf welcher
das Glück der Völker, die Weisheit des Staates und die Tugend
der Individuen zum Opfer gebracht" (1) werden, als untergeord-
netes Moment einer zweckmäßigen welthistorischen Entwicklung
begreifen. Schopenhauer prägt für Leibniz' und auch wohl für
Hegels Geschichtsphilosophie, die explizit zur "Aussöhnung" (2)
mit der Welt beitragen will, das Wort von der "wahrhaft ruch-
lose(n) Denkungsart", die ein "bitterer Hohn (ist) über die
namenlosen Leiden der Menschheit" (3). Sein ganzer Haß richtet

---

1   Hegel, a.a.O., S. 35
2   ebenda, S. 28. Das ganze Zitat lautet: "Unsere Betrachtun-
     ist insofern eine Theodizee, eine Rechtfertigung Gottes,
     welche Leibniz metaphysisch auf seine Weise in noch unbe-
     stimmten, abstrakten, Kategorien versucht hat, so daß
     das Übel in der Welt begriffen, der denkende Geist mit dem
     Bösen versöhnt werden sollte, in der Tat liegt nirgends
     eine größere Aufforderung zu solcher versöhnenden Erkennt-
     nis als in der Weltgeschichte. Diese Aussöhnung kann
     durch die Erkenntnis des Affirmativen erreicht werden,
     in welchem jenes Negative zu einem Untergeordneten und
     Überwundenen verschwindet, durch das Bewußtsein, teils
     was in Wahrheit der Endzweck der Welt sei, teils daß der-
     selbe in ihr verwirklicht worden sei und nicht das Böse
     neben ihm sich letztlich geltend gemacht habe."
3   Schopenhauer, Bd. 2, S. 408
     Schopenhauers Protest gegen die "Rationalisierung" des
     Leids bei Hegel bleibt nicht abstrakt moralisch, sondern
     er gibt auch, bisweilen ohne den Namen seines Erzfeindes
     zu erwähnen, Gründe dafür an, warum die erwähnten Aussa-
     gen der spekulativen Philosophie unhaltbar sind. Die
     wichtigsten scheinen mir folgende zu sein. Die Geschichte,
     als Selbstbewegung der Idee aufgefaßt, entwickelt sich in
     der Zeit. Schopenhauer (und Kant) zufolge ist die Zeit
     jedoch eine Form der Anschauung, somit eine Bedingung der
     Möglichkeit der Welt als Erscheinung und nicht des Wesens
     der Dinge. "Denn wir sind der Meinung, daß Jeder noch
     himmelweit von einer philosophischen Erkenntniß der Welt
     entfernt ist, der vermeint, das Wesen derselben irgendwie
     und sei es noch so fein bemäntelt, historisch fassen
     zu können; welches aber der Fall ist, sobald in seiner
     Ansicht das Wesen an sich der Welt irgendein Werden,
     oder Gewordenseyn, oder Werdenwerden sich vorfindet, ir-
     gendein Früher oder Später die mindeste Bedeutung hat und
     folglich, deutlich oder versteckt, ein Anfangs- und ein
     Endpunkt der Welt, nebst dem Weg zwischen beiden gesucht
     und gefunden wird und das philosophierende Individuum
     wohl noch gar seine eigene Stelle auf diesem Wege erkennt"
     (Schopenhauer, Bd. 2, S. 345-346).

sich gegen sie, weil sie von der Erkenntnis des Willens als triebenergetischen, sinnlosen und unvernünftigen Wesens der Welt ablenken und dadurch zur Bejahung des Lebens verführen können. (1). Was bei ihnen zur Welt gehört, aber durch Vorsehung und göttlichen Plan gerechtfertigt wird, verliert in der Willensphilosophie Schopenhauers jeden Funken Vernunft. Windelband umreißt sie mit folgenden Worten: In der Welt objektiviert sich "die absolute Unvernunft eines gegenstandslosen Willens. Da dieser Wille ewig sich selbst erzeugt, so ist er, der niemals befriedigte, der unselige Wille: und da die Welt nichts ist als die Selbstdarstellung (Selbstoffenbarung-Objektivation) dieses Willens, so muß sie eine Welt des Elends

---

Fortsetzung von der vorhergehenden Seite:

> An anderer Stelle wirft Schopenhauer Hegel eine Mystifikation der Begriffe vor. Er nennt es einen "absurden Grundgedanken seiner Afterphilosophie, ... den wahren und natürlichen Hergang der Sache gerade auf den Kopf zu stellen und ... die Allgemeinbegriffe, welche wir aus der empirischen Anschauung abstrahieren, die mithin durch Wegdenken von Bestimmungen entstehen, folglich je allgemeiner desto leerer sind, zum ersten, zum Ursprünglichen, zum wahrhaft Realen (zum Ding an sich, in Kantischer Sprache) zu machen, infolgedessen die empirische Welt allererst ihr Dasein habe. - hätte er, sage ich, dieses monstrose $\dot{v}\sigma\tau\varepsilon\varrho o\nu$ $\pi\varrho o\tau\varepsilon\varrho o\nu$ (Vertauschen von Grund und Folge), je diesen ganz eigentlich aberwitzigen Einfall, nebst dem Beisatz, daß solche Begriffe, ohne unser Zuthun sich selber dächten und bewegten, gleich anfangs in klaren verständlichen Worten deutlich dargelegt; so würde Jeder ihm ins Gesicht gelacht, oder die Posse keiner Beachtung werth gehalten haben" (Schopenhauer, Bd. 7, S. 181).

1 "Der Optimismus ist im Grund das unberechtigte Selbstlob des eigentlichen Urhebers der Welt, des Willens zum Leben, der sich wohlgefällig in seinem Werke spiegelt: und demgemäß ist er nicht nur eine falsche, sondern auch eine verderbliche Lehre. Denn er stellt uns das Leben als einen wünschenswerten Zustand, und als Zweck desselben das Glück des Menschen dar" (Schopenhauer, a.a.O., Bd. 4, S. 684). Dies gilt natürlich nicht für Hegel, der die Perioden des Glücks in der Geschichte "leere Blätter" (Hegel, a.a.O., S. 42) nennt.

und des Schreckens sein" (1). Der Atheist Schopenhauer glaubt
sich in dieser Hinsicht in Übereinstimmung mit dem Christentum, auf das Leibniz sich zu Unrecht beruft (2).
In Schopenhauers Philosophie ist für rationalisierende Interpretationen kein Platz. Leid und Unglück in der Geschichte
offenbaren das Wesen der Welt und nichts außerdem: "Wenn man
nun endlich noch Jedem die entsetzlichen Schmerzen und Quaalen,
denen sein Leben beständig offensteht, vor die Augen bringen
wollte; so würde ihn Grausen ergreifen: und wenn man den ver-
stocktesten Optimisten durch die Krankenhospitäler, Lazarethe
und chirurgische Marterkammern, durch die Gefängnisse, Folter-
kammern und Sklavenställe, über Schlachtfelder und Gerichts-
stätten führen, dann alle die finsteren Behausungen des Elends,
wo es sich vor den Blicken kalter Neugier verkriecht, ihm
öffnen und zum Schluß in den Hungerturm des Ugolino blicken
lassen wollte; so würde sicherlich auch er zuletzt einsehn,
welcher Art dieser meilleur des mondes possibles ist. Woher
denn anders hat Dante den Stoff zu seiner Hölle genommen,
als aus unserer wirklichen Welt?" (3). Der mit Phantasie und
Vorstellungsbereitschaft gepaarten Erkenntnis erschließt sich
die Welt als Objektivation der Unvernunft; ihre Schrecken
lassen sich durch keine "Rechtfertigungen" mildern. Sie gehen
in keiner "Theodizee" oder Annahme einer vernünftigen Entwicklung des Ganzen auf. "Vor nichts - schreibt Nietzsche - warnt

---

1   Windelband-Heimsoeth, Lehrbuch der Geschichte der Philo-
     sophie. Tübingen 1957, S. 534
2   Es ist richtig, "Arbeit, Entbehrung, Noth und Leiden
     gekrönt durch den Tod, als Zweck unseres Lebens zu be-
     trachten (wie dies Brahmanismus und Buddhaismus, und
     auch das ächte Christenthum thun); weil diese es sind,
     die zur Verneinung des Willens zum Leben leiten. Im Neuen
     Testamente ist die Welt dargestellt als ein Jammerthal,
     das Leben ein Läuterungsproceß, und ein Marterinstrument
     ist das Symbol des Christenthums, als Leibniz, Shaftes-
     bury, Bolingbroke und Pope mit dem Optimismus hervortra-
     ten, der Anstoß, den man allgemein daran nahm, hauptsäch-
     lich darauf, daß der Optimismus mit dem Christenthum un-
     vereinbar sei ..." (Schopenhauer, Bd. 4, S. 685).
3   ebenda, Bd. 2, S. 406

uns die Schopenhauerische Philosophie mehr als vor dem Verklei-
nern und Vernebeln jener tauben, unbarmherzigen, ja bösen Ur-
beschaffenheit des Daseins ..." (1). Ohne den willensmetaphysischen Hintergrund Schopenhauers beizubehalten, mit dem dieser die herrschende Unvernunft begründet, verzichtet auch
Nietzsche bei Aussagen über das Dasein auf rationalisierende
Interpretationen. Er verweist sie in den Bereich der Bewußt-
seinsimmanenz, d.h. für den Schopenhauerianer, der subjektiven
Verblendung und Illusion: "O der verhängnisvollen Neugier
des Philosophen, der durch eine Spalte einmal aus dem Bewußt-
seinszimmer hinaus- und hinabzusehen verlangt: vielleicht
ahnt er dann, wie auf dem Gierigen, dem Unersättlichen, dem
Ekelhaften, dem Erbarmungslosen, dem Mörderischen der Mensch
ruht, in der Gleichgültigkeit seines Nichtwissens und gleichsam auf dem Rücken eines Tigers in Träumen hängend" (2).

Schopenhauers Ästhetik als Vorstufe der Willensverneinung

Die Erkenntnis der Welt als Objektivation des sinnlosen Willens bewirkt Resignation und Verzweiflung und führt letzten
Endes zur "Willensverneinung", dem ethischen Ideal der Schopenhauerischen Philosophie. Sie ist dem "Genie", d.h. dem Philosophen und Künstler vorbehalten, da diese in der Lage sind,
sich von der subjektiven, dem Satz vom Grunde gehorchenden Betrachtungsweise, freizumachen und sich in reiner Kontemplation
dem Gegenstand der Erkenntnis hinzugeben: "... so ist Genialität nichts Anderes als die vollkommenste Objektivität, d.h.
objektive Richtung des Geistes, entgegengesetzt der subjektiven, auf die eigene Person, d.i. den Willen, gehenden. Demnach
ist Genialität die Fähigkeit, sich rein anschauend zu verhalten, sich in die Anschauung zu verlieren und die Erkenntniß,
welche ursprünglich nur zum Dienste des Willens da ist, diesem
Zwecke zu entziehn, d.h. sein Interesse, sein Wollen, seine

---

1   F. Nietzsche, Nachgel. Fragm., Bd. III-4, S. 416
2   F. Nietzsche, Bd. 3, S. 271

Zwecke, ganz aus den Augen zu lassen, sonach seiner Persönlichkeit sich auf eine Zeit völlig zu entäußern, um als rein er-
kennendes Subjekt, klares Weltauge, übrig zu bleiben ..." (1).
Als solches kann es - Schopenhauer zufolge - die Ideen, die
"präempirischen Urformen der empirischen Dinge" (2), erkennen,
in denen sich der Wille unmittelbar und unverfälscht objektiviert (3). Es empfiehlt sich, hier an Schopenhauers Ästhetik
zu erinnern. Ohne sie läßt sich die Rolle, welche die kontem-
plative Erkenntnis der Welt mit Hilfe der Ideen in der Philosophie Schopenhauers spielt, nicht hinreichend bestimmen. Dies
ist auch deshalb wichtig, da Nietzsche mit einem veränderten
Begriff von Wesen und Bedeutung der Kunst auf das Modell Schopenhauerischer Erkenntnis und Aufklärung reagiert.
In der reinen Kontemplation und der Erkenntnis und Darstellung
des Wesens der Welt durch den Künstler finden sich Momente
ästhetischen Wohlgefallens, die der oben erwähnten Verzweiflung und Lebensverneinung als Konsequenz objektiven Erkennens
zunächst widersprechen. Auf der Seite des Subjektes ist der
Zustand der Kontemplation selbst nicht ohne Wohlgefallen.
In ihm steht das Subjekt nicht unter dem Bann des Satzes vom
Grunde. Dieser Satz ist bei Schopenhauer keine bloß erkenntnistheoretische Kategorie, nicht nur transzendentale Bedingung
der Möglichkeit der Erkenntnis, sondern metaphysisch vorbe-
lastet. Dem Satz vom Grunde zu folgen heißt: das eigene Glück
auf Kosten der Andern zu suchen, die ganze Welt als Gegenstand
des Egoismus zu betrachten und sich selbst, den eigenen Leib,
in dem sich der Wille objektiviert, als Drehpunkt für alles
Denken und Handeln zu nehmen (4). Im egozentrischen Charakter
des Satzes vom Grunde drückt sich die Sinnlosigkeit des Willens aus, der sich, im Kampf der Einzelsubjekte untereinander,

1   Schopenhauer, Bd. 1, S. 240
2   Heinrich Hasse, Schopenhauer. München 1926, S. 258, zi-
     tiert bei Hans-Dieter Bahr, Das gefesselte Engagement -
     Zur Ideologie der kontemplativen Ästhetik. Bonn 1970,
     S. 52. Zur Frage des Schopenhauerischen "Platonismus" und
     der Problematik der Ideen siehe Bahr, a.a.O., S. 45 ff.
3   Schopenhauer, Bd. 1, S. 233
4   ebenda, S. 230

selbst bekämpft und vernichtet. Im kontemplativen Zustand hingegen gewinnt das Individuum Abstand zur Jagd auf den persönlichen Vorteil und zum Streben nach Genuß. Es überwindet die Feindschaft gegen Andere und die Angst vor dem Unheil. Das Subjekt ist vom "Sklavendienst des Willens" (1) befreit: "Wann ... die Aufmerksamkeit ... nicht mehr auf die Motive des Wollens gerichtet wird, sondern die Dinge frei von ihrer Beziehung auf den Willen auffaßt, also ohne Interesse, ohne Subjektivität, rein objektiv sie betrachtet, ... dann ist die ... immer entfliehende Ruhe mit einem Mal von selbst eingetreten, und uns ist völlig wohl. Es ist der schmerzlose Zustand, den Epikuros als das höchste Gut und als den Zustand der Götter pries: denn wir sind, für jenen Augenblick, des schnöden Willendranges entledigt, wir feiern den Sabbath der Zuchthausarbeit des Wollens, das Rad des Ixion steht still" (2). Der subjektive Teil des ästhetischen Wohlgefallens wird vervollkommnet durch die Freude an der Schönheit des erkannten und dargestellten Objekts, der Idee. Schopenhauer knüpft nämlich die Schönheit eines Gegenstandes an die Erkenntnis und Darstellung seiner Urform: "Indem wir einen Gegenstand schön nennen, sprechen wir dadurch aus, ... daß wir im Gegenstand nicht das einzelne Ding, sondern eine Idee erkennen ..." (3). Er grenzt sich hierin ausdrücklich von Plato ab, demzufolge es Aufgabe der schönen Künste ist, das einzelne Ding darzustellen (4). Bei Schopenhauer wird es erst dadurch schön,

---

1   Schopenhauer, Bd. 1, S. 252
2   ebenda, S. 252-253
3   ebenda, S. 267
4   siehe hierzu auch S. 119 der vorliegenden Arbeit.
    Bei Schopenhauer befinden sich die Ideen zwischen dem Willen, dessen reine Objektivität sie sind, und der Welt der Einzeldinge, in welche sie sich entäußern, wenn sie in den Satz vom Grunde eingehen. Die Idee hat "keine andere dem Erkennen als solchem eigene Form angenommen ..., als die der Vorstellung überhaupt, d.i. des Objektseyns für ein Subjekt. Daher ist auch sie allein die möglichst adäquate Objektivität des Willens oder Dinges an sich, nur unter der Form der Vorstellung ..." (Schopenhauer, Bd. 1, S. 328). "Die einzelnen Dinge aber sind keine ganz adäquate Objektivität des Willens, sondern die se ist schon getrübt durch jene Formen, deren gemein-

daß es als Idee aufgefaßt wird. Die wahre Erkenntnis des Wesens der Welt - in der Idee objektiviert sich der Wille unmittelbar und unverfälscht! - bleibt in der Schönheit des Kunst-
objekts erhalten.
Subjektives und objektives Wohlgefallen bei der Kenntnisnahme

Fortsetzung von der vorhergehenden Seite:
schaftlicher Ausdruck der Satz vom Grunde ist ..." (ebenda, S. 228). Die Ideenlehre gestattet Schopenhauer die
Erkenntnis des Dings an sich, des Willens. Während die
erscheinende Welt Vielheit und Wechsel aufweist, dem
Satz vom Grunde unterliegt, gehen die Ideen "in jenes
Prinzip nicht ein" (ebenda, S. 221). In ihrer Unveränder-
barkeit und Zeitlosigkeit spiegelt sich der Wille, der
ebenfalls zeitlichem Wandel entzogen ist. In der Unver-
änderbarkeit der Ideen schaut Schopenhauer dem Wesen
der Geschichte auf den Grund: "In den mannigfaltigen Gestalten des Menschenlebens wird er (der objektiv Erkennende, Anm. d. Verf.) als das Bleibende und Wesentliche nur
die Idee betrachten, in welcher der Wille zum Leben seine
vollkommenste Objektivität hat, und welche ihre verschiedenen Seiten zeigt in den Eigenschaften, Leidenschaften,
Irrthümern und Vorzügen des Menschengeschlechts, in Eigennutz, Haß, Liebe, Furcht, Kühnheit, Leichtsinn, Stumpfheit, Schlauheit, Witz, Genie u.s.w., welche alle, zu tau-
sendfältigen Gestalten (Individuen) zusammenlaufend und
gerinnend, die große und kleine Weltgeschichte aufführen,
wobei es an sich gleichviel ist, ob, was sie in Bewegung
setzt, Nüsse oder Kronen sind" (ebenda, S. 237). Bahr
bemerkt hierzu: "Wenn Schopenhauer auf das 'Platonische'
der Ideen zurückgreift, so wendet er sich darin gegen
die Mystifikation des Ideenbegriffs, wie er sie bei Hegel
und in der hegelschen Schule vorzufinden glaubte ..."
(Hans-Dieter Bahr, a.a.O., S. 49 ff). Schopenhauer nimmt
einen Stufengang der Ideen an. Der Wille objektiviert
sich von der anorganischen Natur an bis zum Menschen
auf immer höheren Stufen. Dabei ist es den Ideen wesentlich, "daß sie in beständigem Kampf untereinander liegen"
(ebenda, S. 56). Die jeweils höhere Idee hat sich die
"niedrigere durch überwältigende Assimilation unterwor-
fen" (ebenda). Auch hierin reproduziert sich die Macht
des sinnlos sich selbst zerfleischenden Willens: "bis zuletzt das Menschengeschlecht, weil es alle andern überwäl-
tigt, die Natur für ein Fabrikat zu seinem Gebrauch ansieht, dasselbe Geschlecht jedoch auch, ... in sich selbst
jenen Kampf, jene Selbstentzweiung des Willens zur furchtbaren Deutlichkeit offenbart, und homo homini lupus
wird" (Schopenhauer, Bd. 1, S. 198). "Platos Ideen - so
Thomas Mann - sind bei Schopenhauer heillos gefräßig geworden ..." (T. Mann, Schopenhauer, ein Essay im Sammelband "Über Arthur Schopenhauer". Zürich 1977, S. 98).

der Schönheit der Idee bilden die ästhetischen Leuchtpunkte in der Dunkelheit des Schopenhauerischen Pessimismus. Schopenhauer wird nicht müde, sie immer wieder bilderreich und eindringlich zu preisen: "Dieser Zustand ist aber eben der, welchen ich beschrieb als erforderlich zur Erkenntniß der Idee, als reine Kontemplation. Aufgehn in der Anschauung, Verlieren ins Objekt, Vergessen aller Individualität, Aufhebung der dem Satz vom Grunde folgenden ... Erkenntnißweise, wobei zugleich und unzertrennlich das angeschaute einzelne Ding zur Idee einer Gattung, das erkennende Individuum zum reinen Subjekt des willenlosen Erkennens sich erhebt, und nun Beide als solche nicht mehr im Strohme der Zeit und aller andern Relationen stehn. Es ist dann einerlei, ob man aus dem Kerker, oder aus dem Palast die Sonne untergehn sieht" (1). Schopenhauer spricht hiermit, wie Adorno in einem anderen Zusammenhang ausführt, ein wichtiges Merkmal ästhetischer Erfahrung aus: "Vorkünstlerische Erfahrung bedarf der Projektion, die ästhetische aber, ... um des apriorischen Vorrangs von Subjektivität in ihr, Gegenbewegung zum Subjekt. Sie verlangt etwas wie die Selbstverneinung des Betrachtenden, seine Fähigkeit, auf das anzusprechen oder dessen gewahr zu werden, was die ästhetischen Objekte von sich aus sagen oder verschweigen ... Damit durchbricht ästhetische Erfahrung, wie Schopenhauer wußte, den Bann sturer Selbsterhaltung, Modell eines Bewußtseinsstandes, in dem ich nicht länger sein Glück hätte an seinen Interessen, schließlich seiner Reproduktion" (2).
Der "Trost" (3), den Ästhetik gewährt, ist jedoch nur vorübergehender Art. Das Subjekt, das objektiv erkennt oder künstlerisch darstellt, setzt sich hiermit dem Betroffenwerden durch das Sein aus. Die Freiheit von der egozentrischen Perspektive, welche die Erkenntnis und Darstellung der Ideen von ihm verlangt, ist gleichbedeutend mit dem Auflösen des "egoistischen Unterschieds", den es zwischen sich und der übrigen Welt macht. Sympathetisch gibt es sich dem fremden Leid hin und erfährt so

1   Schopenhauer, Bd. 1, S. 253
2   T.W. Adorno, Ästhetische Theorie. Frankfurt 1970, Ges. Schriften Bd. 7, S. 514-515
3   Schopenhauer, Bd. 1, S. 335

dessen niederschmetternde Wirkung: "Es ist nicht mehr das
wechselnde Wohl und Wehe, was er (der Erkennende, Anm. d.
Verf.) im Auge hat ... Er erkennt das Ganze, faßt das Wesen
desselben auf, und findet es in einem steten Vergehn, nichti-
gem Streben, innerm Widerstreit und beständigem Leiden begriffen, sieht, wohin er auch blickt, die leidende Menschheit
und die leidende Thierheit, und eine dahinschwindende Welt.
Dies Alles aber liegt ihm jetzt so nahe, wie dem Egoisten nur
seine eigene Person. Wie sollte er nun, bei solcher Erkenntnis der Welt, eben dieses Leben durch stete Willensakte bejahen und eben dadurch sich ihm immer fester verknüpfen, es
immer fester an sich drücken? Wenn also Der, welcher noch ...
im Egoismus befangen ist, nur einzelne Dinge und ihr Verhältnis zu seiner Person erkennt, und jene dann zu immer erneuer-
ten Motiven seines Wollens werden; so wird hingegen jene be-
schriebene Erkenntniß des Ganzen, des Wesens der Dinge an
sich, zum Quietiv alles und jedes Wollens. Der Wille wendet
sich nunmehr vom Leben ab: ihm schaudert jetzt vor dessen
Genüssen ..." (1). Aus dem "Trost in demselben" (2) wird der
"Weg aus demselben" (3). Das Erfassen der Idee und die zu Verzweiflung und Lebensverneinung führende Hingabe sind in der
Ästhetik Schopenhauers im Grunde nicht zu trennen.
Schopenhauer befürwortet keinen Ästhetizismus, keine Verzauberung durch die ästhetische Erfahrung, welche über die schreckliche Wirklichkeit hinwegsehen läßt. Die spezifischen Voraussetzungen, die mit der ästhetischen Erfahrung verbunden sind -
die Idee enthält die Wahrheit über den Willen und läßt sich
nur durch sympathetische Hingabe an den Willen, der sich in
ihr objektiviert, erfassen -, stehen dem entgegen. Sie werden
von einigen Schopenhauer-Interpreten, die ihm Ästhetizismus

---

1   Schopenhauer, Bd. 2, S. 469-470
2   ebenda, Bd. 1, S. 335
3   ebenda

vorwerfen, übersehen (1). Schopenhauers Werk ist voll von
Beispielen, in denen die künstlerische Erfassung des "Wesens"
der Welt in den Ideen unzertrennlich von tiefer Bekümmernis
ist (2). Als Künstler, der seinen ästhetischen Vorstellungen
entspricht, führt er Leopardi ins Feld, dessen Dichtung vom
Leiden am Leben durchdrungen ist. Bei Leopardi verschmelzen
Verzweiflung und Gefallen miteinander: "Keiner jedoch hat diesen Gegenstand so gründlich und erschöpfend behandelt wie, in
unsern Tagen, Leopardi. Er ist von demselben ganz erfüllt
und durchdrungen: überall ist der Spott und Jammer dieser
Existenz sein Thema, auf jeder Seite seiner Werke stellt er
ihn dar, jedoch in einer solchen Mannigfaltigkeit von Formen
und Wendungen, mit solchem Reichthum an Bildern, daß er nie
Überdruß erweckt, vielmehr durchweg unterhaltend und erregend
wirkt" (3). Schopenhauer lehnt niederländische Stilleben,
deren Themen nicht "Spott und Jammer" sind sowie die "Lüsternheit erzeugende Historienmalerei" ab: "Im angegebenen und
erklärten Sinn aber, finde ich im Gebiet der Kunst nur zwei
Arten des Reizenden und beide ihrer unwürdig. Die eine, recht
niedrige, im Stilleben der Niederländer, wenn es sich darin
verirrt, daß die dargestellten Gegenstände Eßwaaren sind,
die durch ihre täuschende Darstellung nothwendig den Appetit
darauf anregen, welchen eben eine Aufregung des Willens ist,
die jeder ästhetischen Kontemplation des Gegenstandes ein Ende macht ... In der Historienmalerei und Bildhauerei besteht
das Reizende in nackten Gestalten, deren Stellung, halbe Be-
kleidung und ganze Behandlungsart darauf hinzielt, im Beschau-
er Lüsternheit zu erregen, wodurch die rein ästhetische Be-

---

1   Siehe Ernst Bloch in einem Kommentar zur Arbeit von Hans-
     Dieter Bahr, Das gefesselte Engagement zur Ideologie der
     kontemplativen Ästhetik. Bonn 1970. Bloch spricht hier
     von einer "nur kontemplativen Ästhetik" Schopenhauers,
     "wenn dieser das Schöne ausschließlich als Flucht aus der
     Schrecklichkeit des Seins feiert, gemäß dem nichts durch-
     bohrenden Satz: "Sein ist schrecklich, Sehen aber selig."
     Seite V.
2   Schopenhauer, Bd. 1, S. 280 ff.; Bd 4, S. 665 ff. u.v.a.
3   Schopenhauer, Bd. 4, S. 689

trachtung sogleich aufgegeben, also dem "Zweck der Kunst entge-
gengearbeitet" (1) wird. Abgesehen von diesen "willenskonformen
Kunstrichtungen rufen die Erkenntnis der Idee und ihre künstlerische Erfassung Trauer hervor und sind der Willensverneinung untergeordnet. Das Gute, die göttliche Vorsehung oder
der sich in der Geschichte realisierende göttliche Plan, sind
dem Eindruck immergleicher Sinnlosigkeit gewichen. Das Schöne,
das den Ideen anhaftet, und das Wohlsein dessen, der sie erfaßt, haben ihre Kehrseite in der deprimierenden Hingabe an
das Objekt. Bei Schopenhauer ist der Dreiklang des Wahren,
Guten und Schönen dissonant. Er polemisiert gegen die "Senti-
mentalen und Gemüthlichen" (2), die hierin mehr als inhaltsar-
me Begriffe und Abstrakta sehen. Seine Ästhetik läßt die Darstellung des Schönen mit der Erfassung des Schrecklichen und
Sinnlosen zusammenfallen und enthält Momente alptraumartiger
Bedrückung. Damit löst sich auch ein Topos der europäischen
Philosophie auf, nämlich der der Identität von Wahrheit und
Glück (3). Ein Gedanke, den der Schopenhauer-Kritiker Nietzsche voll übernimmt, wenn er in den "Nachgelassenen Fragmenten", die zur "Unzeitgemäßen Betrachtung" über Schopenhauer
gehören, den für seine Philosophie so wichtigen Satz schreibt:
"Die Sphaere der Wahrheit fällt ... nicht zusammen mit der
des Guten" (4). Folgendes Zitat aus der "Morgenröte" läßt
sich auf die vor-schopenhauerische, optimistische Philosophie
beziehen: "Es war naiv, daß man ohne weiteres annahm, es könne
durch die Erkenntnis nichts aufgedeckt werden, was nicht den
Menschen heilsam und nützlich sei, ja es könne, es dürfe kein
anderes Ding geben" (5).

---

1   Schopenhauer, Bd. 1, S. 266
2   ebenda, Bd. 5, S. 130
3   Hans Peter Balmer, Freiheit statt Theologie. Freiburg/
     München 1977, S. 55 ff.
4   F. Nietzsche. Nachgel. Fragm., Bd. III-4, S. 429
5   F. Nietzsche, Bd. 1, S. 1220

Objektive Erkenntnis und Erstarrung der Geschichte

In der zweiten der "Unzeitgemäßen Betrachtungen" problematisiert Nietzsche die objektive Erkenntnis, wie sie bei Schopenhauer vorgezeichnet ist, unter dem Gesichtspunkt einer kulturellen Neugestaltung der Geschichte. Er berührt das Problem
der Verzweiflung an der erkannten Wirklichkeit und stellt
fest, daß diese, wie die positivistische Wissenschaft, die
Möglichkeit einer Veränderung der Geschichte untergräbt Wenn
Unrecht und Leid sich keiner in der Geschichte vorwaltenden
Vernunft unterordnen lassen, sondern die Substanz geschichtlicher Entwicklung bilden, fällt die entschiedene Teilnahme
an historischer Praxis schwer: "Ein historisches Phänomen,
rein und vollständig erkannt und in ein Erkenntnisphänomen
aufgelöst, ist für den, der es erkannt hat, tot: denn er hat
in ihm den Wahn, die Ungerechtigkeit, die blinde Leidenschaft
und überhaupt den ganzen irdisch umdunkelten Horizont jenes
Phänomens und zugleich eben darin seine geschichtliche Macht
erkannt. Diese Macht ist jetzt für ihn, den Wissenden, macht-
los geworden ..." (1). Ist die Erkenntnis mit Hingabe und
Einfühlungsvermögen verbunden, wie dies die Schopenhauerische
Überwindung des Satzes vom Grunde impliziert, so kann durch
die innere Vergegenwärtigung, durch Ekel und Abscheu, die
dadurch entstehen, jeglicher Ansporn für eigene historische
Tatenlust erlöschen: Konsequenzen, die sich auf eigentümliche
Weise mit den Folgeerscheinungen des empirisch orientierten
Historismus decken: "der überhistorische Denker (erleuchtet
sich) alle Geschichte der Völker und der einzelnen von innen
heraus, hellseherisch den Ursinn der verschiedenen Hierogly-
phen erratend und allmählich sogar der immer neu hinzuströmen-
den Zeichenschrift ermüdet ausweichend: denn wie wollte er
es, im unendlichen Überflusse des Geschehenden, nicht zur
Sättigung, zur Übersättigung, ja zum Ekel bringen! So daß
der Verwegenste zuletzt vielleicht bereit ist, mit Giacomo
Leopardi zu seinem Herzen zu sagen:

---

1   F. Nietzsche, Bd. 1, S. 218

'Nichts lebt, das würdig
wär' deiner Regungen, und keinen Seufzer verdient die Erde.
Schmerz und Langeweile ist unser Sein und Kot
die Welt - nichts andres.
Beruhige dich'" (1).

Auch in "Menschliches-Allzumenschliches" ist die Verzweiflung,
wie Nietzsche gegen den optimistischen Glauben an den "Wert
des Lebens" ausführt, die einzige Frucht sympathetischen Erkennens: "Nun ertragen aber gerade die allermeisten Menschen
das Leben, ohne erheblich zu murren, und glauben somit an
den Wert des Daseins, aber gerade dadurch, daß sich jeder
allein will und behauptet, und nicht aus sich heraustritt ...:
alles Außerpersönliche ist ihnen gar nicht oder höchstens
als ein schwacher Schatten bemerkbar. Der große Mangel an
Phantasie, an dem er leidet, macht, daß er sich nicht in andere Menschen hineinfühlen kann und daher so wenig als möglich
an ihrem Los und Leiden teilnimmt. Wer dagegen wirklich daran
teilnehmen könnte, müßte am Wert des Lebens verzweifeln; ge-
länge es ihm, das Gesamtbewußtsein der Menschheit in sich
zu fassen und zu empfinden, er würde mit einem Fluch gegen
das Dasein zusammenbrechen ..." (2). "Jeder Glaube an Wert
und Würdigkeit des Lebens beruht auf unreinem Denken." Möglich
ist er, "weil man die anderen Menschen dabei übersieht" (3).
Die optimistische Weltinterpretation ist Form eines falschen
und verkümmerten Bezugs zur Wirklichkeit und weist auf egozentrische Beschränktheit hin. Selbst da, wo Nietzsche die Konsequenzen Schopenhauerischer Aufklärung problematisiert, ist er
sein stärkster Verteidiger. "Das absolute Wissen führt zum
Pessimismus" (4).

---

1   F. Nietzsche, Bd. 1, S. 471-472
2   ebenda
3   ebenda -- Die These vom "Wert des Lebens" stammt von
     Eugen Dühring. Sie ist entfaltet in dessen Werk: Der
     Werth des Lebens - Eine Denkerbetrachtung im Sinne hero-
     ischer Lebensauffassung, Leipzig 1922. Nietzsche behan-
     delt sie als Allerweltsglauben und bringt sie dadurch von
     vornherein um den Schein philosophischer Einsicht.
4   F. Nietzsche, Nachgel. Fragm., Bd. III-4, S. 24

Die sympathetische Erkenntnis hat der herrschenden Unvernunft nichts als Verzweiflung entgegenzusetzen. Die Bereitschaft zur Veränderung und bewußten Gestaltung der bisher unbewußt und unvernünftig verlaufenden Geschichte - "an Stelle jenes 'dunklen Dranges' (soll) endlich einmal ein bewußtes Wollen gesetzt werde(n)" (1) - wird durch sie im Keim erstickt. Durch ihren radikalen Verzicht auf Sinn-Hypostasierungen und das Mitfühlen des Leids und Unrechts beläßt sie alles beim alten. Schopenhauers Verwerfung des Glaubens an göttliche Vorsehung und göttlichen Plan, der zur Teilnahme an der herrschenden Unvernunft verführt, schlägt im objektiven Erkennen des Pessimisten in die Gefahr um, daß man auf die Veränderung des unvernünftigen Gangs der Dinge verzichtet. Die kritische Einsicht trägt sich selbst zu Grabe. Das Erbe der sich selbst von der Möglichkeit der Besserung der Verhältnisse abschneidenden Kritik hat die szientifische, empirisch orientierte Forschung angetreten: "Die herbe und tiefsinnig ernste Betrachtung über den Unwert alles Geschehenen, über das Zum-Gerichte-Reifsein der Welt hat sich zu dem skeptischen Bewußtsein verflüchtigt, daß es jedenfalls gut sei, alles Geschehene zu wissen, weil es zu spät dafür sei, etwas Besseres zu tun" (2).

Die Rolle des "Vergessens" und der "Illusionen" für den Kulturbesitz

Objektive Erkenntnis im Schopenhauerschen Sinn kann zur geheimen Stütze der herrschenden Unvernunft werden. Weil sie in Resignation und Verzweiflung mündet, streicht Nietzsche sie durch und setzt an ihre Stelle "Vergessen" und "Illusionen". Angesichts der Entgöttlichung der Welt, deren Entwicklung keine, wie Schopenhauer meint, an "Werden" und "Zeit" gebundene Sinnerfüllung kennt, erinnert an das kindliche (und tieri-

1   F. Nietzsche, Bd. 1, S. 330
2   ebenda, S. 260

sche) Aufgehen im Augenblick als trostreiches Wunschbild des
Menschen: "Deshalb ergreift es ihn, als ob er eines verlorenen
Paradieses gedächte, die weidende Herde oder, in vertrauterer
Nähe, das Kind zu sehen, das noch nichts Vergangenes zu ver-
leugnen hat und zwischen den Zäunen der Vergangenheit und
der Zukunft in überseliger Blindheit spielt. Und doch muß
ihm sein Spiel gestört werden: nur zu zeitig wird es aus der
Vergangenheit heraufgerufen. Dann lernt es das Wort 'es war'
zu verstehen, jenes Losungswort, mit dem Kampf, Leiden und
Überdruß an den Menschen herankommen, ihn zu erinnern, was
sein Dasein im Grunde ist - ein nie zu vollendendes Imperfek-
tum. Bringt endlich der Tod das ersehnte Vergessen, so unterschlägt er doch zugleich dabei die Gegenwart und das Dasein
und drückt damit das Siegel auf jene Erkenntnis - daß Dasein
nur ein ununterbrochenes Gewesensein ist, ein Ding, das davon
lebt, sich selbst zu verneinen und zu verzehren, sich selbst
zu widersprechen" (1).
Nietzsche bezeichnet später seine Haltung, in der er zu Illusionen Zuflucht nimmt, als "Jesuitentum", d.h. als Versuch,
die Wirlichkeit bewußt dem Blick zu entziehen und auf der
Grundlage der Wirklichkeitsverdrängung und -feindschaft kulturelle Ziele zu verfolgen: "Hinter meiner ersten Periode grinst
das Gesicht des Jesuitentums: ich meine: das bewußte Festhalten an der Illusion und zwangsweise Einverleibung derselben
als Basis der Cultur. Oder aber: Buddhismus und Verlangen
in's Nichts ..." (2). Der "Jesuitismus" ist für die spätere
Philosophie Nietzsches unmaßgeblich. Nietzsche "erliegt" ihm
zeitweilig unter dem Einfluß der Schopenhauerschen pessimistischen Philosophie, gegen deren Konsequenzen er sich zur Wehr
setzt. Vom Philosophen der "heroischen Erkenntnis" wird der
"Jesuitismus" bekämpft und nicht vollzogen. Dennoch läßt
sein, antithetisch zur Erkenntnis vorgetragenes Plädoyer für
das Vergessen und die Illusionen die Bedeutung sichtbar werden,
welche der Glaube an Illusionen und Irrtümer für den Fortbe-

---

1   F. Nietsche, Bd. 1, S. 212
2   F. Nietzsche, Nachgel. Fragm., Bd. VII-1, S. 533

stand und die Vervollkommnung des Lebens haben kann.
Die ungeschminkte Erkenntnis, die das Individuum verzweifeln
läßt, kann seine Kreativität ersticken. Illusionsloses Erkennen
kann so ähnliche Folgen zeitigen wie das geschilderte wissenschaftliche: "bei der historischen Nachrechnung (tritt) jedesmal so viel Falsches, Rohes, Unmenschliches, Absurdes, Gewalt-
sames zutage ..., daß die pietätvolle Illusions-Stimmung,
in der alles, was leben will, allein leben kann, notwendig
zerstiebt: nur in Liebe aber, nur umschattet von der Illusion
der Liebe, schafft der Mensch, nämlich nur im unbedingten
Glauben an das Vollkommene und Rechte" (1). Wissen und Erfahrung von Leid und Elend lösen nicht notwendigerweise Impulse
aus, die zu seiner Abschaffung und zur Besserung der Verhältnisse führen. Es bedarf hierzu Vorstellungen, die sich nicht
mit dem Maßstab der gegebenen Wirklichkeit messen lassen.
Sie müssen so beschaffen sein, daß sich Bedürfnisse und Wünsche, die Liebe zum Besseren, an sie heften können. Fehlt
hingegen dieser vorgestellte Gegenstand der Identifikation, so
kann dies dem Verzicht auf eine, von menschlicher Praxis abhän-
gige Verbesserung historischer und kultureller Verhältnisse
gleichkommen. Illusionen, partielle Blindheit, naives Fürwahr-
halten sind wichtig für den Prozeß der "Reifung": "Jedes Volk,
ja jeder Mensch, der reif werden will, braucht einen solchen
umhüllenden Wahn, eine solche schützende und umschleiernde
Wolke" (2). "Alles Lebendige braucht um sich eine Atmosphäre,
einen geheimnisvollen Dunstkreis; wenn man ihm diese Hülle
nimmt ..., soll man sich über das schnelle Verdorren, Hart
und Unfruchtbarwerden nicht mehr wundern. So ist es nun einmal
bei allen großen Dingen, 'die nie ohn' ein'gen Wahn gelingen',
wie Hans Sachs in den Meistersingern sagt" (3). Noch deutli-
cher das Elend hervorhebend, dessen Erkenntnis die Tatkraft
lähmen kann, zitiert Nietzsche in den "Nachgelassenen Fragmenten" Luthers Ausspruch, "daß Gott, wenn er an das schwere

1   F. Nietzsche, Bd. 1, S. 252
2   ebenda
3   ebenda

Geschütz gedacht hätte, er die Welt nicht erschaffen hätte"
(1). Wegen des Mangels an innovatorischer Praxis, der durch
radikale Aufklärung entsteht, hebt Nietzsche die wichtige
Rolle hervor, die Illusionen für den Kulturbesitz haben können
(2).

---

1   F. Nietzsche, Nachgel. Fragm., Bd. III-4, S. 314
2   Das Problem der praktischen Notwendigkeit von vorillusio-
    närer und utopischer Art für die erneuernde Veränderung
    gesellschaftlicher Verhältnisse beschäftigt auch Psycho-
    logen und Philosophen dieses Jahrhunderts. Sie kommen da-
    bei zu Ergebnissen, die denen Nietzsches ähnlich sind.
    Wilhelm Reich geht z.B. wie Nietzsche davon aus, daß
    die Erkenntnis von Not und Leid allein nicht genügt, um
    den Willen zur grundsätzlichen Veränderung der Ver-
    hältnisse zu entfachen. Er sieht in der reduktionisti-
    schen Aufklärung und Propaganda der Marxisten, die die
    "charakterliche Struktur der Massen" nicht beachtet haben,
    einen Grund für deren Überlaufen zum Nationalsozialismus.
    Hierdurch gewannen die Nationalsozialisten die Möglich-
    keit, ihren konservativen Mystizismus gewissermaßen kon-
    kurrenzlos an den Mann zu bringen: "... die marxistische
    Politik hatte ... die charakterliche Struktur der Masse
    und die soziale Wirkung des Mystizismus in ihre politi-
    sche Praxis nicht einbezogen". "Die Herausstellung der
    materiellen Not, des Hungers allein, genügte nicht, denn
    das tat jede Partei, sogar die Kirche, und schließlich
    siegte die Mystik der Nationalsozialisten in tiefster
    wirtschaftlicher Krise und Verblendung über die Wirt-
    schaftslehre des Sozialismus" (Wilhelm Reich, Die Massen-
    psychologie des Faschismus. Frankfurt 1974, S. 28-29).
    Ernst Bloch stimmt im Grunde Reich zu. Auch er äußert Kri-
    tik an der, wie er sagt, "allzu abstrakte(n) ... Linke(n)
    die die "Massenphantasie unterernährt hat" (Ernst Bloch,
    Erbschaft dieser Zeit. Frankfurt 1962, S. 149). Bloch
    zufolge hat der Linken die "konkrete Utopie" gefehlt.
    Blochs Utopie unterscheidet sich in zweifacher Hinsicht
    von Nietzsches Illusionen: Jene zielt auf die Gesamtbe-
    freiung der Menschheit ab, während diese die Gesamtbefrei-
    ung der Hervorbringung der großen Einzelnen zum Opfer
    bringen. Weiterhin entspricht Blochs Utopie einer vorge-
    gebenen historischen Tendenz: "Die konkrete Utopie des
    Marxismus ... läuft mit dem Prozeß der Produktivkräfte
    zu klassenloser Gesellschaft schlechthin in Tendenz"
    (ebenda, S. 152). Nietzsches Illusionen hingegen lassen
    sich auf keine vorgegebene Tendenz beziehen. Sie resultie-
    ren eher aus dem Zusammenbruch des Sinn- und Tendenzden-
    kens. Sie sollen - in welch problematischer Form auch im-
    mer - die Möglichkeit des Fortschritts offenhalten, ohne
    daß dessen Notwendigkeit feststeht.

Not und Verzweiflung infolge der Einsicht in die Gottlosigkeit
des Daseins lassen Illusionen und Irrtümer in neuem Licht erscheinen. Dies gilt sowohl für die Religion als auch für die
Kunst, die bei Nietzsche, wie wir sehen werden, eine andere
Gestalt und Funktion hat als bei Schopenhauer: "Was die Religion war, war vergessen worden, ebenso die Stellung der Kunst
zum Leben. Erst durch den Pessimismus sind beide wieder begriffen worden" (1). Falsch begriffen wird die Religion u.a. von
David F. Strauß, der in ihren "Glaubenswahrheiten" nur empirische Irrtümer und menschenfeindlichen Hexenwahn sieht (2).
"Glaubenswahrheiten" können hingegen, und dies betont Nietzsche, von existentieller Bedeutung für das Individuum sein:
"Wir haben zeitweilig die Blindheit nöthig und müssen gewisse
Glaubensarthikel und Irrthümer in uns unberührt lassen, solange sie uns im Leben erhalten" (3). "Man denke nur an sein eigenes Leben ... Es gehört viel Kraft zum Vergessen, um leben
zu können " (4). "Der Satz ist festzustellen ... wir leben nur
durch Illusionen" (5). Illusionen und das "Vergessen" stehen
in tiefem Zusammenhang mit der Not der Menschen. Sie nur als
empirische Irrtümer und Formen des Aberglaubens zu betrachten,
ist Ausdruck für eine, dem Problem unangemessene und arrogante
Stellungnahme und ein Beleg mehr für die Oberflächlichkeit
der empirischen Aufklärung. Auch Freud sieht religiöse Irrtümer und Illusionen mit der existentiellen Notlage der Einzelnen verbunden. Er führt den Glauben an das Walten göttlicher
Vorsehung auf die Angst zurück, die aus frühkindlicher Hilflosigkeit entspringt und die das Individuum zunächst durch den
väterlichen Schutz zu dämpfen sucht. Bei Fortexistenz der
Angst äußert sich das Schutzbedürfnis im Glauben an eine wa-
chende göttliche Hand: "Der erschreckende Eindruck der kindli-
chen Hilflosigkeit hat das Bedürfnis nach Schutz - Schutz

---

1   F. Nietzsche, Nachgel. Fragm., Bd. III-4, S. 224
2   D.F. Strauß, Der alte und der neue Glaube, a.a.O., S. 13
     ff. und derselbe, Das Leben Jesu. Leipzig 1874, S. 154 ff
3   F. Nietzsche, Bd. V-2, S. 424
4   F. Nietzsche, Bd. III-4, S. 314
5   ebenda, S. 22

durch Liebe - erweckt, dem der Vater abgeholfen hat. Die Erkenntnis von der Fortdauer dieser Hilflosigkeit durch das
ganze Leben hat das Festhalten an der Existenz eines - aber
nun mächtigeren - Vaters verursacht. "Durch das geistige Walten
der göttlichen Vorsehung wird die Angst vor den Gefahren des
Lebens beschwichtigt ..." (1).

In den moralphilosophischen Überlegungen in "Menschliches, All-
zumenschliches" nimmt Nietzsche auf die Bedeutung von moralischen Irrtümern für das soziale Leben Bezug: "Ohne die Irrtümer, welche in den Annahmen der Moral liegen, wäre der Mensch
Tier geblieben" (2). "Jede Religion enthält so ein Element:
die Menschen unter göttlicher Obhut, als etwas unendlich Wichtiges. Ja alle Ethik beginnt damit, daß wir das einzelne Individuum unendlich wichtig nehmen - anders als die Natur, wenn
wir besser und edler sind, so haben es die isolierenden Illusionen gemacht" (3). Der mit den Augen Darwins gesehene, vom
Tier abstammende Mensch zivilisiert sich mit Hilfe von Selbst-
täuschungen, die er als göttliche Gebote interpretiert. Freud
stimmt auch hier Nietzsche zu, wenn er sagt, daß die Religion
"zur Bändigung der asozialen Triebe viel beigetragen" (4) hat.
Die wichtige Rolle, die die Illusionen für Geschichte und Kultur spielen, läßt die Haltung derer als fragwürdig erscheinen,
die auf Illusionen als Orientierungspunkte des Handelns grundsätzlich verzichten wollen. Sie sind sich über die Konsequenzen ihres Tuns nicht im klaren. Nietzsche schreibt über den
empirischen Aufklärer Strauß: "Strauß ... ahnt nichts von
... dem höchst relativen Sinn aller Wissenschaft und Vernunft"
(5). Dagegen bezeichnet er die "mythenbildende Kraft und Freiheit, die Widersprüche mit der Vernunft und der heutigen Wissenschaft" als "Trumpf" (6) der Religion. Es sieht zunächst so

1   Sigmund Freud, Massenpsychologie und Ich-Analyse. Die Zu-
     kunft einer Illusion. Frankfurt 1977, S. 110
2   F. Nietzsche, Bd. 1, S. 481
3   F. Nietzsche, Nachgel. Fragm., Bd. III-4, S. 23
4   Sigmund Freud, a.a.O., S. 117
5   F. Nietzsche, Nachgel. Fragm., Bd. III-4, S. 191
6   ebenda

aus, als wolle Nietzsche eine Rückkehr zur Religion. Verstärkt
wird der Eindruck noch durch das Zitat aus den "Unzeitgemäßen
Betrachtungen", wo Nietzsche an die lähmenden Auswirkungen auf
das religiöse Leben erinnert, die eine empirische Widerlegung
von "Glaubenswahrheiten" haben kann: "Was man am Christentum
lernen kann, daß es unter der Wirkung einer historisierenden
Behandlung blasiert und unnatürlich geworden ist, bis endlich
eine vollkommen historische, das heißt gerechte Behandlung es
in reines Wissen um das Christentum auflöst und dadurch vernichtet, das kann man an allem, was Leben hat, studieren: daß
es aufhört zu leben, wenn es zu Ende seziert ist und schmerz-
lich und krankhaft lebt, wenn man anfängt, an ihm historische
Sezierübungen zu machen" (1). Thomas Mann konstatiert bei
Nietzsche deshalb eine "konservative Besorgnis" (2), so als
ginge es diesem, zumindest partiell, um eine Wiederherstellung
religiösen Glaubens. Wie Freud, der meint, daß "es eine größere Gefahr für die Kultur bedeutet, wenn man ihr gegenwärtiges
Verhältnis zur Religion aufrecht hält, als wenn man es löst
..." (3), will jedoch auch Nietzsche auf keinen Fall ein Wie-
dererwachen religiösen Glaubens: "Wie gern möchte man die falschen Behauptungen der Priester, es gebe einen Gott, der das
Gute von uns verlange, Wächter und Zeuge jeder Handlung, jedes Augenblicks, jedes Gedankens sei, der uns liebe, in allem
Unglück unser Bestes wolle, - wie gern möcht' man diese mit
Wahrheiten vertauschen, welche ebenso heilsam, beruhigend
und wohltuend wären wie jene Irrtümer! Doch solche Wahrheiten
gibt es nicht; ... sicherlich aber ist Leichtsinn oder Schwer-
mut jeden Grades besser als eine romantische Rückkehr und
Fahnenflucht, eine Annäherung an das Christentum in irgendei-
ner Form: denn mit ihm kann man sich, nach dem gegenwärtigen
Stande der Erkenntnis, schlechterdings nicht mehr einlassen,

---

1   F. Nietzsche, Bd. 1, S. 253
2   "Nietzsche: Also sprach Zarathustra", mit einem Essay von
    Thomas Mann, Nietzsche's Philosophie im Lichte unserer
    Erfahrung. Frankfurt 1976, S. 346
3   Sigmund Freud, a.a.O., S. 117

ohne sein intellektuelles Gewissen heillos zu beschmutzen und
vor sich und anderen preiszugeben" (1). Gegenüber der Religion
vertritt - trotz aller Mäßigung - auch schon der frühe Nietzsche die Devise: "Was fällt, das soll man auch noch stoßen!"
"Zur Religion. Ich bemerke eine Erschöpfung, man ist an den
bedeutenden Symbolen ermüdet. Alle Möglichkeiten des christlichen Lebens, die ernstesten und lässigsten, die harmlosesten
und reflektiertesten, sind durchprobiert, es ist Zeit zur Nachahmung oder zu etwas anderem. Selbst der Spott, der Cynismus,
die Feindschaft ist abgespielt, man sieht eine Eisfläche bei
erwärmtem Wetter, überall das Eis schmutzig, zerrissen, ohne
Glanz, mit Wasserpfützen, gefährlich. Da scheint mir nur eine
rücksichtsvolle ganz und gar ziemliche Enthaltung am Platze:
ich ehre durch sie die Religion, ob sie schon eine sterbende
ist. Mildern und beruhigen ist alles, nur gegen die schlechten
gedankenlosen Köche, zumal wenn es Gelehrte sind, muß prote-
stiert werden. - Das Christenthum ist ganz der kritischen
Historie preiszugeben" (2). Auf Grund dieser unzweideutigen
Absage an die Religion stellt sich die Frage, was es mit der
scheinbaren Hinwendung zum religiösen, in empirischen Irrtümern befangenen Denken auf sich hat. Nietzsche erblickt in der
Religion Kräfte, auf die man nach der Überwindung des Glaubens an göttliche Fügung und göttlichen Plan nicht ohne weiteres verzichten kann. Die Wissenschaftler und Gelehrten übersehen offensichtlich deren Relevanz. Das Mythische und Illu-
sionäre, das den Offenbarungen der Religion anhaftet, die
"mythenbildende Kraft und Freiheit", die das Sinnlose sinnvoll
macht und dem Leid Sinn verleiht, enthält im Punkte der Verblendung eine Komponente, die, angesichts der durch realisti-
sche und unbeschönigte Erkenntnis bewirkten Verzweiflung und
Resignation, nicht mehr nur als bloßer Irrtum und finsterer
Aberglaube betrachtet werden kann. In Mythos und Religion
steckt ein Potential, das sich für den Versuch, die Lebensmög-
lichkeiten zu erhalten und zu verbessern, als notwendig erweist.

---

1   F. Nietzsche, Bd. 1 S. 517-518
2   F. Nietzsche, Nachgel. Fragm., Bd. III-4, S. 319

Nietzsches Absicht ist es, ihre schöpferische Qualität für diesen Prozeß nutzbar zu machen. Mit der Erkenntnis der notwendigen Illusion ist kein Rückzug zur Religion angetreten, sondern
auf ein zwingendes Moment für eine die Geschichte erneuernde
Tätigkeit hingewiesen: "Wir haben zeitweilig die Blindheit nöthig und müssen gewisse Glaubensartikel und Irrthümer in uns
unberührt lassen, solange sie uns im Leben erhalten. Wir müssen gewissenlos sein, in Betreff von Wahrheit und Irrthum, solange es sich um das Leben handelt - eben damit wir das Leben
dann wieder im Dienste der Wahrheit und des intellektuellen
Gewissens verbrauchen" (1). Illusionen sind also nicht einfach
empirische Irrtümer, wie manche modernen Aufklärer annehmen.
Angesichts der Erkenntnis der entgöttlichten Welt zählt Nietzsche sie zu den Bedingungen der Lebenserhaltung und Lebenssteigerung (2).

---

1   F. Nietzsche, Nachgel. Fragm., Bd. V-2, S. 424
2   Auch Marx sieht in Strauß' empirischer Kritik des christ-
     lichen Glaubens, in der Beseitigung des sich an Glaubens-
     inhalte heftenden Wunsches, eine Unterschlagung wesentli-
     cher Komponenten der Religion: "S(trauß), der es zu kei-
     nem entscheidenden Urteil bringt, noch eine besondere,
     vom Wunsch unterschiedene Macht des Geistes durch das Wun-
     der hindurch ahndet, gleich als wäre nicht das Wunder
     eben diese von ihm aus geahndete Macht des Geistes oder
     Menschen, nicht z.B. der Wunsch, frei zu sein, der erste
     Aktus der Freiheit ..." (Marx Engels Werke, Berlin 1974,
     Bd. 1, S. 26). - Während Strauß in seinem Spätwerk "Der
     alte und der neue Glaube" im christlichen Glauben nur em-
     pirische Irrtümer sieht, ist er in dem früheren Werk "Das
     Leben Jesu" über diese spätaufklärerische, magere Einsicht
     hinausgegangen und hat die Grundlagen für einen revolu-
     tionären Universalismus entwickelt. Iring Fetscher macht
     hierauf aufmerksam. Hier wird Christus als personifizier-
     te Idee der Gattungseigenschaften aufgefaßt. Ihre voll-
     endete Fülle ist der verborgene Ausdruck entfalteten
     Menschseins. "Das ist der Schlüssel zur ganzen Christolo-
     gie, daß als Subjekt der Prädikate, welche die Kirche
     Christo beilegt, statt eines Individuums eine Idee, aber
     eine reale, nicht kantisch unwirkliche gesetzt wird. In
     einem Individuum, einem Gottmenschen gedacht, widerspre-
     chen sich die Eigenschaften und Funktionen, welche die
     Kirchenlehre Christo zuschreibt: in der Idee der Gattung
     stimmen sie zusammen. Die Menschheit ist die Vereinigung
     der beiden Naturen, der menschgewordene Gott". Zitiert
     von Iring Fetscher aus: Das Leben Jesu. - David F. Strauß
     Tübingen 1839, S. 767, in einer Diskussion mit Günther
     Rohrmoser und anderen. In: Atheismus in der Diskussion.
     Von H. Lübbe u. H.M. Saß (Hg.), München 1975, S. 22-23

Die Tragik der notwendigen Illusionen

Schopenhauers objektive und sinnkritische Erkenntnis sichert keine geschichtliche Verbesserung, sondern boykottiert, infolge der durch sie verursachten Hoffnungslosigkeit und Verzweiflung, tätige Veränderung. Illusionen erweisen sich als notwendige, da motivierende Bestandteile einer erneuernden Praxis. Dadurch ist jedoch dem "Optimismus" kein Hintertürchen geöffnet: die Wunschbilder sollen keinen Ersatz für den verlorengegangenen Sinn bilden. Sie dienen keiner Wiedergutmachung im religiösen Sinn, sondern die Tatsache, daß sie notwendig sind, läßt erkennen, wie es um die Welt bestellt ist. Durch sie wird das Bild der herrschenden Unvernunft, das die Schopenhauerische Aufklärung gezeichnet hat, um eine weitere, auch das Denken erfassende, pessimistische Überzeugung reicher: "Der Erkenntnistrieb, an seine Grenzen gelangend, wendet sich gegen sich selbst, um nun zur Kritik des Wissens zu schreiben ... Man muß selbst die Illusionen wollen, darin liegt das Tragische" (1). Mit der Einsicht in die Unentbehrlichkeit von Illusionen vervollständigt sich die "Tragödie des Lebens", vor der die Schopenhauerische Philosophie den Vorhang aufgezogen hat. Zu den Bedingungen, unter denen sich menschliches Leben vollzieht, rechnet der Kritiker der objektiven, die Gottverlassenheit des Daseins konstatierenden und in Resignation umschlagenden Erkenntnis die Unwahrheit. Er stößt damit das Tor zu einer fundamentalen Skepsis auf, zum Zweifel am Wert der Erkenntnis. Das letzte Refugium der Zuversicht nach der Entgöttlichung des Daseins, das Vertrauen auf eine, der herrschenden Unvernunft trotzenden Kraft wahrer Erkenntnis, das noch in der Schopenhauerischen Philosophie enthalten ist (2), geht verlo-

---

1   F. Nietzsche, Nachgel. Fragm., Bd. III-4, S. 16
2   Zur Überwindung der herrschenden Unvernunft reicht bei Schopenhauer die "objektive" Erkenntnis allein nicht aus. Wichtig ist die "Einheit des metapysischen Willens", die man erkennen muß, um sich mit dem Objekt der Erkenntnis identisch zu wissen. Das Mitleid, das der Erkennende empfindet, bewirkt letzten Endes, daß er auf die Teilnahme an der vom Willen diktierten Selbstvernichtungspraxis ver-

ren. Im folgenden Zitat aus der Abhandlung "Über Lüge und Wahrheit im außermoralischen Sinn" bildet die erschreckende kosmische Zufälligkeit und Bedeutungslosigkeit der Welt den Boden, auf dem der Selbstzweifel der Erkenntnis groß wird: "In irgendeinem abgelegenen Winkel des in zahllosen Sonnensystemen flimmernd ausgegossenen Weltalls gab es einmal ein Gestirn, auf dem kluge Tiere das Erkennen erfanden. Es wir die hochmütigste und verlogenste Minute der 'Weltgeschichte': aber doch nur eine Minute. Nach wenigen Atemzügen der Natur erstarrte das Gestirn, und die klugen Tiere mußten sterben. - So könnte jemand eine Fabel erfinden und würde doch nicht genügend illustriert haben, wie kläglich, wie schattenhaft und flüchtig, wie zwecklos und beliebig sich der menschliche Intellekt innerhalb der Natur ausnimmt. Es gab Ewigkeiten, in denen er nicht war; wenn es wieder mit ihm vorbei ist, wird sich nichts begeben haben. Denn es gibt für jenen Intellekt keine weitere Mission, die über das Menschenleben hinausführte. Sondern menschlich ist er, und nur sein Besitzer und Erzeuger nimmt ihn so pathetisch, als ob die Angeln der Welt sich in ihm drehten. Könnten wir uns aber mit der Mücke verständigen, so würden wir vernehmen, daß auch sie mit diesem Pathos durch die Luft fliegt" (1).

Die durchschauten Illusionen

Nietzsche beabsichtigt mit seinem Plädoyer für Illusionen und verklärende Mythen keine Rückkehr in archaische Zeiten, in denen die Herrschaft des Mythos auf "einen Zustand vorrationaler Einsicht von Mensch und Natur" (2) hindeutete, wie es

---

Fortsetzung von der vorhergehenden Seite:
        zichtet. Er entzieht sich der herrschenden Unvernunft.
        Die metaphysischen Prämissen sowie die Theorie des Mitleids sind für Nietzsche hinfällig geworden. S. hierzu
        das Kapitel "Nietzsche und LaRochefoucauld" S. 165 ff. in
        dieser Arbeit.
1   F. Nietzsche, Bd. 3, S. 309
2   Karl Heinz Bohrer (Hg.), Mythos und Moderne. Frankfurt
        1983, S. 46 - Zum Thema "Mythos u. Romantik" s. S. 44 ff.

romantisches Wunschdenken war (ebenda). Die Überzeugungskraft, die dem Glauben an transzendente Offenbarungen, an einen vorgegebenen und sich in der Geschichte entfaltenden Sinn anhaftet, ist nicht zuletzt durch die radikale Aufklärung und Sinnkritik Schopenhauers zersetzt. Das Wissen um diese Auflösung und den sich daraus ergebenden Verzicht auf aktive Veränderung und Erneuerung bildet die Voraussetzung für die Forderung nach Illusionen, die deshalb vom Bewußtsein ihrer Notwendigkeit durchdrungen sind und die merkwürdige Form durchschauter Vorspiegelungen besitzen. Deutlich wird dies besonders in dem Satz, der sich an das Leopardi-Zitat anschließt: "Doch lassen wir den überhistorischen Menschen ihren Ekel und ihre Weisheit, heute wollen wir vielmehr unserer Unweisheit von Herzen froh werden und uns als den Tätigen und Fortschreitenden einen guten Tag machen" (1). Der so laut und plötzlich angeschlagene scheinbar fröhliche Ton, mit dem sich Nietzsche geradezu gewaltsam über die Erkenntnis und ihre Folgen hinwegsetzen will, kann und soll wohl auch nicht darüber hinwegtäuschen, daß die geforderten Illusionen untergründig die erkannte Wahrheit enthalten. Sie gleichen eher einem durchsichtigen Schleier, als geglaubten und für wahr gehaltenen Trugbildern. Jaspers macht auf die "drohende Wahrheit" aufmerksam, die der Schein, die durchsichtigen Phantasiegebilde durchscheinen lassen: "Die bewußte Begrenzung und Bescheidung mit dem Schein hält das Bewußtsein offen. Doch im Hintergrund bleibt drohend die Wahrheit, die in solchen Begrenzungen gebannt werden soll ..." (2) Es gibt keinen Weg zurück hinter die objektive Erkenntnis, die den Glauben an göttliche Fürsorge und göttlichen Plan zerstörte. Das Wissen macht auch vor dem, was infolge der Aufklärung über die Aufklärung als notwendig angesehen wird, keinenHalt. Nietzsche versucht das als Schein Erkannte festzuhalten in der Kunst. So will er das mythische Potential ästhetisch bewahren.

---

1   F. Nietzsche, Bd. 1, S. 218
2   Karl Jaspers, Nietzsche - Einführung in das Verständnis seines Philosophierens. Berlin-New York 1974, S. 201

Die Ästhetik des bewußten Scheins

Die Ästhetik des 'frühen' Nietzsche, die ich im folgenden nur grob skizzieren kann, ist ein Versuch, unter Beibehaltung der pessimistischen Einsicht Schopenhauers die Konsequenzen 'objektiven' Erkennens zu überwinden und die passive Haltung zur geschichtlichen Praxis aufzugeben. Sie unterscheidet sich hinsichtlich ihrer Entstehungsgeschichte und Intention wesentlich von der Schopenhauers. Erinnern wir uns: In Schopenhauers Ästhetik hat die Freude über die Schönheit des dargestellten Objekts und den Zustand, in dem sich der das Objekt erfassende und darstellende Künstler befindet, ihren Platz. Doch diese Freude ist nur vorübergehend: Da nämlich das Objekt die Idee ist, die als "Objektivität des Willens" die sinnlose Wahrheit enthält, und da ihre Erfassung nicht möglich ist ohne ein Absehen von der eigenen Person und die Hingabe an die sinnlose Wahrheit, leitet die Kunst zur Verzweiflung über und bildet eine Vorstufe der Willensverneinung. - Nietzsche hält, um den resignativen und dadurch den Fortbestand herrschender Unvernunft sichernden Auswirkungen Schopenhauerischer Aufklärung etwas entgegenzusetzen, Illusionen für notwendig. Doch sind diese nur als durchschaute möglich. Wer sie als notwendig erkennt, tut dies mit dem Blick auf die entgöttlichte Welt. Der durchschaute Schein ist Wesen der Kunst im Sinne Nietzsches. Die "Kunst behandelt also den Schein als Schein, will also gerade nicht täuschen, ist wahr" (1). Nietzsches Ästhetik verwirft blindes Vertrauen zum Mythos und fordert statt dessen einen bewußten Umgang mit dem Schein. Hier wird der Einfluß F. A. Langes sichtbar, der mit Hilfe von bewußten ethischen Fiktionen die Schwierigkeiten umgehen will, die darin bestehen auf wissenschaftlichem, transzendentalphilosophischem oder metaphysischem Weg eine Ethik zu begründen (2). Nietzsche glaubt, in der Kunst das Heilmittel gegen die Probleme gefunden zu haben, die die mit der Philosophie Schopen-

---

1   F. Nietzsche, Nachgel. Fragm., Bd. III-4, S. 240
2   siehe die Seiten 148 ff. dieser Arbeit

hauers vollzogene Entgöttlichung des Daseins aufwirft: "Das
absolute Wissen führt zum Pessimismus: die Kunst ist das Heilmittel dagegen" (1). Er interpretiert die Mythen des vorsokratischen Griechentums als bewußte Inszenierung des Scheins, der
über den, den Griechen bekannten, sinnlosen Charakter des
schrecklichen Daseins hinweghelfen soll: "Die Leichtigkeit
und Leichtfertigkeit der homerischen Phantasie war nötig, um
das übermäßig leidenschaftliche Gemüt und den überscharfen
Verstand der Griechen zu beschwichtigen und zeitweilig aufzuheben. Spricht bei ihnen der Verstand: wie herbe und grausam
erscheint das Leben! Sie täuschen sich nicht, aber sie umspie-
len absichtlich das Leben mit Lügen" (2). Die Kunst rückt
als Form der Verarbeitung von Leidenserfahrung ins Blickfeld.
Er bewundert die "freidichtende Art, wie die Griechen mit
ihren Göttern umgingen" (3). Dementsprechend verlangt er die
Umwandlung der Historie in ein "reines Kunstgebilde". Dies
darf jedoch nicht in dem oberflächlichen Sinn verstanden werden, als ginge es Nietzsche darum, die Historie bildreich und
ansprechend zu gestalten und von ihrer wissenschaftlich-fak-
tischen Nüchternheit zu befreien. Nietzsche meint vielmehr,
durch eine bewußt die Wahrheit verschweigende und verfälschen-
de Historie Impulse für eine Erneuerung der Praxis gewinnen zu
können, die durch radikale Aufklärung erstickt werden: "...
nur wenn die Historie es erträgt, zum Kunstwerk umgebildet,
also reines Kunstgebilde zu werden, kann sie vielleicht Instinkte erhalten oder sogar wecken" (4).
Nietzsche will mit "bewußtem Schein" der herrschenden Unvernunft gegenübertreten, auf welche die objektive Erkenntnis und
die Kunst Schopenhauers mit Verzweiflung reagieren. Der durchschaute Schein soll erneuernd wirken. Voraussetzung hierfür
ist die Identifikation mit dem Schein. "Meine Philosophie um-
gedrehter Platonismus: je weiter ab vom wahrhaft Seienden, um

1   F. Nietzsche, Nachgel. Fragm., Bd. III-4, S. 24
2   F. Nietzsche, Bd. 1, S. 549
3   F. Nietzsche, Nachgel. Fragm., Bd. III-4, S. 20
4   F. Nietzsche, Bd. 1, S. 252

so reiner, schöner, besser ist es. Das Leben im Schein als
Ziel" (1). Die vorsokratischen Philosophen waren Nietzsche zufolge noch in der Lage, im bewußten Schein zu leben: "Außeror-
dentlich schwer, das mythische Gefühl der freien Lüge wieder
sich lebendig zu machen. Die großen griechischen Philosophen
leben noch ganz in dieser Berechtigung zur Lüge" (2). Die
auf der Identifikation mit dem bewußten Schein beruhende "Um-
drehung des Platonismus" in der Philosophie des frühen Nietzsche richtet sich gleichermaßen gegen Platons wie gegen Schopenhauers Ästhetik. Gegenüber Platon bedeutet sie eine Aufwer-
tung der Kunst, deren Produktion bewußten Scheins das Ideal
des Lebens bildet. Bei Platon hingegen nehmen die Künstler,
weil "sie die Gefahr der ständigen Täuschung und Lüge in sich"
(3) tragen, einen niedrigen Rang in dem von ihm konzipierten
Gemeinwesen ein. Heidegger beschreibt die Stellung der Kunst
bei Platon folgendermaßen: "Sie hat dem Wesen ihres Tuns nach
keinen unmittelbaren Bezug zum Wahren und wahrhaft Seienden.
Hieraus ergibt sich schon grundsätzlich das eine: Die Kunst
kann in der Stufenordnung der Leistungsformen und Haltungswei-
sen innerhalb des Gemeinwesens und für es keine obersten Rang
einnehmen" (4). Wegen der Konsequenzen objektiven Erkennens
idealisiert Nietzsche das Leben im Schein. Jetzt wird auch der
Unterschied zwischen Nietzsches und Schopenhauers Kunstauffas-
sung deutlich: die Kunst, die bewußt den Schein produziert,
soll hierdurch vor der Hoffnungslosigkeit bewahren, die sich
in Schopenhauers Ästhetik manifestiert. Schopenhauers Ästhetik,
derzufolge die Kunst mit der "Verneinung" und "Verneinungsbe-
dürftigkeit" des Willens zusammenhängt, wird von Nietzsche
in der "Götzen-Dämmerung" als "größte psychologische Falsch-

---

1   F. Nietzsche, Nachgel. Fragm., Bd. III-3, S. 207
2   F. Nietzsche, Nachgel. Fragm., Bd. III-4, S. 40
3   Martin Heidegger, Nietzsche I. Pfullingen 1961, S. 196.
    Ich möchte hier auf Heideggers Ausführungen zur 'Umdre-
    hung des Platonismus' beim 'späten' Nietzsche verweisen
    (ebenda, S. 231 ff) sowie auf die Ausführungen zu Platon
    (ebenda, S. 189 ff, S. 198 ff).
4   Martin Heidegger, a.a.O., S. 196

münzerei" bezeichnet, die es, "das Christentum abgerechnet, in
der Geschichte gibt" (1). Der Sinn, den Nietzsche in der bewußten Verkennung, dem schönen Schein der Kunst, sieht, besteht darin, gegen Resignation und Verneinung Kräfte der Erneuerung zu aktivieren. "Ungeheure Aufgabe und Würde der Kunst in
dieser Aufgabe! Sie muß alles neu schaffen, und ganz allein
das Leben neu gebären! Was sie kann, zeigen uns die Griechen:
hätten wir diese nicht, so wäre unser Glaube chimärisch" (2).

Die Entscheidung für den Schein erfolgt auf Grund der Aufklärung über die Aufklärung und ihre Konsequenzen: "War die Leidenschaft der Erkenntnis zunächst, die Entlarvung allen Scheins
zu vollziehen, so kann sie, in der Folge, statt den Schein aufzuheben, Sinn und Notwendigkeit des Scheins begreifen. (Es
ist, als ob der Wahrheitswille sich in der Schwebe hielte,
wenn er den Schein will, ohne in Schein zu versinken, denn er
verkennt ihn nicht, indem er sich ihm hingibt" (3). Mit der
Bejahung von Illusionen findet kein Rückfall in die selbstver-
schuldete Unmündigkeit statt, aus der die Aufklärung den Weg
weisen wollte. Nicht die Gegenaufklärung findet in Nietzsche
ihren Fürsprecher, sondern nach vorausgegangener radikaler
Aufklärung und angesichts ihrer Auswirkungen wird gegenaufklä-
rerisches Potential aufgenommen und - mittels der Ästhetik
- zum wirkenden Schein abgeschwächt, über den man sich mit Bewußtsein erhebt.

Der "umgedrehte Platonismus", das "Leben im Schein als Ziel",
ist ein Topos des Jugendstils. Dieser, so schreibt Adorno,
"war der erste kollektive Versuch, den absenten Sinn von Kunst
aus zu setzen" (4). Adorno erinnert an den "luftwurzelhaften
schimärischen Begriff des Schönen bei Ibsen" (5), der, obwohl

---

1   F. Nietzsche, Bd. 2, S. 1002
2   F. Nietzsche, Nachgel. Fragm., Bd. III-4, S. 16-17
3   Karl Jaspers, a.a.O., S. 200
4   Theodor W. Adorno, Ges. Schriften Bd. 7, hrsg. von Gretel
    Adorno und Rolf Tiedemann, Frankfurt 1970, S. 403
5   ebenda, S. 418

man weiß, daß er auf kein Seiendes Bezug nimmt, die Rettung vor der Sinnlosigkeit verspricht (1).

Das Moment der Wahrheit am bewußten Schein

Nietzsche hält dem Vorhaben einer Erneuerung mit Hilfe bewußter Verblendung nicht lange die Treue. Schon kurze Zeit nach der Abfassung der zweiten der "Unzeitgemäßen Betrachtungen" erklärt er lapidar den "Lesern seiner früheren Schriften", daß er "die metaphysisch-künstlerischen Ansichten, welche jene im wesentlichen beherrschen, aufgegeben ... (hat); sie sind angenehm, aber unhaltbar ..." (2). Dennoch stellt die Kunstphilosophie des frühen Nietzsche mehr dar als einen wirklichkeitsfremden, über die Unterschiede von Jahrtausenden sich

1   Die existentielle Notwendigkeit bewußten Lügens beschäftigt Ibsen in der Form der "Lebenslüge". Er gibt in dem Roman "Die Wildente" dieser Problematik eine gesellschaftkritische Wendung. Hjalmar, ein Mann, der aufgrund mißglückter Geschäfte seines Vaters ins Kleinbürgertum abgesunken ist, versucht mit Hilfe angeblicher "Erfindungen" sich wieder Einlaß in die Oberschicht zu verschaffen. Da die "Erfindungen" jedoch auf purer Einbildung beruhen, sind sie nicht dazu geeignet, das Vertrauen, das seine Familie in ihn als fürsorgenden und um die Existenz kämpfenden Vater setzt, zu stärken, noch können sie tatsächlich dem gesellschaftlichen Aufstieg förderlich sein. Dennoch rät Relling, ein Freund Hjalmars, das "Flämmchen der Lebenslüge", das "stimulierende Prinzip" nicht erlöschen zu lassen (Henrik Ibsen, Die Gespenster. Stuttgart 1977, S. 101), während Gregers, ein anderer Freund, sich in der "modrigen Luft" (ebenda, S. 69) von Lüge und Verstellung nicht wohlfühlt. Er schlägt vor, Hjalmar "aus dem Netz von Lüge und Heimlichkeiten, worin er gefangen ist und allmählich zugrunde geht" (ebenda, S. 71), zu befreien. Hjalmar vermag sich jedoch nicht hierzu durchzuringen. Stattdessen schützt er sich mit einem Schild aus beschönigenden und rationalisierenden Ausflüchten vor der Erkenntnis seines Scheiterns.

2   F. Nietzsche, Nachgel. Fragm., Bd. IV-2, (Ende 1876-Sommer 1877) S. 559

hinwegsetzenden illusionären Glauben an die erneuernde Kraft bewußten Scheins. Adorno sieht die Bedeutung von Nietzsches Kunsttheorie in ihrem dekuvrierenden Verhältnis zur Aufklärung die, wie wir gesehen haben, für Nietzsche in der Schopenhaueri- schen "objektiven" Erkenntnis besteht. Indem Nietzsche, um ei- ner Erneuerung will, trotz der Erkenntnis am Scheine festhält, weist er auf die Unwahrheit hin, die der in Resignation und passive Hingabe an die herrschende Unvernunft umgeschlagenen Aufklärung anhaftet. Er sucht diesen Mangel durch den Schein auszugleichen. "Der konsequenteste Aufklärer" - so Adorno über Nietzsche - "täuschte sich nicht darüber, daß durch schiere Konsequenz Motivation und Sinn von Aufklärung verschwinden. Anstelle der Selbstreflexion von Aufklärung übte er Gewalt- streiche des Gedankens. Sie drücken aus, daß Wahrheit selbst, deren Idee Aufklärung auslöst, nichts ist ohne jenen Schein, den sie um der Wahrheit willen exstirpieren möchte. Mit diesem Moment von Wahrheit ist Kunst identisch" (1).

---

1   Theodor W. Adorno, a.a.O., S. 418

FRIEDRICH ALBERT LANGES EINFLUSS AUF DIE PHILOSOPHIE DES WERDENDEN NIETZSCHE

Philosophiegeschichtliche Hintergründe von Nietzsches Idealismus

Gegen die resignativen Auswirkungen radikaler Aufklärung und Sinnkritik will Nietzsche das innovatorische Potential des Mythos ästhetisch bewahren. In der Kunst, im Bewußtsein der Scheinhaftigkeit soll der Mythos zu neuem Leben erweckt werden. Ein bewußter Umgang mit dem Schein ist gefordert, der gleichermaßen entfernt ist von den Konsequenzen Schopenhauerischer Erkenntnis wie vom blinden Vertrauen zum Schein; ein schwebendes Verhalten zwischen Erkennen und Verschweigen und Wissen um das Verschweigen. Die Suche nach dem philosophiegeschichtlichen Ursprung von Nietzsches idealistischer Theorie führt zum Neukantianismus. In Friedrich Albert Langes fiktionaler Wertethik wird der Versuch unternommen, die Dichotomie von Sein und bewußtem Schein für die Transzendierung der gegebenen Verhältnisse ethisch fruchtbar zu machen. Zudem enthält Langes Philosophie eine naturwissenschaftlich gefärbte Erkenntnistheorie, auf die Nietzsche zurückgreift, um seiner Ästhetik gleichsam ein wissenschaftliches Gerüst zu zimmern und gleichzeitig bestimmte Grundannahmen positivistischen Wissenserwerbs erkenntniskritisch zu unterlaufen. Langes Überlegungen hinterlassen deutliche Spuren in Nietzsches Kultur-, Metaphysik- und Moralkritik und finden sich auch in seinem Bild des Griechentums. Dabei radikalisiert Nietzsche Langes Gedanken, und zwar in Richtung auf einen Agnostizismus und Nihilismus, die bei Lange nur der Tendenz nach enthalten sind. Die Vielschichtigkeit, die Nietzsches Beziehung zu Lange auszeichnet sowie die Bedeutung, die der Neukantianer für ihn besitzt, machen einen Exkurs zu dem berühmten Werk über die Geschichte des Materialismus erforderlich.

Langes Kritik am "Kultus der Wirklichkeit"

Friedrich Albert Lange (1825 - 1875) wendet sich in seinem
philosophischen Hauptwerk "Die Geschichte des Materialismus
und Kritik seiner Bedeutung in der Gegenwart" (erschienen
1866) (1) gegen den "Kultus der Wirklichkeit" (2). Gemeint ist
damit weniger eine ausformulierte philosophische Position, als
vielmehr eine allgemeine Gedankenströmung, die durch Erfolge
der Naturwissenschaften und Technik sowie durch den hiermit
zusammenhängenden Schwund des Glaubens an religiöse und moralische Vorstellungen, die sich empirischer Überprüfung entziehen, genährt wird. Einer ihrer Fürsprecher ist David Friedrich
Strauß, dessen im Spätwerk verkündeter bedingungsloser "Glaube
an die wissenschaftliche Weltanschauung" auch von Nietzsche
verurteilt wird (3). Glaubenswahrheiten mögen - so Strauß -
noch "Wert" für das "trostbedürftige Herz der Armen und Gerin-
gen" haben (4). Die "Gebildeten und Besitzenden" aber sollen
damit aufhören, Christen zu scheinen und zu heißen, was wir
eben nicht mehr sind" (5). Lange faßt die vorherrschende Gei-
steshaltung mit folgenden Worten zusammen: "Es geht ein Zug
zum Materialismus durch unsere moderne Kultur, welcher jeden,
der nicht irgendwo einen festeren Anker gefunden hat, mit
sich fortreißt. Philosophen und Volkswirtschaftler, Staatsmän-
ner und Gewerbetreibende begegnen sich im Lobe der Gegenwart
und ihrer Errungenschaften. Mit dem Lobe der Gegenwart verbindet sich der Kultus der Wirklichkeit. Das Ideale hat keinen
Kurs; was sich nicht naturwissenschaftlich und geschichtlich
legitimieren kann, wird zum Untergang verurteilt ..." (6).

---

1   Friedrich Albert Lange, Geschichte des Materialismus und
    Kritik seiner Bedeutung in der Gegenwart. Bd. 2, Frank-
    furt 1974, hrsg. und eingel. von Alfred Schmidt.
2   ebenda, Bd. 2, S. 978
3   siehe die Seiten 62 ff. dieser Arbeit
4   zitiert von Lange, Bd. 2, a.a.O., S. 977
5   zitiert von Lange, Bd. 2, a.a.O., S. 978
6   zitiert von Lange, Bd. 2, a.a.O., S. 978

Lange hält die hier angedeutete "materialistische Weltanschauung" in ethischer Hinsicht für unzulänglich. Ungenügend scheint
ihm der Materialismus auch als Theorie der Wirklichkeit zu
sein, wobei er "vulgärmaterialistische" Schlußverfahren und
deren metaphysischen Einschlag im Auge hat (1). Diese Richtung
bekämpft Lange mit Hilfe einer naturwissenschaftlich-physiolo-
gisch gewendeten Erkenntniskritik, die ihm auch dazu dient,
ein Fundament für eine Ethik zu legen. Alfred Schmidt bezeichnet Langes Vorbehalte gegenüber dem absoluten und kritiklosen
Verständnis der Wirklichkeit als die wesentliche Verbindung
zwischen Lange und Nietzsche: "Der sozialethische Impuls der
Philosophie Langes zehrt von der idealistischen Einsicht,
daß die erscheinende, uns fortwährend bedrückende Welt kein
letztes ist, sondern etwas, worüber wir uns denkend erheben
können; sie bildet eine wesentliche Quelle Nietzsches ..." (2)

Die Wendung des naturwissenschaftlichen Materialismus zur
Metaphysik

Lange richtet seinen Angriff gegen den Materialismus, insofern
dieser sich aus der Untersuchung beobachtbarer Naturvorgänge
ein metaphysisches Gerüst zurechtzimmert. Er nimmt eine Annäherung des Materialismus an die Metaphysik bei den als "Vul-
gärmaterialisten" bezeichneten Naturphilosophen Vogt, Büchner
und Moleschott wahr. Vogt z.B. stattet empirische Befunde, die
zutreffend sein mögen für die anatomische Struktur und chemische Beschaffenheit des Gehirns, mit dogmatischer Gewißheit
auch im Hinblick auf Vorgänge aus, die sich der empirischen
Verifizierung entziehen. Wenn Vogt verkündet, daß "die Gedanken sich zum Gehirn verhalten wie die Leber zur Galle oder der
Urin zu den Nieren" (3), so schließt sich Lange der Meinung

---

1   Siehe: Schriften zum Kleinbürgerlichen Materialismus in
    Deutschland. Hrsg. von Dieter Wittich, Berlin 1971
2   Alfred Schmidt im Vorwort zu: Friedrich A. Lange ...,
    a.a.O., Bd. 1, S. XIX
3   F.A. Lange, Bd. 2, a.a.O., S. 599

des Naturwissenschaftlers Du Bois-Reymond an, demzufolge "die Erweckung der Vorstellung, als sei die Seelentätigkeit aus dem Bau des Gehirns ihrer Natur nach ebenso begreifbar, wie die Absonderung aus dem Bau der Drüse" (1) fehlerhaft ist, ohne daß Lange jedoch grundsätzlich an der "Abhängigkeit des Geistigen vom Physischen" (2) zweifelt. Bewußtseinsvorgänge lassen sich durch anatomische und chemische Untersuchungen des Gehirns nur teilweise, nicht hinreichend, erklären: "Wir lernen nur gewisse Bedingungen des Geisteslebens kennen, lernen aber nicht, wie aus diesen Bedingungen das Geistesleben selbst zustande kommt" (3). Lange lehnt diese reduktionistische Betrachtungsweise, durch die das "Denken auch seinem Ideengehalt nach festgelegt" (4) wird, ab.

Der Materialismus, der sich anmaßt, auch Bewußtseinsvorgänge restlos anatomisch und chemisch zu erklären, spreizt sich dadurch zu einer metaphysischen Totalerklärung auf. Nach Lange liegt der Grund für die Neigung zur Metaphysik in der Gewohnheit des Materialisten, "zäh an der Wirklichkeit seiner Materie und ihrer Bewegung" (5) zu haften. Dies geht soweit, "daß ein echter Dogmatiker dieser Richtung sich nicht lange besinnt, die Hirnbewegung für das Wirkliche und Objektive und die Empfindung nur für eine Art von Schein oder einen täuschenden Reflex der Objektivität zu erklären" (6). Als Naturwissenschaft ist der Materialismus, demgegenüber Lange - hierin Schopenhauerverwandt - auf die Erfahrung des Selbstbewußtseins und der Mystik hinweist (7), konservativ. Es fehlt der Trieb, "durch paradoxe Fragen den Dingen wieder eine ganz neue Sprache zu entlocken ..." (8). Der verkrustete und dogmatisch erstarrte Materialismus wird von der "uralten Naivität des Sinnesglau-

---

1   F.A. Lange, Bd. 2, a.a.O., S. 599
2   ebenda, S. 600
3   ebenda, S. 598
4   Alfred Schmidt, a.a.O., S. XIII
5   F.A. Lange, Bd. 2, a.a.O., S. 609
6   ebenda
7   ebenda, S. 610
8   ebenda, S. 622

bens" (1) beherrscht. Er "hält sich mehr als irgendein anderes
System an die Wirklichkeit, d.h. an den Inbegriff der notwendigen, durch Sinneszwang gegebenen Erscheinung. Eine Wirklichkeit aber, wie der Mensch sie sich einbildet, und wie er sie
ersehnt, wenn diese Einbildung erschüttert wird: ein absolut
festes, von uns unabhängiges und doch von uns erkanntes Dasein
- eine solche Wirklichkeit gibt es nicht und kann es nicht geben, da sich der synthetische, schaffende Faktor unserer Erkenntnis in der Tat bis in die ersten Sinneseindrücke und
bis in die Elemente der Logik hinein erstreckt" (2).

Physiologische Erkenntniskritik am naiven Empirismus

Das letzte Zitat macht deutlich, daß Lange den zur Metaphysik
neigenden, naturwissenschaftlichen Materialismus nicht nur
durch den Hinweis auf die innere Erfahrung von Bewußtseinsvor-
gängen zu erschüttern sucht, sondern auch erkenntniskritisch.
Hierbei ist zu berücksichtigen, daß die Argumente, mit denen
dies geschieht, selbst naturwissenschaftlich-materialistischer
Erkenntnis entnommen sind (3). Was als die Gedankenwelt bedin-
gend bekannt ist, nämlich die "physisch-psychische Organisation" (4), bedingt selbst die Erfahrung. Die äußere Wirklichkeit, die der dogmatische Materialist absolut zu erkennen ver-
meint, und auch die "physisch-psychische Organisation" selbst
bekommen dadurch den Status von Vorstellungen, wie Lange mit
Schopenhauer sagt. Ihre Erkenntnis ist nicht mit 100 %iger Sicherheit ausgestattet, sondern besitzt nur Wahrscheinlichkeits-

---

1   F.A. Lange, Bd. 2, a.a.O., S. 488
2   ebenda, S. 981-982
3   Lange bezieht sich auf Cabanis als Vorläufer in der Zu-
    rückführung geistiger Tätigkeit auf physiologische Be-
    stände, F.A. Lange, Bd. 2, a.a.O., S. 518, 580. Siehe
    auch Schopenhauer über die "Objektive Ansicht des Intel-
    lekts", Schopenhauer, Bd. 3, a.a.O., S. 318 ff.
4   F.A. Lange, Bd. 2, a.a.O., S. 571

charakter. "Wir haben nicht einzelne Funktionen unseres Wesens
einer physischen, andre einer geistigen Natur zuzuschreiben,
sondern wir sind in unserem Recht, wenn wir für alles, auch
für den Mechanismus des Denkens, physische Bedingungen voraus-
setzen und nicht rasten, bis wir sie gefunden haben. Wir sind
aber nicht minder in unserem Recht, wenn wir nicht nur die uns
erscheinende Außenwelt, sondern auch die Organe, mit denen wir
diese auffassen, als bloße Bilder des wahrhaft Vorhandenen betrachten. Das Auge, mit dem wir zu sehen glauben, ist selbst
nur ein Produkt unserer Vorstellung, und wenn wir finden, daß
unsere Gesichtsbilder durch die Einrichtungen des Auges hervor-
gerufen werden, so dürfen wir nie vergessen, daß auch das Auge
samt seinen Einrichtungen, der Sehnerv samt dem Hirn und all
den Strukturen, die wir dort noch etwa als Ursachen des Denkens entdecken möchten, nur Vorstellungen sind, die zwar eine
in sich selbst zusammenhängende Welt bilden, jedoch eine Welt,
die über sich selbst hinausweist" (1). Naiver Empirismus und
Materialismus werden von Lange mit Gründen widerlegt, die
sich der empirischen Naturwissenschaft selbst verdanken: "Es
gibt ein Gebiet der exakten Naturforschung, welche unsere
heutigen Materialisten verhindert, sich von dem Zweifel an der
Wirklichkeit der Erscheinungswelt ärgerlich abzuwenden : dies
ist die Physiologie der Sinnesorgane" (2). Alfred Schmidt hebt
hervor, daß Lange die "Einseitigkeiten des Materialismus"
nicht durch eine "abstrakte Gegenposition" bekämpft, sondern
feststellt, daß die "angemessene Kritik" "mitten durch seine
Konsequenzen" hindurchgeht (3). "Langes physiologischer und
anthropologischer Kritizismus zählt zu den (verschieden nuan-
cierten, aber in der Konsequenz ähnlichen) Versuchen des neunzehnten Jahrhunderts, den Gedanken der Vermitteltheit des unmittelbar Vorhandenen gegen seine ursprünglich idealistische
Version durchzuhalten. Konstitutive Subjektivität wird so ma-
terialisiert." (4) Aus der Stofflichkeit des Subjekts folgt

1 F.A. Lange, Bd. 2, a.a.O., S. 868
2 ebenda, S. 456
3 Alfred Schmidt im Vorwort zu 'F.A. Lange ...', a.a.O.,
   Bd. 1, S. XVIII
4 ebenda

keine Eliminierung des idealistischen Grundzugs: "Was die einseitigen Materialisten nicht beachten, ist der Umstand, daß die Erfahrung kein offenes Tor ist, durch welches äußere Dinge wie sie sind, in uns hineinwandern können, sondern ein Prozeß, durch welchen die Erscheinung von Dingen in uns entsteht. Daß bei diesem Prozeß alle Eigenschaften dieser 'Dinge' von außen kommen und der Mensch, welcher sie aufnimmt, nichts dazu tun sollte, widerspricht aller Analogie der Natur bei irgendwelchem Entstehen eines neuen Dinges aus dem Zusammenwirken zweier andern" (1). Lange hält an der Wirklichkeit einer von der Erfahrung unabhängigen Außenwelt fest. Dies gilt auch für die Organisation, die vor der Erfahrung vorhanden ist (2).

Langes physiologische Fassung des Kantischen Apriorismus

Lange betrachtet die Physiologie der Sinnesorgane als den "entwickelte(n) oder ... berichtigte(n) Kantianismus" (3). Kants transzendentaler Apriorismus ist bei Lange ersetzt durch eine Theorie der "physisch-psychischen Organisation". Hier zeichnet sich ein wesentlicher Unterschied zu Kant ab. Kant schreibt: "Und hier mache ich eine Anmerkung, die ihren Einfluß auf alle nachfolgenden Betrachtungen erstreckt, und die man wohl vor Augen haben muß, nämlich: daß nicht eine jede Erkenntnis a priori, sondern nur die, dadurch wir erkennen, daß und wie gewisse Vorstellungen (Anschauungen und Begriffe) lediglich a piori angewandt werden, oder möglich seien, transzendental (d.i. die Möglichkeit der Erkenntnis oder der Gebrauch derselben a priori) heißen müsse" (4). Cohen wirft Lange vor, die transzendental-logisch bedingte Gegenständlichkeit in der Beziehung des Bewußtseins überhaupt zur Objektwelt, die weder

---

1 F.A. Lange, Bd. 2, a.a.O., S. 477-478
2 ebenda, S. 478
3 ebenda, S. 850
4 Immanuel Kant, Kritik der reinen Vernunft, B 80, siehe auch B 25. Stuttgart 1967, S. 74 und S. 124

nach Analogie eines erscheinenden Gegenstandes, noch als eine
ding-an-sich-hafte Intelligenz gedacht werden kann, physisch-
psychisch mißdeutet zu haben (1). In Langes Fassung von kon-
stitutiver Subjektivität findet sich ein antiidealistischer
Affekt gegen die Traditionen von Apperzeptionstheorien, die
sich von Descartes herleiten und in Kants reines "Ich denke"
einmünden. Ähnliche antiidealistische Affekte durchziehen die
Philosophie des frühen Nietzsche, wenn er - hier jedoch mehr
an Schopenhauer als an Lange erinnernd - den "Philosophen als
Fortsetzung des Triebes, mit dem wir fortwährend, durch an-
throposophische Illusionen, mit der Natur verkehren" (2), bezeichnet.

---

1   "Die transzendentale Methode forscht nicht nach den Prin-
     zipien der menschlichen Vernunft, sondern nach den die
     wissenschaftliche Geltung bedingenden Grundlagen der Wis-
     senschaft ... Was sie zur Wissenschaft macht, worin der
     Charakter ihrer Allgemeinheit und Notwendigkeit beruht,
     von welchen Begriffen innerhalb ihres Bereichs geltender
     Erkenntniswert abgeleitet werden kann, welche Züge und
     Weisen des Erkennens jene geschichtlichen Fakten der
     Erkenntnis, die Wissenschaften, in ihrer Geltung erklären
     das ist die Frage, welche die Wissenschaften, wo immer
     sie sich auf ihre Prinzipien zu besinnen den Anstoß fühl-
     ten, selbst gestellt haben - das und nichts anderes ist
     die transzendentale Frage."
     Hermann Cohen (Hg.), im Vorwort zu: Geschichte des Mate-
     rialismus und Kritik seiner Bedeutung in der Gegenwart.
     Biographisches Vorwort und Einleitung mit kritischem
     Nachtrag in dritter, erweiterter Betrachtung. Leipzig
     1896, S. VIII ff
2   F. Nietzsche, Nachgel. Fragm., Bd. III-4, S. 51

Die Ableitung der Kategorien aus der "physisch-psychischen
Organisation" und der Zweifel an ihrer Gültigkeit

Bei Lange bildet die "physisch-psychische Organisation" das
Objekt der erkenntnistheoretischen Untersuchung. Dies hat
wichtige Folgen für die Gültigkeit der Kategorien. Zunächst
hält Lange - mit Kant - daran fest, daß die apriorischen Er-
kenntniselemente, die Formen der Anschauung und die Kategorien,
apriorische Geltung haben, insofern sie die notwendige Bedingung der Möglichkeit gegenständlicher Erfahrung sind. Lange
sagt, "daß es in Wirklichkeit fundamentale Begriffe und Grund-
sätze gibt, die vor aller Erfahrung in unserem Geiste vorhanden sind, und nach denen sich die Erfahrung selbst mit psychologischem Zwange richtet" (1). Er will sie jedoch, anders als
Kant, auf dem Wege wissenschaftlicher, hirnphysiologischer
Untersuchung auffinden. Kants Erschließung der Kategorien aus
der logischen Funktion des Verstandes in Urteilen (2) genügt
ihm nicht.

"Wären wir nun sicher, daß wir die wirklichen und bleibenden
Formen des Urteilens wüßten, so wäre es nicht unmethodisch,
von diesen auf die eigentlichen Fundamentalbegriffe zu schließen, da doch vermutet werden muß, daß dieselben Eigenschaften
unseres Organismus, welche unsre ganze Erfahrung bestimmen,
auch den verschiedenen Richtungen unserer Verstandestätigkeit
ihr Gepräge geben. Woher aber sollen wir die einfachen und
notwendigen Elemente alles Urteilens - denn nur diese vermöch-
ten uns wahre Kategorien zu geben - kennenlernen" (3)? Ausgehend von einem "physikalischen Mechanismus des Empfindens wie
des Denkens" (4) stellt Lange "Analogien" fest. Er sieht, "daß
schon in den anscheinend ganz unmittelbaren Sinneseindrücken
Vorgänge mitwirken, welche durch Elimination oder Ergänzung
gewisser Mittelglieder den Schlüssen und Trugschlüssen des be-

1   F.A. Lange, Bd. 2, a.a.O., S. 450
2   ebenda, S. 500. Siehe I. Kant, a.a.O., B 94-95 ff
3   F.A. Lange, Bd. 2, a.a.O., S. 500
4   ebenda, S. 871

wußten Denkens auffallend entsprechen" (1). "Wir haben ...
für die Eigentümlichkeit der Wahrnehmung stets physische Bedingungen gefunden; also müssen wir vermuten, daß auch die
Analogie mit Schlüssen auf physischen Bedingungen beruht" (2).
Die Analogie von sinnlicher Wahrnehmung und intellektuellen
Schlüssen gründet in der physisch-psychischen Organisation.
Lange hegt die Hoffnung, daß sich "vielleicht der Grund des
Kausalitätsbegriffs einst in dem Mechanismus der Reflexbewe-
gung und der sympathetischen Erregung finden (läßt); dann
hätten wir Kants reine Vernunft in Physiologie übersetzt und
dadurch anschaulicher gemacht" (3). Auch die apriorische Geltung der Kategorien soll sich mit "psychologischem Zwang" (4)
erklären lassen. Während Lange auf der Notwendigkeit der Kate-
gorischen Funktion für die Konstitution der Erfahrung besteht,
meldet er, da er auf empirischem Weg den Ursprung der Kategorien erforscht, Bedenken hinsichtlich der Notwendigkeit und
strengen Allgemeinheit einer jeden besonderen Kategorie an.
Hier wirkt sich der Umstand aus, daß die Organisation, in der
die Kategorien wurzeln, selbst nur erscheinende Wirklichkeit
ist. Die Gültigkeit, mit der bei Kant die Kategorien ausgestattet sind, geht tendenziell verloren. "Wir sind ... in der
Aufsuchung und Prüfung der allgemeinen Sätze, welche nicht aus
der Erfahrung stammen, lediglich auf die gewöhnlichen Mittel
der Wissenschaft beschränkt; wir können darüber nur wahrschein-
liche Sätze aufstellen, ob die Begriffe und Denkformen, welche
wir jetzt ohne allen Beweis als wahr annehmen müssen, aus
der bleibenden Natur des Menschen stammen oder nicht; ob sie
mit anderen Worten die wahren Stammbegriffe aller menschlichen
Erkenntnis sind, oder ob sie sich einmal als 'Irrtümer a priori' herausstellen werden" (5). Lange drückt seine Zweifel an
der Kategorie der Substanz (6) aus, modifiziert die Raumvor-

---

1 F.A. Lange, Bd. 2, a.a.O., S. 482
2 ebenda, S. 860
3 ebenda, S. 494
4 ebenda, S. 480
5 ebenda, S. 481
6 ebenda, S. 574

stellung, die er nicht als "fertige Form", sondern "in ihrer Entwicklung betrachtet" (1), und behält überdies, wie schon Schopenhauer (2), von den zwölf Kategorien Kants nur die der Kausalität übrig (3). Die physiologisch gewendete Transzendentalphilosophie gerät durch den Zweifel an der Gültigkeit der Kategorien in den Sog eines radikalen Agnostizismus. Bei Nietzsche ist dieser Agnostizismus voll entfaltet, bei Lange jedoch bleibt er noch unterdrückt.

Der Wahrheitsanspruch der Erkenntnis im Bereich erscheinender Wirklichkeit

Die untergründige Tendenz zum radikalen Agnostizismus tritt bei Lange nicht zutage, im Gegenteil, die Erkenntnis besitzt vollen Wahrheitsgehalt im Bereich der erscheinenden Wirklichkeit. Die synthetische Funktion des Verstandes macht aus dem Empfindungsmaterial eine kausal geordnete Welt von Dingen. Und wenn der interpretatorische Faktor der organisch begründeten Apriorität der Verstandesfunktionen auch verhindert, daß auf diskursivem Weg ein Zugang zum Ding an sich erlangt wird, so liefert die Erkenntnistätigkeit, wie im Fall der Naturforschung, ein exaktes Bild der Wirklichkeit, immer unter der Voraussetzung, daß es sich um die erscheinende Wirklichkeit handelt. Lange ist davon überzeugt, daß eines Tages die physich-psychischen Bedingungen der Denktätigkeit vollständig erkannt werden können (4). Über die Gültigkeit des Kausalitätsbegriffs im Bereich der Erscheinung heißt es: "Der Kausalitätsbegriff wurzelt in unserer Organisation und ist der Anlage nach vor jeder Erfahrung. Er hat deshalb im Gebiet der Erfahrung unbeschränkte Gültigkeit, aber jenseits derselben gar keine Bedeutung" (5).

---

1   F.A. Lange, Bd. 2, a.a.O., S. 485
2   Schopenhauer, Bd. 2, a.a.O., S. 550
3   F.A. Lange, Bd. 2, a.a.O., S. 501 und 494
4   ebenda, S. 868
5   ebenda, S. 494

Der Realitätsanspruch der Welt als Vorstellung

Die von Lange postulierte Möglichkeit exakter Widerspiegelung
der erscheinenden Wirklichkeit stützt sich nicht zuletzt auf
sein Konzept des Dings an sich. Da diskursives Denken generell
auf die erscheinende Wirklichkeit bezogen ist, verschwindet
das Interesse am Ding an sich als außersubjektivem Grund der
Erfahrung. Kants Fassung des Ding an sich, derzufolge "wir
eben dieselben Gegenstände auch als Dinge an sich selbst,
wenngleich nicht erkennen, doch wenigstens müssen denken können. Denn sonst würde der ungereimte Satz daraus folgen, daß
Erscheinung ohne etwas wäre, was da erscheint" (1), interpretiert Lange als grenzüberschreitende Transzendentwerdung des
Kausalitätsbegriffs (2), oder, wie Vaihinger zeigt, als "ver-
selbständigte kategoriale Funktion" (3). Für Lange hingegen
ist das Ding an sich nur die "konsequente Anwendung unserer
Denkgesetze" (4). "Das wahre Wesen der Dinge, der letzte Grund
aller Erscheinungen, ist uns aber nicht nur unbekannt, sondern
es ist auch der Begriff derselben nicht mehr und nicht weniger
als die letzte Ausgeburt eines von unserer Organisation beding-
ten Gegensatzes, von dem wir nicht wissen, ob er außerhalb unserer Erfahrung irgendeine Bedeutung hat" (5). Das Ding an
sich, als bloßes Gedankending aufgefaßt, begründet für Lange
einen erhöhten Realitätsanspruch der erscheinenden Welt: "Wenn
man fragt, wo denn nun aber die Dinge bleiben, so lautet die
Antwort: in den Erscheinungen. Je mehr sich das 'Ding an sich'
zu einer bloßen Vorstellung verflüchtigt, desto mehr gewinnt
die Welt der Erscheinungen an Realität. Sie umfaßt überhaupt
alles, was wir 'wirklich' nennen" (6). Langes "Welt der Vor-

---

1   I. Kant, Kritik der reinen Vernunft, Vorrede zur 2. Auf-
     lage, B XXVI - B XXVII, a.a.O., S. 35
2   F.A. Lange, Bd. 2, a.a.O., S. 498
3   Hans Vaihinger, Die Philosophie des 'Als Ob' (System der
     theoretischen, praktischen und religiösen Fiktionen der
     Menschheit auf Grund eines idealistischen Positivismus).
     Berlin 1913, S. 756 ff
4   F.A. Lange, Bd. 2, a.a.O., S. 498
5   ebenda, S. 499
6   ebenda, S. 498

stellung" (1) ähnelt in ihrer Abgeschlossenheit und Ergründ-
barkeit als wirklicher Welt der Schopenhauerschen "Welt als
Vorstellung", ohne daß bei Lange der metaphysische Untergrund
der Welt als Wille erhalten bleibt. In den Notizen, die sich
Nietzsche im Rahmen der Abhandlung "Über Wahrheit und Lüge im
außermoralischen Sinn" (2) macht, taucht der an Lange erinnern-
de Gedanke der Wirklichkeit der erscheinenden Welt auf, hier
mit einer radikal perspektivischen Wendung versehen: "Gegen
Kant ist ... einzuwenden, daß, alle seine Sätze zugegeben,
doch noch die volle Möglichkeit bestehen bleibt, daß die Welt
so ist, wie sie uns erscheint" (3). Nietzsche greift jedoch
diesen radikalen Perspektivismus erst im Spätwerk wieder auf
(4).

Langes Einfluß auf die "erkenntnistheoretischen Ansätze"
des werdenden Nietzsche

Langes erkenntniskritische Überlegungen beeinflussen die Erkenntnistheorie des frühen Nietzsche. Sie sind in der Abhandlung "Über Wahrheit und Lüge im außermoralischen Sinn" sowie
in den "Nachgelassenen Fragmenten" aus dem Umkreis jener
Schrift unübersehbar. In "Über Wahrheit und Lüge im außermoralischen Sinn" problematisiert Nietzsche Erkenntnis nicht
unter dem Gesichtspunkt der moralischen Forderung nach intellektueller Redlichkeit, also nicht im Sinne des "Pathos der
Wahrheit", welcher nun besagt, "daß keine bewußte Täuschung
begangen wird" (5), sondern er untersucht die konstitutiven
Bedingungen für Erkenntnis, die unterhalb der Ebene bewußten

---

1   F.A. Lange, Bd. 2, a.a.O., S. 498
2   F. Nietzsche, Über Wahrheit und Lüge im außermoralischen
    Sinn. Bd. 3, S. 311 ff
3   F. Nietzsche, Nachgel. Fragm., Bd. III-4, S. 47
4   siehe hierzu Jürgen Habermas in: Friedrich Nietzsche -
    Erkenntnistheoretische Schriften - Nachwort von Jürgen
    Habermas. Frankfurt 1968, insbesondere das Kapitel "Per-
    spektivenlehre der Affekte", S. 255 ff
5   F. Nietzsche, Nachgel. Fragm., Bd. III-4, S. 74

Wahrheitsagens bzw. Lügens liegen. Mit einem deutlichen Hinweis auf Lange notiert sich Nietzsche in den "Nachgelassenen
Fragmenten": "Wahrheit und Lüge physiologisch" (1). Hiermit
ist jedoch nur die Richtung von Nietzsches Apriorismus anvi-
siert; in der genannten Abhandlung selbst bilden die physiologischen Bedingungen des Erkennens nur ein Element in dem Kom-
plex ineinander verschachtelter "außermoralischer", konstitu-
tiver Bedingungen der Verstandestätigkeit.

Nietzsche will, wie Lange, die Kategorie "Kausalität" von dem
physischen Empfindungssubstrat ableiten und spricht dabei ebenfalls von einem "Analogieschluß" (2). Die Vorstellung der
Kausalität bildet sich parallel zu den Sinnesreizen und -reak-
tionen: "Ein Urphänomen ist: den im Auge empfundenen Reiz auf
das Auge zu beziehn, das heißt eine Sinneserregung auf den
Sinn zu beziehn. An sich gegeben ist ja nur ein Reiz: diesen
als Aktion des Auges zu empfinden und ihn zu sehen ist ein
Kausalitätsschluß. Einen Reiz als eine Thätigkeit zu empfinden,
etwas Passives aktiv zu empfinden ist die erste Kausalitätsempfindung, d.h. die erste Empfindung bringt bereits diese
Kausalitätsempfindung hervor" (3). Auch der genetische Ursprung der Formen der Anschauung liegt in der Sinnesorganisation: "Das eigentliche Material allen Erkennens sind die aller-
zartesten Lust- und Unlustempfindungen: auf jener Fläche, in
die die Nerventhätigkeit in Lust und Schmerz Formen hinzeich-
net, ist das eigentliche Geheimniß: das, was Empfindung ist,
projicirt zugleich Formen ..." (4). Bei Anni Anders (s.o.)
heißt es hierzu: "In ähnlicher Weise kommen wir - Nietzsche
deutet hier nur an - vom Auge zu einer Raumvorstellung und vom
Ohr zu einer Zeitvorstellung" (5). Zitat Nietzsche: "Das Bild
im Auge ist für unser Erkennen maßgebend, dann der Rhythmus
für unser Gehör" (6). Aus den angeführten Notizen Nietzsches

---

1   F. Nietzsche, Nachgel. Fragm., Bd. III-4, S. 40
2   ebenda, S. 71
3   ebenda
4   ebenda, S. 36
5   Schlechta-Anders, a.a.O., S. 113
6   zitiert von Schlechta-Anders, a.a.O., S. 113

wird ein Grundgedanke seiner Erkenntnistheorie deutlich: Kategorien und Formen der Anschauung entspringen sinnesphysiologi-
schen Daten. Nietzsche ist sich jedoch darüber im klaren,
daß das Wissen um die Abhängigkeit der Kategorien und Formen
von der Sinnesphysiologie nur ein Schritt ist auf dem Weg
zu einer umfassenderen Erkenntnis der Verstandestätigkeit:
"Führen wir die ganze intellektuelle Welt zurück bis zum Reiz
und zur Empfindung, so erklärt diese dürftigste Perception am
wenigsten" (1). Von Nietzsche aus gesehen, zeigt sich Langes
Ableitung der Verstandestätigkeit aus der Hirnphysiologie, obgleich sie nur Wahrscheinlichkeitscharakter besitzt und dadurch prinzipiell andere Wege der Erklärung offenhält, reduziert. In der genannten Abhandlung erwähnt Nietzsche neben der
physiologischen Ableitung, auf die ich gleich zu sprechen
kommen werde, noch weitere metalogische Bedingungen der Verstandestätigkeit. An Schopenhauer erinnernd nennt er den Intellekt ein "Mittel zur Erhaltung des Individuums" und fügt
hinzu, daß er "seine Hauptkräfte in der Verstellung" (2) ent-
falte, mithin der Naturbeherrschung diene. Der metalogische
Zwang der Naturgeschichte setzt sich in der Verstandestätigkeit als geheimes Apriori durch. Die Haltung intellektueller
Redlichkeit selbst sowie der für wahr gehaltene Inhalt der Erkenntnis entpuppen sich als Resultate sozialgeschichtlichen
Zwangs (3). In der Sprache vorkommende "Gleichsetzungen des
Nichtgleichen" (4), durch Konvention und Gewöhnung hervorgeru-
fene Kanonisierung von Metaphern, von denen man "vergessen
hat, daß sie welche sind" (5), entscheiden eher über das,
was als wahr angenommen wird, als die "reine" Erkenntnis.
Der Glaube an letztere gehört selbst zu den Täuschungen, die
der Verstandestätigkeit inhärent sind und dem Interesse der
Selbsterhaltung dienen: "Nur durch das Vergessen jener primi-

---

1   F. Nietzsche, Nachgel. Fragm., Bd. III-4, S. 56
2   F. Nietzsche, Bd. 3, S. 310
3   ebenda, S. 314
4   ebenda, S. 313
5   ebenda, S. 315

tiven Metapherwelt, nur durch das Hart- und Starrwerden einer
ursprünglichen, in hitziger Flüssigkeit aus dem Urvermögen
menschlicher Phantasie hervorströmenden Bildermasse, nur durch
den unbesiegbaren Glauben, diese Sonne, diese Fenster, dieser
Tisch sei eine Wahrheit an sich, kurz nur dadurch, daß der
Mensch sich als Subjekt, und zwar als künstlerisch schaffendes
Subjekt, vergißt, lebt er mit einiger Ruhe, Sicherheit und
Konsequenz ..." (1). Die erkenntnistheoretischen Überlegungen
Nietzsches haben die Funktion, zu ernüchtern. Das "Pathos der
Wahrheit", die "intellektuelle Redlichkeit", die "reine Erkenntnis", mit der sich Wissenschaftler und Philosophen brü-
sten, werden durch das Aufzeigen eines komplexen transzendentalen Apparates, der aus den verschiedenen Elementen gebildet
ist, förmlich zersetzt. Erkenntnis ist zu einer Art unfreiwil-
lig falscher Abbildung im Sinne der adaequatio rei et intel-
lectus verdammt. Ich möchte hier auf die verschiedenen inein-
andergreifenden Konstituentien der Erkenntnis nicht näher eingehen und verweise auf die schon mehrfach erwähnten Schriften
von Schlechta/Anders und Habermas. In der Konzeption der Erkenntnis als nicht-exakter und verfälschender Widerspiegelung
auf Grund der apriorischen Bedingungen besteht ein wesentlicher Unterschied zwischen Nietzsche und Lange.

Erkenntnis als Erzeugung anthropomorpher Metaphern

Nietzsche greift die schon in Langes Ableitung der Verstandestätigkeit aus der physisch-psychischen Organisation angelegte
Tendenz zum Agnostizismus auf und verstärkt sie. Die Fortsetzung des obigen Zitats zum "Kausalitätsschluß" macht dies
deutlich: "Der innere Zusammenhang von Reiz und Thätigkeit
übertragen auf alle Dinge. So ein Wort 'sehen' ist ein Wort
für jenes Ineinander von Reiz und Thätigkeit. Das Auge ist thätig auf einen Reiz: d.h. sieht. An unseren Sinnesfunktionen

---

1   F. Nietzsche, Bd. 3, S. 316

deuten wir uns die Welt: d.h. wir setzen überall eine Kausalität voraus, weil wir selbst solche Veränderungen fortwährend
erleben" (1). Kausalität ist bei Nietzsche "nur (eine) Erkennt-
nißmetapher(n)" (2); eine Metapher deswegen, weil sie eine -
unbewußte - Übertragung von dem an den Sinnesreizen und -reak-
tionen wahrnehmbaren Vorgang in den Bereich des vorstellenden
Denkens und der Erfahrung der Außenwelt darstellt. Sie ist von
anthropomorphem Charakter, wodurch ihre Gültigkeit im außer-
subjektiven Bereich tangiert wird. Auch die inneren Prozesse,
denen sie ihre Entstehung verdankt, liegen im Dunkeln: "Wir
kennen nicht das wahre Wesen einer einzigen Kausalität" (3).
Verstandestätigkeit ist nicht mehr als "Arbeiten in den belieb-
testen Metaphern" (4).
Die Sprache enthält Metaphern, die auf das physische Substrat
zurückweisen. Dies vergessen jene, welche im Begriff einer Sache deren Wesen zu erfassen vermeinen: "Wir glauben, etwas von
den Dingen selbst zu wissen, wenn wir von Bäumen, Farben,
Schnee und Blumen reden, und besitzen doch nichts als Metaphern der Dinge, die den ursprünglichen Wesenheiten ganz und
gar nicht entsprechen. Wie der Ton als Sandfigur, so nimmt
sich das rätselhafte X des Dings an sich einmal als Nervenreiz,
dann als Bild, endlich als Laut aus. Logisch geht es also
jedenfalls nicht bei der Entstehung der Sprache zu, und das
ganze Material, worin und womit später der Mensch der Wahrheit,
der Forscher, der Philosoph arbeitet und baut, stammt, wenn
nicht aus Wolkenkuckucksheim, so doch jedenfalls nicht aus dem
Wesen der Dinge" (5).
Die sich von der Sinnesphysiologie herleitenden Metaphern geben die Außenwelt nicht adäquat wieder. Während bei Lange die
Kategorie "Kausalität" noch Abbildcharakter im Bereich erscheinender Wirklichkeit besitzt, ist bei Nietzsche die "Notwendigkeit und ausschließliche Berechtigung" (6) der Metapher

1   F. Nietzsche, Nachgel. Fragm., Bd. III-4, S. 71-72
2   ebenda, S. 72
3   ebenda, S. 46
4   ebenda, S. 79
5   F. Nietzsche, Bd. 3, S. 313
6   ebenda, S. 317

nicht verbürgt. Wird eine Metapher als gültig betrachtet,
so liegt der Grund hierfür in der ständigen Wiederholung und
Gewöhnung an sie (1). Die Möglichkeit des Konsens sagt nichts
aus über die Wahrheit der Metapher, sondern, wie Nietzsche radikal subjektivistisch meint: "Der ungeheure Consensus der
Menschen über die Dinge beweist die volle Gleichartigkeit ihres Perceptionsapparates" (2). Die Genesis der Metaphern zerstört, anders als bei Lange, ihre Gültigkeit im Hinblick auf
die erscheinende Wirklichkeit. "Was ist also Wahrheit? Ein be-
wegliches Heer von Metaphern, Metonymien, Anthropomorphismen,
kurz eine Summe von menschlichen Relationen ...: die Wahrheiten sind Illusionen, von denen man vergessen hat, daß sie
welche sind, Metaphern, die abgenutzt und sinnlich kraftlos
geworden sind ..." (3).
Der "Trieb zur Metapherbildung" (4) findet sich auch bei den
Naturwissenschaften. "Der <u>Mensch</u> als Maaß der Dinge ist ebenfalls der Gedanke der Wissenschaft. Jedes Naturgesetz ist
zuletzt eine Summe von anthropomorphischen Relationen. Besonders die Zahl: die Auflösung aller Gesetze in Vielheiten, ihr
Ausdruck in Zahlenformeln ist eine μεταφορά, wie jemand, der
nicht hören kann, die Musik und den Ton nach den Chladnischen
Klangfiguren beurtheilt" (5). Der wissenschaftlich Erkennende
produziert, seiner Sinnesorganisation entsprechend, Metaphern,
die nicht, wie bei Lange, den Anspruch erheben können, die erscheinende Wirklichkeit wiederzugeben, auch wenn dies so zu
sein scheint: "Alles Wunderbare ..., das wir an den Naturge-
setzen anstaunen, das unsere Erklärung fordert und uns zum
Mißtrauen gegen den Idealismus verführen könnte, liegt gerade
und ganz allein nur in der mathematischen Strenge und Unver-
brüchlichkeit der Zeit- und Raumvorstellungen. Diese aber produzieren wir in uns und aus uns mit jener Notwendigkeit, mit
der die Spinne spinnt ... Alle Gesetzmäßigkeit, die uns im

---

1   F. Nietzsche, Bd. 3, S. 317
2   F. Nietzsche, Nachgel. Fragm., Bd. III-4, S. 56
3   F. Nietzsche, Bd. 3, S. 314
4   ebenda, S. 319
5   F. Nietzsche, Nachgel. Fragm., Bd. III-4, S. 82

Sternenlauf und im chemischen Prozeß imponiert, fällt im Grunde mit jenen Eigenschaften zusammen, die wir selbst an die Dinge heranbringen ..." (1). Indem die Wissenschaft als Produzent anthropomorpher Metaphern auftritt, erlangt sie eine gewisse Ähnlichkeit mit der Poesie und Religion bei Lange. Deren Ideen und Inhalte sind "Produkte menschlicher Organisation" (2), ohne daß sie die erscheinende Wirklichkeit, wie die Wissenschaft bei Lange, exakt widerspiegeln. Sie beinhalten keine Erkenntnisse über die empirische Welt.

Nietzsche versteht unter Wissenschaft eine "Verfeinerung der Anthropomorphismen" (3). Wissenschaft steht in einer "Hierarchie von Weltauslegungen" (4). A. Anders zitiert: "Der Prozeß aller Religion und Philosophie gegenüber der Welt: er beginnt mit den gröbsten Anthropomorphismen und hört nie auf, sich zu verfeinern" (5). Trotz dieser Verfeinerung würde Nietzsches radikaler Agnostizismus sich selbst aufheben - seine erkenntnistheoretischen Ansichten entbehrten jeglicher Basis -, hielte Nietzsche nicht an bestimmten Grundbedingungen fest. Zu diesen gehört das Ausgehen von dem "eigentliche(n) Material alles Erkennens", den "Lust- und Unlustempfindungen" (6) sowie von den "Urphänomenen" der Sinnesreize und -reaktionen (7). A. Anders weist darauf hin, daß für Nietzsche die "Realität der Sukzession der Vorstellung und damit die Realität der Zeit" (8) feststeht. Dies kann jedoch über die grundsätzliche Problematik von Nietzsches radikalem Subjektivismus nicht hinwegtäuschen. Auch wenn es sich bei der Kausalität und den Begriffen um aus der Empfindung herrührende Metaphern handelt, müssen auf der Objektseite Vorgänge stattfinden oder Dinge ge-

---

1   F. Nietzsche, Bd. 3, S. 318
2   F.A. Lange, Bd. 2, a.a.O., S. 623
3   K. Schlechta, A. Anders, a.a.O., S. 111
4   ebenda
5   ebenda, s. F. Nietzsche, Nachgel. Fragm., Bd III-4, S. 44
6   F. Nietzsche, Nachgel. Fragm., Bd. III-4, S. 36
7   ebenda, S. 71
8   K. Schlechta und A. Anders, a.a.O., S. 121
    A. Anders sieht hierin einen Einfluß von African Spirs Werk "Denken und Wirklichkeit", s. K. Schlechta und A. Anders, a.a.O., S. 119 ff

geben sein, die dieser irgendwie entsprechen: Man könnte sie
sonst nicht mit ihrer Hilfe erfassen und einordnen. Der radikale Subjektivismus ist letzten Endes unhaltbar.

Nietzsches Erkenntnistheorie als Versuch der Destruktion positivistischer Wissenschaft

Es stellt sich die Frage, ob Nietzsches erkenntnistheoretische Überlegungen nur einen - problematischen - Beitrag zur
erkenntnistheoretischen Debatte im 19. Jahrhundert bilden,
oder ob Nietzsche mit ihnen eine Intention verfolgt. Thomas
Mann spricht in einem anderen Zusammenhang davon, daß Nietzsches "naturwissenschaftliche Ahnungen" - und zu ihnen gehört
auch die Erkenntnistheorie des frühen Nietzsche - "tendenziös"
seien (1). Während Lange versucht, den zur Metaphysik neigenden Materialismus mit naturwissenschaftlichen Gründen gleichsam von innen zu sprengen, will Nietzsche mit Hilfe der Erkenntnistheorie die positivistische, an der Feststellung von
Fakten orientierte Wissenschaft, wie er sie im Historismus
empirischer Prägung antrifft, bekämpfen. Im Gegenzug zu der
an der Feststellung der Faktizität ausgerichteten Wissenschaft
welche das geschichtliche Material gleichsam brach liegen und
die Gegenwart unverändert läßt, hält es Nietzsche für nötig
"das Relative aller Erkenntniß zu betonen und das Anthropomor-
phische, so wie die überall herrschende Kraft der Illusion"
(2), wobei es ihm jedoch zweifelhaft scheint, ob man auf diesem Weg den "entfesselten Erkenntnißtrieb ... hemmen" (3) kann.
Der Absolutheitscharakter des positivistischen Empirieverständ-
nisses, das sich von allen metalogischen Einflüssen frei dünkt,
soll mit einer naturwissenschaftlich gewendeten Erkenntniskritik zerstört werden: "Dem stellt nun die Naturwissenschaft die

---

1   F. Nietzsche, Also sprach Zarathustra. Mit einem Essay
     von Thomas Mann: "Die Philosophie Nietzsches im Lichte un-
     serer Erfahrung", Frankfurt 1976, S. 362
2   F. Nietzsche, Nachgel. Fragm., Bd. III-4, S. 17
3   ebenda

absolute Naturwahrheit entgegen: die höhere Physiologie wird
freilich die künstlerischen Kräfte schon in unserm Werden
begreifen ...: sie wird sagen, daß mit dem Organischen auch
das Künstlerische beginnt" (1). In den Schriften aus dem Nachlaß findet sich ein Satz, der direkt an Nietzsches Positivismuskritik im Frühwerk anknüpft und sie noch nachträglich verdeutlicht:"Gegen den Positivismus welcher bei den Phänomenen
stehn bleibt, 'es gibt nur Tatsachen', würde ich sagen: nein,
gerade Tatsachen gibt es nicht, nur Interpretationen" (2). Die
positivistische Eruierung reiner Fakten wird erkenntniskritisch unterlaufen und soll sich als im Grunde unmöglich erweisen.
Nietzsches Kritik an positivistischer Erkenntnis macht deutlich, daß diese selbst eine Art künstlerischer Tätigkeit ist.
Wenn Nietzsche, wie es im Vorwort zur "Geburt der Tragödie"
heißt, die Wissenschaft unter der "Optik der Kunst" sieht (3),
so heißt dies, daß er die von der Wissenschaft selbst verdräng-
ten, metalogischen, organischen und sonstigen konstitutiven
Bedingungen der Erkenntnis an den Tag bringt, um in der Wissenschaft den Selbstzweifel zu nähren und sie vor dem positivistischen Selbstmißverständnis und der Fixierung auf Fakten abzu-
bringen. Er will den Oberflächencharakter der Wissenschaft,
die selbst in anthropomorphen Metaphern befangen ist, herausstellen, den Faktenglauben erschüttern und die Wissenschaft
dadurch auf eine künstlerische Kultur vorbereiten. Er sieht
sich hierin durch die Erkenntnistheorie gestützt: "Wir leben
allerdings durch die Oberflächlichkeit unseres Intellekts in
einer fortwährenden Illusion: d.h. wir brauchen, um zu leben,
in jedem Augenblick die Kunst. Unser Auge hält uns an den
Formen fest. - Wenn wir es aber selbst sind, die allmählich
uns dies Auge anerzogen haben, so sehen wir in uns selbst
eine Kunstkraft walten. Wir sehen also in der Natur selbst
Mechanismen gegen das absolute Wissen: der Philosoph erkennt

---

1   F. Nietzsche, Nachgel. Fragm., Bd. III-4, S. 24
2   F. Nietzsche, Bd. 3, S. 903
3   F. Nietzsche, Bd. 1, S. 11

die Sprache der Natur und sagt, 'wir brauchen die Kunst' und
'wir bedürfen nur eines Theils des Wissens'" (1). Seine Devise
gegen die Wissenschaft, die er selbst auf die Züge künstlerischer anthropomorpher Metapherbildung festlegt, lautet: "Nicht
im Erkennen, im Schaffen liegt unser Heil!" (2). Von hier
aus erklärt sich Nietzsches Kritik an Lange, der noch an der
Möglichkeit gültiger Erkenntnis der Wissenschaft im Bereich
erscheinender Wirklichkeit festhält. Nietzsche zitiert Lange:
"Eine Wirklichkeit, wie der Mensch sie sich einbildet, und wie
er sie ersehnt, wenn diese Einbildung erschüttert wird: ein
absolut festes, von uns unabhängiges und doch von uns erkanntes Dasein - eine solche Wirklichkeit gibt es nicht. Wir sind
thätig darin: aber das gibt dem Lange keinen Stolz, nichts
trügerisches, wandelndes, abhängiges, unerkennbares, also
wünscht er sich, - das sind die Instikte geängstigter Wesen
und solcher, die noch moralisch beherrscht sind: sie ersehnen
einen absoluten Herrn, etwas Liebevolles, Wahrheit-Redendes".
"Umgekehrt könnte unser Künstler-Hoheits-Recht darin schwel-
gen, diese Welt geschaffen zu haben" (2). Nietzsche will einem
neuen Wertgefühl zum Durchbruch verhelfen, das sich vom empirisch orientierten, positivistischen Glauben an Fakten unterscheidet, den konstitutiven Bedingungen des Erkennens ihr
Recht läßt und damit die Möglichkeit zu Innovationen offenhält.
Lange ist sein Wegbereiter zum künstlerischen Verständnis
des Wissens, ohne selbst jedoch diesen Weg konsequent zu Ende
gegangen zu sein.
Hier wird Nietzsches eigenes, ambivalentes Verhältnis zum Positivismus deutlich: denn obgleich er Lange vorwirft, den Positivismus nur halb überwunden zu haben, kann er selber in seiner Positivismuskritik nicht darauf verzichten, bei diesem An-
leihen zu machen. Er geht von der sicheren Erkenntnis bestimmter Grundeinrichtungen der Verstandestätigkeit aus: von einer
"absoluten Naturwahrheit", den "Urphänomenen" der Sinnesreize
und -reaktionen, der "Realität der Sukzession der Vorstellung"

1   F. Nietzsche, Nachgel. Fragm., Bd. III-4, S. 23
2   F. Nietzsche, Nachgel. Fragm., Bd. VII-2, S. 90

(s.o.). Er nimmt, indem er den Positivismus zerstören will,
auf diesen selbst Bezug. Gleichzeitig will er positivistisches
Denken überwinden und es umleiten in das Flußbett einer neuen,
künstlerischen Kultur.

Die Zweiteilung der Kultur bei F.A. Lange

F.A. Lange hat nicht nur Nietzsches Versuch einer erkenntnis-
kritischen Widerlegung der positivistischen Wissenschaft beeinflußt, sondern auch den "Idealismus" des frühen Nietzsche.
Gemeint ist Nietzsches Unterfangen, mit ästhetischen Idealen,
im Gegenzug zu der die vorgegebene Wirklichkeit festschreiben-
den, historisch positivistischen Wissenschaft, der objektiven
und zugleich resignativen Erkenntnis Schopenhauers und dem
gründerzeitlichen Kulturbetrieb, eine kulturelle Erneuerung
der Verhältnisse zu bewirken. Eine Grundlage hierfür bietet
ihm Langes Ethik. Ihr Inhalt ist zur Hauptsache in der Abhandlung "Der Standpunkt des Ideals" (1) entfaltet. In Langes Philosophie ist Kultur zweiteilig organisiert. Auf der einen
Seite befinden sich die Wissenschaften und der Materialismus,
die Erkenntnisse hinsichtlich der erscheinenden Wirklichkeit
liefern. Ihre Aufgabe ist es, "möglichste Harmonie zu stiften
zwischen den notwendigen, unsrer Willkür entzogenen Faktoren
der Erkenntnis" (2). Dabei hält sich der Materialismus an
"die Wirklichkeit, d.h. an den Inbegriff der notwendigen,
durch Sinneszwang gegebenen Erscheinungen" (3). - In Nietzsches radikal subjektivistischer Einengung der Erkenntnis
geht der Bezug auf außersubjektive Faktoren gleichsam verloren.
Die wissenschaftliche Erkenntnis nähert sich bei Nietzsche
Langes Poesie und Ethik an, die die andere Seite der Kultur
ausmachen. Charakterisiert sind sie durch eine frei mit dem
Stoff schaltende Synthesis, welcher der "leitende Zwang der

---

1   F.A. Lange, Bd. 2, a.a.O., S. 981 ff
2   ebenda, S. 981
3   ebenda, S. 981-982

Prinzipien der Erfahrung" (1) fehlt. Hier "wird der Boden der Wirklichkeit mit Bewußtsein aufgegeben ... Der Dichter erzeugt in freiem Spiel seines Geistes eine Welt nach seinem Belieben, um in dem leicht beweglichen Stoff um so strenger eine Form auszuprägen, welche ihren Wert und ihre Bedeutung unabhängig von den Aufgaben der Erkenntnis in sich trägt ... Das gleiche Prinzip, welches auf dem Gebiete des Schönen, in Kunst und Poesie schrankenlos herrscht, erscheint auf dem Gebiete des Handelns als die wahre ethische Norm, allen andern Prinzipien der Sittlichkeit zugrunde liegend ..." (2). Ästhetik und Ethik verschmelzen im Punkte der freien, sich über die Wirklichkeit hinwegsetzenden Begriffsdichtung, die keinen Erkenntnisgehalt hinsichtlich der erscheinenden Wirklichkeit aufweist, deren ethische Ideale und künstlerischen Gehalte jedoch Wert für die Entwicklung der Kultur besitzen. Ein "Aufschwung der Idee" wird die Menschheit "um eine neue Stufe emporführen" (3). Die arbeitsteilige Organisation der Kultur geht bei Nietzsche durch die Angleichung der Wissenschaft an die Formen der Poesie und Ethik Langes verloren. Die Kultur wird eindimensional künstlerisch begriffen. Poesie und Ethik haben bei Lange mit der Wissenschaft "nur die Freiheit ihres Ursprungs aus dem dichtenden Menschengeiste" gemein, sie sind "Produkte derselben Natur, welche unsere Sinneswahrnehmungen und Verstandesurteile hervorbringen" (5). Die Einheit liegt bei Lange nicht in den Resultaten, sondern im Ursprung.

Der fiktionale Charakter der ethischen Ideen

Lange entwickelt seine Ethik in einer Kontroverse mit Kant. Die "Auflösung des Dings an sich in die Erscheinung" impli-

---

1   F.A. Lange, Bd. 2, a.a.O., S. 982
2   ebenda, S. 982-983
3   ebenda, S. 1002
4   ebenda, S. 981
5   ebenda, S. 623

ziert, daß die noumenale Grundlage der Ideen der praktischen
Vernunft verschwindet. Freiheit, die notwendige Bedingung
für die Möglichkeit moralischen Handelns, von Kant aus Gründen
praktischer Vernunft deshalb als Postulat festgehalten, wenngleich sie theoretisch nicht beweisbar und nur möglich ist,
verliert bei Lange ihren Boden: "Um der Freiheitslehre prak-
tisch huldigen zu können, müssen wir sie theoretisch wenigstens als möglich annehmen, wie wohl wir die Art und Weise
ihrer Möglichkeit nicht erkennen können. Diese postulierte
Möglichkeit wird auf den Begriff der Dinge an sich im Gegen-
stz zu den Erscheinungen gebaut ... Die Welt der Erscheinungen,
zu welcher der Mensch als ein Glied derselben gehört, ist
durch und durch vom Gesetze der Kausalität bestimmt, und es
gibt keine Handlung des Menschen, auch nicht bis zum äußersten
Heroismus der Pflicht, welche nicht, physiologisch und psychologisch betrachtet, durch die vorgehende Entwicklung des Individuums und durch die Gestaltung der Situation, in die es
sich versetzt sieht, bedingt ist. Dagegen hält Kant den Gedanken für unentbehrlich, daß eben dieselbe Folge von Ereignissen
welche in der Welt der Erscheinung sich als Kausalreihe darstellt, in der intelligiblen Welt auf Freiheit begründet ist.
Dieser Gedanke erscheint theoretisch nur als möglich, die praktische Vernunft aber behandelt ihn als wirklich, ja sie macht
ihn durch die unwiderstehliche Gewalt des Bewußtseins zu einem
assertorischen Satz" (1). Da für Lange jedoch das Ding an sich
nur die "letzte Konsequenz des Verstandesgebrauchs in der Beurteilung des Gegeben" (2) ist, führt jeder Versuch, die "negative Bedeutung dessellben in eine positive zu verwandeln ...,
unweigerlich in das Gebiet der Dichtung ..." (3). "Kant wollte
nicht einsehen, was schon Plato nicht einsehen wollte, daß die
'intelligible Welt' eine Welt der Dichtung ist und daß gerade
hierauf ihr Wert und ihre Würde beruht" (4). Für Lange verbietet sich eine agnostizistische Herausschiebung ethischer Ideen

1   F.A. Lange, Bd. 2, a.a.O., S. 507-508
2   ebenda, S. 506
3   ebenda, S. 511
4   ebenda, S. 509

in das Gebiet des Unerkennbaren. Die auf die intelligible Welt des Ding an sich gegründete Freiheit wird zur erdichteten Vorstellung. Lange sieht deshalb in Schiller und nicht in Kant den Vorläufer für seine Ethik: "Schiller, der 'Dichter der Freiheit', durfte erwägen, die Freiheit offen in das 'Reich der Schatten' zu versetzen, denn unter seiner Hand erhoben sich die Träume und Schatten zum Ideal" (1).

Die ethischen Ideale als Kompensation des Materialismus

Die ethischen Ideale sollen dazu dienen, die Unzulänglichkeit des Materialismus auf ethisch-praktischem Gebiet zu kompensieren. Nach Lange lassen sich auf materialistischem Weg keine Prinzipien für eine Ethik gewinnen. "Der Materialismus ist ... indifferent oder zum Egoismus neigend in den Beziehungen des Menschen zum Menschen" (2). Da der Mensch seiner "sinnlichen Natur" nach egoistisch ist, wie Lange, an Schopenhauers Menschenbild erinnernd, annimmt, und auch die "Sympathie" nur eine Form "verfeinerte(n) Egoismus" ist, kann der Materialismus, der auf induktivem Weg vom konkreten Einzelnen auszugehen hat und zu keinem "allgemeinen, vor jeder Erfahrung feststehenden Prinzip" (3) Zuflucht nehmen darf, ein "Prinzip, welches über den Egoismus hinausführt" (4) nicht entwickeln. Das Resultat einer materialistischen Ethik ist notgedrungen ein "sozialer Atomismus" (5), der dazu beiträgt, die vorherrschende egoistische Struktur zu verfestigen. Auch materialistische Versuche, die am Egoismus anknüpfen und von hier aus zu einer systemhaften Ganzheit kommen wollen, betrachtet Lange als gescheitert. In der Abhandlung "Die Volkswirtschaft und

1   F.A. Lange, Bd. 2, a.a.O., S. 510-511 - Vaihinger ist der Ansicht, daß Lange sich in der Beurteilung der Ethik Kants täuscht. Auch bei diesem liege eine Freiheitsfiktion vor. S. Hans Vaihinger, Die Philosophie des Als Ob, a.a.O., S. 760 ff
2   F.A. Lange, Bd. 2, a.a.O., S. 985
3   ebenda, S. 955
4   F.A. Lange, Bd. 1, a.a.O., S. 396
5   F.A. Lange, Bd. 2, a.a.O., S. 953

die Dogmatik des Egoismus" (1) bekämpft er die von Adam Smith
entwickelte Theorie, derzufolge, "jeder, indem er seinem eigenen Vorteil nachjagt, zugleich den Vorteil des Ganzen befördert" (2). In Smith' Theorie wandert der ethische Materialismus des Altertums, der von der Lust (Aristipp) ausgeht, in die
Nationalökonomie über (3). Während jedoch Adam Smith im unbe-
schränkten Handel, der die Grundlage des nationalen Reichtums
bilden soll, nur eine Seite des gesellschaftlichen Lebens sah,
"vergaßen", so Lange, "seine Nachfolger die Kehrseite und
verwechselten die Regeln des Marktes mit den Regeln des Lebens,
ja mit den Grundgesetzen der menschlichen Natur" (4). Lange
bezweifelt entschieden, daß die rücksichtslose Verfolgung
individueller Interessen nach Art einer "prästabilierten Harmonie" das "günstigste Resultat für die Gesamtheit" (5) hervorbringt. Dem steht entgegen, "daß die Interessen derjenigen
Individuen, welche den ersten Vorsprung erlangen, allmählich
maßlos überwiegen und alle anderen erdrücken" (6). Die Lehre
von der Harmonie der Einzelinteressen trägt dazu bei, "daß das
Prinzip des Egoismus das soziale Gleichgewicht und damit die
Basis der Sittlichkeit vernichtet" (7). Gegenüber dem Materialismus, der als Grundlage für eine Ethik nicht taugt, hebt
Lange den Wert sittlicher Ideale und religiöser Vorstellungen
hervor. Zwar können diese keinen Anspruch auf Beweisbarkeit
im empirischen Sinn erheben, doch heben sie sich als Ideale
vom empirischen und kritiklosen Verständnis der Welt ab, um
den "Sieg über den zersplitternden Egoismus und die ertötende
Kälte des Herzens ... (zu) erringen" (8). "Die Ideen dienen
nicht, unsere Erkenntnis zu erweitern, wohl aber die Behauptungen des Materialismus aufzuheben und dadurch der Moralphi-

---

1   F.A. Lange, Bd. 2, a.a.O., S. 897 ff
2   ebenda, S. 898
3   ebenda, S. 897
4   ebenda, S. 898
5   ebenda, S. 903
6   ebenda, S. 916
7   ebenda, S. 917
8   ebenda, S. 998

losophie ... Raum zu schaffen" (1). Der fiktive Charakter
tut ihrem ethischen Wert keinen Abbruch, im Gegenteil. So
heißt es über die "Wahrheiten der allgemeinen Kirchenlehre":
"Wenn jene ... als höhere gepriesen werden, neben denen jede
andre Erkenntnis, selbst die des Einmaleins, zurückstehen
muß, so ist immer wenigstens eine Ahnung davon vorhanden, daß
diese Überordnung nicht auf größerer Sicherheit, sondern auf
einer größeren Wertschätzung beruht, gegen die ein für allemal
weder mit der Logik noch mit der tastenden Hand und dem sehen-
den Auge etwas auszurichten ist, weil für sie die Idee als
Form und Wesen der Gemütsverfassung ein mächtigeres Objekt der
Sehnsucht sein kann als der wirklichste Stoff" (2). Absolut
unhaltbar sollen die erdichteten Ideale auch deshalb nicht
sein, weil die empirische Wirklichkeit, in der der Satz der
Kausalität herrscht, selbst nur erscheinende Wirklichkeit ist.
Der Wahrscheinlichkeitscharakter, mit dem ihre Erkenntnis ausgestattet ist, stärkt den Status der fiktiven Ideale: "Kein
Gedanke ist so geeignet, Dichtung und Wissenschaft zu versöh-
nen, als der, daß unsere ganze 'Wirklichkeit', unbeschadet ihres strengen, keiner Willkür weichenden Zusammenhangs, nur
Erscheinung ist ..." (3). Der Agnostizismus in der Erkenntnistheorie stärkt bei Lange der Ethik den Rücken.
Lange setzt dem materialistischen Ungenügen in ethischer Hinsicht eine fiktionale Wertethik entgegen. Er spricht sich
gegen die Überzeugung aus, daß sittlicher Fortschritt an das
Maß der Adaequatio von Denken und Sein gebunden ist. Dieser
Gedanke der Überwindung der Gegenwart mit Hilfe einer Dichotomie von Sein und Schein ist es, der die idealistische Kritik
des frühen Nietzsche an Wissenschaft, gründerzeitlicher Kultur und der in Resignation umgeschlagenen Aufklärung prägt (4).

---

1   F.A. Lange, Bd. 2, a.a.O., S. 503
2   ebenda, S. 991
3   ebenda, S. 511
4   Siehe hierzu auch Hans Vaihinger, a.a.O., "Nietzsche und
     seine Lehre vom bewußt gewollten Schein", S. 771 ff

Nietzsches "idealistische" Kritik an gründerzeitlicher
Kultur, positivistischer Wissenschaft und objektiver,
pessimistischer Erkenntnis

Langes Theorie vom Wert fiktiver Ideale tangiert auch die
Kunst. Sie wird begriffen als bewußtes Schaffen mythischen
Scheins: "Die freie Poesie vermag den Boden der Wirklichkeit
völlig zu verlassen und zum Mythus zu greifen, um dem Unaus-
sprechlichen Worte zu verleihen" (1). Das Konzept der kultu-
rell fruchtbaren, fiktiven Identität des Mythos erhält in
Nietzsches Philosophie eine kulturkritische Wendung. Gegen
den gründerzeitlichen Kulturbetrieb, der seine eigene künstlerische Unproduktivität hinter der Zurschaustellung unterschied-
lichster und aus allen Epochen zusammengetragener Kunstwerke
und Kultgegenstände verbirgt und durch den Überfluß an vergangener Kultur die Keime einer eigenen erstickt, fordert Nietzsche, sich bewußt vor den historisch-ästhetischen Einflüssen
zu verschließen. Langes Mythus als eine fiktionale Größe,
die die Realität nicht widerspiegelt, wird von ihm als Schutz-
wall eingesetzt, der gegen die kulturelle Überschwemmung ab-
schirmt. "Ohne Mythus ... geht jede Kultur ihrer gesunden
schöpferischen Naturkraft verlustig: erst ein mit Mythen umstellter Horizont schließt eine ganze Kulturbewegung zur Einheit ab ... Man vergegenwärtige sich das regellose, von keinem
heimischen Mythus gezügelte Schweifen der künstlerischen Phantasie: man denke sich eine Kultur, die keinen festen und heiligen Ursitz hat, sondern alle Möglichkeiten zu erschöpfen und
von allen Kulturen sich kümmerlich zu nähren verurteilt ist -
das ist die Gegenwart ..." (2).
Auch in Nietzsches Kritik am Positivismus der Geschichtswissenschaft spielt die Theorie der Fruchtbarkeit der Dichotomie
von Sein und Schein eine Rolle. Während die Historie auf Grund
ihrer Fixiertheit aufs Faktum zur bloßen Faktenhuberei ver-

---

1   F.A. Lange, Bd. 2, a.a.O., S. 988
2   F. Nietzsche, Bd. 1, S. 125

kommt und weder Orientierungsmöglichkeiten noch Motivationen für eine bewußte und geplante Gestaltung des geschichtlichen Verlaufs erarbeitet, will Nietzsche dies durch monumentale fiktive Ideale erreichen: "Wenn wir die großen Individuen als unsere Leitsterne gebrauchen, verschleiern wir viel an ihnen, ja wir verhüllen alle die Umstände und Zufälle, die ihr Entstehen möglich machen, wir isolieren sie uns, um sie zu verehren" (1). Anders als Lange, der die Notwendigkeit ethischer Ideale bloß erkennt, konstruiert Nietzsche selbst solche, um gestalterisch in den Gang der Geschichte einzugreifen. Die monumentalen Figuren sollen historische Impulse erzeugen, mit denen Nietzsche das Interesse seines Zeitalters an bewußter Gestaltung der Geschichte zu erwecken sucht, das unter einem Berg von Fakten begraben liegt. Nietzsche macht den Vorschlag einer Historie als "reines Kunstgebilde", (2) notiersich die Idee eines "wissenschaftlichen Kunstwerks" (3) und ist sich, wie Lange, wohl darüber im klaren, daß es sich, "wissenschaftlich betrachtet", um "Illusionen" handelt, daß der Wert nicht in der "Erkenntnißsphäre sondern in der Lebenssphäre liegt" (4). Die bewußte Dichotomie von Sein und Schein soll ein erneuerndes Element im Verhältnis zur Geschichte bilden.

Nietzsche wendet die Dichotomie auch pessimismuskritisch an. Hier kommt es ihm besonders auf den bewußten Schein an, da er grundsätzlich an dem Wahrheitsgehalt der nihilistischen Erkenntnis festhält (5). Um die resignativen Konsequenzen der objektiven, die Sinn- und Ziellosigkeit des Weltlaufs im ganzen erfassenden Erkenntnis zu vermeiden, hält er den bewußten Schein der Kunst für erforderlich, der als durchschauter das Leben ertragbar machen soll. "Wir leben nur durch die Illusion der Kunst" (6). "Gerade der Schein in der Form des Kunstwerks,

1   F. Nietzsche, Nachgel. Fragm., Bd. III-4, S. 23
2   F. Nietzsche, Bd. 1, S. 252
3   F. Nietzsche, Nachgel. Fragm., Bd. III-4, S. 159
4   ebenda, S. 22
5   s. Seite 115 ff dieser Arbeit
6   F. Nietzsche, Nachgel. Fragm., Bd. III-4, S. 24

als ein Produkt der künstlerischen Phantasie, kann mehr zur
Stimulierung des Lebens beitragen als die 'Wahrheiten', das
heißt Erkenntnisse, wenn diese nämlich die Fragwürdigkeit und
Bodenlosigkeit der menschlichen Existenz aufzeigen sollten"
(1). Langes fiktionale Wertethik bekommt bei Nietzsche den
Charakter existenzieller Erfordernis.

Nietzsche hegt in diesem Stadium seiner philosphischen Entwicklung die Hoffnung auf eine Bewältigung der genannten Probleme mit Hilfe ästhetischer und fiktiver Ideale. Sein Idealismus ist gegenwartskritisch im Sinne einer kulturellen Erneuerung gemeint, die von der gründerzeitlichen Kultur, der empirisch orientierten Geisteswissenschaft und den niederschmet-
ternden Folgen der Aufklärung verhindert wird. Er spricht
von der "ungeheure(n) Aufgabe und Würde der Kunst in dieser
Aufgabe! Was sie kann, zeigen uns die Griechen: hätten wir
diese nicht, so wäre unser Glaube chimärisch" (2). Die Kunst
übernimmt die ethische Aufgabe einer "Erneuerung des Lebens".
In dieser hohen Bewertung der Kunst begegnet sich Nietzsche mit
Malwida von Meysenbug, seiner engen Vertrauten. Diese schreibt
in ihren Memoiren, die den Titel "Lebensabend einer Idealistin"
tragen: "Die meisten Menschen verlangen von einem Kunstwerk

---

1   Curt Paul Jans, Nietzsche, a.a.O., Bd. 2, S. 11
2   F. Nietzsche, Nachgel. Fragm., Bd. III-4, S. 17 - Man
     kann davon ausgehen, daß Nietzsche bestimmte Grundaussa-
     gen über den Mythos im frühen Griechentum bei Jacob Burck-
     hardt vorgefunden hat. So resümiert Löwith Gedanken Burck-
     hardts aus dessen Werk "Griechische Kulturgeschichte":
     "Es hat also eine Nation gegeben, die ihren Mythos als
     die idealische Grundlage ihres ganzen Daseins mit höch-
     ster Anstrengung verteidigte und um jeden Preis - auf Ko-
     sten der historischen Wahrheit - mit den sachlichen Ver-
     hältnissen in Verbindung setzte" (Karl Löwith, Jacob
     Burckhardt, Der Mensch inmitten der Geschichte. Luzern
     1936, S. 256). Die antithetische, gegenwartskritisch
     gestaltete Konstruktion des frühgriechischen Mythos ist
     bei Nietzsche jedoch stärker ausgeprägt als bei Jacob
     Burckhardt. Der Mythos ist für Nietzsche, anders als
     für Burckhardt, ein frei verfügbares Instrumentarium der
     Kritik. Dies zeigt insbesondere seine Tränkung des Mythos
     mit neukantianischen, gegenwartskritisch aufzufassenden
     Gedanken.

nur, daß es angenehm auf die Sinne wirkt. Mir scheint es aber, daß das wahre große Kunstwerk vor allem ethisch wirken, uns über uns selbst hinaus erheben und idealisieren muß, wie wir es einst von der Religion erwarteten" (1).

Die Dichotomie von Sein und Schein im vorsokratischen Griechentum

Nietzsche projiziert den Gedanken der kulturellen Fruchtbarkeit der Dichotomie von Sein und Schein in das vorsokratische Griechentum. Übertragen werden gleichfalls die Probleme, mit denen sich die Moderne auseinanderzusetzen hat. In Nietzsches Darstellung sind die Griechen den Gefahren der vielfältigen kulturellen Einflüsse, des Pessimismus und auch des die Gegenwart unverändert lassenden Vielwissens ausgesetzt. Was sie von den modernen Zeitgenossen unterscheidet, ist eine gleichsam natürliche Sicherheit, mit der sie dichotomisch die Schwierigkeiten überwinden. Die Griechen "leben noch ganz in dieser Berechtigung der Lüge" (2). "Sie waren ... das Gegenstück aller Realisten" (3). "Die freidichtende Art, wie die Griechen mit ihren Göttern umgingen!" (4) ist anmutiges Zeugnis dafür. So ist es möglich, daß die Griechen, die von der Gefahr der Überschwemmung durch fremde Kulturen bedroht waren (5), sich mit Mythen dagegen absicherten: "Erst ein mit Mythen umstellter Horizont schließt eine ganze Kulturbewegung zur Einheit ab. Alle Kräfte der Phantasie und des apollinischen Traumes werden erst durch den Mythus aus ihrem wahllosen Herumschweifen gerettet" (6). Der Mythos wird hier nicht als Instrumentarium der Naturbeherrschung aufgefaßt, sondern seine Funktion besteht in der Erneuerung von Kultur und Geschichte.

---

1   Malwida von Meysenbug, Lebensabend einer Idealistin. Berlin 1900, S. 678, zitiert bei Curt Paul Jans, Nietzsche, a.a.O., Bd. 1, S. 678
2   F. Nietzsche, Nachgel. Fragm., Bd. III-4, S. 40
3   ebenda, S. 44
4   ebenda, S. 20
5   F. Nietzsche, Bd. 1, S. 284
6   ebenda, S. 125

Den Griechen gelingt es, das "Wissen durch die Kunst zu bändigen" (1); bei ihnen ist "Wissenschaft eine Kunst" (2), in welche Nietzsche sie für die Gegenwart verwandelt sehen möchte Die Griechen lernen "mit größter Auswahl und alles Erlernte sofort als Stütze benutzend, auf der man sich hoch und höher als alle Nachbarn schwingt" (3). Ihnen liegt nicht an der Vollständigkeit des Wissens, sondern sie nehmen das Nichtwissen in Kauf, um sich nicht mit dysfunktionalem Vielwissen zu belasten.

Auch Schopenhauers Pessimismus droht das vorsokratische Griechentum zu vernichten und wird mit Hilfe der erdichteten Götter erträglich gemacht. "Der Grieche kannte und empfand die Schrecken und Entsetzlichkeiten des Daseins; um überhaupt leben zu können, mußte er vor sie hin die glänzenden Traumgeburten der Olympier stellen" (4). Im Prinzip des Apollinischen gibt es Spuren der fiktionalen Wertethik Langes, die Nietzsche vor den Hintergrund der Schopenhauerschen Philosophie hält und mit dieser zusammen ins Griechentum verpflanzt: "Wenn wir bei einem kräftigen Versuch, die Sonne ins Auge zu fassen, uns geblendet abwenden, so haben wir dunkle farbige Flecken gleichsam als Heilmittel vor den Augen: umgekehrt sind jene Lichtbilderscheinungen des sophokleischen Helden, kurz das Apollinische der Maske, notwendige Erzeugungen eines Blickes ins Innere und Schreckliche der Natur, gleichsam leuchtende Flekken zur Heilung des von grausiger Nacht versehrten Blickes" (5). Das Wesen der griechischen Mythologie wird von Nietzsche als Prozeß anthropomorpher Metaphernbildung aufgefaßt. "Die Griechen haben in ihrer Mythologie die ganze Natur im Griechen aufgelöst. Sie sahen gleichsam die Natur nur als Maskerade und Verkleidung von Mensch-Göttern an. Sie waren darin das Gegenstück aller Realisten. Der Gegensatz von Wahrheit und Erschei-

---

1 F. Nietzsche, Nachgel. Fragm., Bd. III-4, S. 15
2 F. Nietzsche, Nachgel. Fragm., Bd. III-3, S. 190
3 F. Nietzsche, Nachgel. Fragm., Bd. III-4, S. 67
4 F. Nietzsche, Bd. 1, S. 30
5 ebenda, S. 55

nung war tief in ihnen. Die Metamorphosen sind das Spezifi-
sche" (1). In der freien Synthesis, die sich über den Zwang
der erscheinenden Wirklichkeit hinwegsetzt, produzieren sie
ideale Spiegelbilder ihrer selbst.
Anthropomorphe Metaphernbildung zeichnet nach Nietzsche auch
die Philosophie der Vorsokratiker aus. Schlechta zitiert Nietzsche: "Von Thales bis Sokrates - lauter Übertragungen der
Menschen wie auf Gebirgen" (2). Nietzsche gibt in den "Nachgelassenen Fragmenten" eine Kurzfassung des anthropomorphen
Gehalts der vorsokratischen Philosophie und unterteilt sie
nach "ethischen" und "logischen" "Anthropomorphismen" (3). Die
Fruchtbarkeit ihrer Fragestellung liegt in ihren empirisch und
logisch unhaltbaren Problemstellungen. Als Beispiel hierfür
sei Nietzsches Interpretation des Thales angeführt, dessen Naturphilosophie den Gedanken enthält, daß Wasser der Ursprung
und der Mutterschoß aller Dinge sei (4). Der Zusammenhang
mit der Wissenschaftskritik ist unübersehbar: "Hätte er (Thales) gesagt: aus Wasser wird Erde, so hätten wir nur eine
wissenschaftliche Hypothese, eine falsche, aber doch schwer wi-
derlegbare. Aber er ging über das Wissenschaftliche hinaus ...
Es ist merkwürdig, wie gewaltherrisch ein solcher Glaube mit
aller Empirie verfährt: gerade an Thales kann man lernen,
wie es die Philosophie zu allen Zeiten gemacht hat, wenn sie
zu ihrem magisch anziehenden Ziele über die Hecken der Erfahrung hinweg hinüberwollte" (5). Die Dichotomie ist hier eine
Art heuristisches Prinzip, in dem "eine treibende Kraft und
gleichsam die Hoffnung zukünftiger Fruchtbarkeit" (6) liegt.
In der Sprache der Naturphilosophie "schaut Thales die Einheit
des Seienden" (7) und wird dadurch gleichsam zum frühen Weg-

---

1   F. Nietzsche, Nachgel. Fragm., Bd. III-4, S. 44
2   K. Schlechta, A. Anders, a.a.O., S. 80
3   F. Nietzsche, Nachgel. Fragm., Bd. III-4, S. 45
     Ich möchte hier auf A. Anders verweisen, die weitere na-
     turwissenschaftliche Einflüsse in Nietzsches Bild vom
     vorsokratischen Philosophen untersucht hat, a.a.O.
4   F. Nietzsche, Bd. 3, S. 361
5   ebenda
6   ebenda, s. 362
7   ebenda, S. 365

bereiter der Metaphysik: "Wenn Thales sagt: 'Alles ist Wasser' so zuckt der Mensch empor aus dem wurmartigen Betasten und Herumkriechen der einzelnen Wissenschaften, er ahnt die letzte Lösung der Dinge und überwindet durch diese Ahnung die gemeine Befangenheit der niederen Erkenntnisgrade" (1). Es ist offensichtlich, daß es sich bei Nietzsches Vorliebe für die vorsokratische Philosophie nicht um Regression, um einen Rückfall in die Kindheit handelt, wie von den Frühaufklärern die Lust an der Antike bewertet wurde (2). Nietzsche bezweckt, auf neukantianischem Weg das innovatorische Potential des Mythos gegen die positivistische Wissenschaft zu bewahren.

Bei den vorsokratischen Philosophen waltet ein "ähnlicher Trieb wie der, der die Tragödie schuf" (3). Auch in der Tragödie herrscht die Dichotomie von Sein und Schein. Nietzsche begreift sie nicht, wie Aristoteles, als Katharsis: Furcht und Leid, die versteckt im Menschen schlummern, können sich entladen; und auch nicht wie Hegel, der in der Tragödie den Sieg des Weltlaufs und im Untergang des Individuums die Strafe für dessen Überhebung sieht. Die Tragödie dokumentiert den Wert des Nichtwissens; sie ereignet sich infolge der für naturwidrig erklärten Überzeugung vom Wert des Wissens. Ödipus, der das Rätsel der Sphinx löst, verhält sich dadurch "naturwidrig". "Derselbe, der das Rätsel der Natur - jener doppelgearteten Sphinx - löst, muß auch als Mörder des Vaters und Gatte der Mutter die heiligsten Naturordnungen zerbrechen. Ja der Mythos scheint uns zuraunen zu wollen, daß die Weisheit ein naturwidriges Greuel sei, daß der, welcher durch sein Wissen die Natur in den Abgrund der Vernichtung stürzt, auch an sich selbst die Auflösung der Natur zu erfahren habe" (4). Mythische Kräfte der Vernichtung werden durch das Wissen, das sie zu bannen sucht, erst frei. Ödipus ist der Vorläufer der Moderne, die das Wissen verabsolutiert und die Folgen der radikalen Aufklä-

---

1   W. Krauss (Hg.), Fontenelle und die Aufklärung. München 1969, S. 131, zitiert bei Karl Heinz Bohrer, a.a.O., S. 4
2   F. Nietzsche, Bd. 1, S. 364 - siehe Nietzsches Abhandlung über die "Philosophie im tragischen Zeitalter der Griechen", Bd. 3, S. 353 ff.
3   F. Nietzsche, Nachgel. Fragm., Bd. III-4, S. 30
4   F. Nietzsche, Bd. 1, S. 57

rung und des Positivismus nicht wahrnimmt: "Ödipus, Symbol der Wissenschaften" (1).

Mit Sokrates' "naive(m) Rationalismus" (2) geht die auf der Dichotomie beruhende Blütezeit griechischer Kultur zu Ende. Wenn Sokrates sagt: "Tugend ist Wissen; es wird nur gesündigt aus Unwissenheit; der Tugendhafte ist der Glückliche" (3), und er im "Irrtum das Übel an sich begreift" (4), richtet sich - so Nietzsche - die rationalistische Ethik (5) desselben gegen die Annahme des Werts kulturstiftender Mythen und ästhetischer Ideale. Sokrates und Platon, der "einen neuen Staat (will), in dem die Dialektik herrscht, er verneint die Kultur der schönen Lüge" (6), beeinträchtigen folgenschwer die Entwicklung europäischen Denkens. Nietzsches Kampf gegen positivistische historische Wissenschaft, den gründerzeitlichen Kulturbetrieb und die Folgen radikaler Aufklärung, der durchdrungen ist von dem Argument des Werts fiktiver Ideale, prägt sein Bild Sokrates'. Die Antithese zur Gegenwart färbt es auf Grund dieser Konstellation negativ.

Langes Ethik als potentielle Vernichtung von Moral und Religion

Lange verfolgt mit seinem ethischen Idealismus eine Absicht, die von Nietzsche nicht geteilt wird. Er will das Überleben von Religion und Moral sichern, die von den Wissenschaften und dem Materialismus verdrängt werden. Der Neukantianismus soll zur Religion der Zukunft werden und dabei durch den "erdichte-

---

1   F. Nietzsche, Nachgel. Fragm., Bd. III-3, S. 149
2   ebenda, S. 37
3   F. Nietzsche, Bd. 1, S. 81
4   ebenda, S. 86
5   W. Windelband, Lehrbuch der Geschichte der Philosphie, hrsg. von H. Heimsoeth. Tübingen 1957, S. 69
6   S. die Seiten 118 ff dieser Arbeit zu Nietzsches "Umkehrung des Platonismus".

ten" Charakter seiner Ideale auch vor Dogmatismus und Aberglau-
ben schützen (1). Der Weg, den Lange geht, um der Religion zum
"Überwintern" zu verhelfen, enthält jedoch untergründig nihilistische Züge. Man soll an religiösen Vorstellungen als an
erdichteten Gebilden festhalten, denen kein Erkenntnisgehalt
zukommt, die dafür aber ethisch wertvoll sind (2). Sie sind in
der physisch-psychischen Organisation verankert und somit
Gegenstand "wissenschaftlicher Spezialforschung" (3), deren
Ergebnisse nur Wahrscheinlichkeitscharakter haben. Im historischen Materialismus wird die Moral durch Zeit und Klassenlage determiniert. Sie verliert ihren Absolutheitscharakter,
da sie relativ auf jene bezogen ist. Die Relativität der Moral
ist bei Lange Produkt physiologischer Moraluntersuchung. Die
Ideale stelle keinen metaphysischen Wertbestand dar, sondern
verdanken sich ausschließlich der erscheinenden Welt. Zur Dichtung abgewertet, werden Religion und Moral zu einer Frage
subjektiven Beliebens; Handlungen, die sich an den ethischen
Idealen orientieren sowie sittliche Willensphänomene gehören
in die erscheinende Wirklichkeit und lassen sich restlos in
diese auflösen. Lange bemerkt wohl diese Anlage in seiner
Philosophie, durch welche Religion und Moral ihres metaphysischen Sonderstatus beraubt werden: "Der ganze Unterschied zwischen einem Automaten und einem sittlich handelnden Menschen

---

1   "Hier stehen wir denn auch vor einer vollkommen befrie-
    digenden Lösung der Frage nach der näheren und ferneren
    Zukunft der Religion. Es gibt nun zwei Wege, welche hier
    auf die Dauer ernstlich in Frage kommen, nachdem sich
    gezeigt hat, daß bloße Aufklärung im Sande der Flachheit
    verläuft ... Der eine Weg ist die völlige Aufhebung und
    Abschaffung aller Religion und die Übertragung ihrer Auf-
    gaben auf den Staat, die Wissenschaft und die Kunst; der
    andere ist das Eingehen auf den Kern der Religion und
    die Überwindung alles Fanatismus durch die bewußte Erhe-
    bung über die Wirklichkeit und den definitiven Verzicht
    auf die Verfälschung des Wirklichen ...", s. F.A. Lange,
    Bd. 2, a.a.O., S. 988.
2   F.A. Lange, Bd. 2, a.a.O., S. 990
3   ebenda, S. 505

ist unzweifelhaft ein Unterschied zweier Erscheinungen" (1).
Für Lange schmälert dies den Wert ethischer Ideale jedoch
nicht. Ihm entgeht, daß ein ethisches Sollen hinfällig wird,
sobald die erscheinende Wirklichkeit darüber entscheidet. Er
huldigt den ethischen Idealen gerade wegen ihres reinen Ursprungs aus dem dichtenden Menschengeist (2) und setzt sich
über die Konsequenz ihrer nihilistischen Auflösung frei hinweg.
In Lange begegnet uns die merkwürdige Gestalt eines Ethikers,
der untergräbt und zerstört, was er zu begründen sucht und
anpreist. An ihm wird die Doppelmoral des bürgerlichen Fest-
tagsredners sichtbar, dessen zur leeren moralischen Stimmung
verkommener Idealismus durchscheinen läßt, was Moral und Ethik
in der alltäglichen Wirklichkeit zählen, nämlich sehr wenig.

Nietzsches nihilistische Radikalisierung des Langeschen
Ansatzes

Nietzsche greift die untergründige Disposition zur Absage
an Religion und Moral auf und verstärkt sie. Langes Transzendentalphilosophie begründet bei ihm keine Ethik, sondern macht
sie zunichte. Schon in einem aus dem jahre 1868 stammenden
Brief an Deussen (3) bezieht er sich auf Lange, der die Metaphysik in Form der Dichtung weiterbestehen lassen will. Seine
Lange-Rezeption nimmt eine destruktive Wendung gegen die Meta-

---

1   F.A. Lange, Bd. 2, a.a.O., S. 509
2   F.A. Lange, Bd. 1, a.a.O., S. 390
3   "Wer aber den Gang der einschlägigen Untersuchungen,
    vornehmlich der physiologischen seit Kant, im Auge hat,
    der kann gar keinen Zweifel darüber haben, daß jene Gren-
    zen so sicher und unfehlbar ermittelt sind, daß außer den
    Theologen, einigen Philosophieprofessoren und dem vulgus
    niemand sich hier mehr Einbildungen macht. Das Reich der
    Metaphysik, somit die Provinz der 'absoluten' Wahrheit
    ist unweigerlich in eine Reihe mit Poesie und Religion
    gereiht worden .... Festzuhalten ... ist, daß Metaphysik
    weder als Religion noch als Kunst etwas mit dem sogenann-
    ten 'An sich Wahren oder Seienden' zu thun hat." - F.
    Nietzsche, Briefe, September 1864 - April 1869, Berlin-
    New York 1975. Hrsg. von Giorgio Colli und Mazzino Monti-
    nari, S. 269

physik Schopenhauers und die auf ihr basierende Moralphilosophie (1). Indem die Metaphysik in den Bereich der Vorstellung
verwiesen ist, werden die auf ihr begründeten ethischen Annahmen unhaltbar. Die "intelligible Freiheit" - hier macht der
Ton die Musik! - ist nur noch "Fabel" (2), über die man spot-
tet, und verliert die leere Erhabenheit der Ideale Langes. Die
Moral, die auf der Metaphysik basiert, ist durch die Erkenntnis des erdichteten Charakters der Metaphysik "widerlegt" (3).
Die Verpflichtung, die für Lange mit den Idealen verknüpft
ist, geht bei Nietzsche verloren: durch die Wissenschaft er-
wirbt man sich das Gefühl der Unverantwortlichkeit (4).
Die Erkenntnis der menschlichen Organisation hat nur Wahrscheinlichkeitscharakter. Dennoch führt Lange den Wert der
Ideale auf ihren Ursprung im dichtenden Menschenhirn zurück.
Die ästhetische Strukturiertheit des Daseins verleiht der
Ethik Bürgerrecht. Nietzsche lokalisiert wie Lange die Moral
im menschlichen Hirn: "Einen künstlerischen Vorgang ohne Gehirn zu denken ist eine starke Anthropopathie: aber ebenso
steht es mit dem Willen, der Moral usw." (5). Die physiologische Fundierung der Ethik läuft bei Nietzsche auf ihre Annul-
lierung hinaus: "Zu erweisen ist weder die metaphysische,
noch die ethische, noch die aesthetische Bedeutung des Daseins"
(6). Das mag mit der agnostizistischen Richtungsänderung zu
tun haben, die Nietzsche an Langes erkenntnistheoretischen
Überlegungen vornimmt. Wenn Drews in diesem Zusammenhang von
einer Gegnerschaft Nietzsches zur Metaphysik spricht (7),
so läßt sich aus dem obigen Zitat auch die Zerstörung der
ästhetisch, d.h. auf dem dichtenden Menschengeist begründeten
Ethik ableiten. Zu Recht macht Drews darauf aufmerksam, daß
Nietzsche mit dem obigen Zitat auch seiner, in der vorliegen-

---

1   siehe die Seite 179 ff dieser Arbeit
2   F. Nietzsche, Bd. 1, S. 479
3   ebenda, S. 452
4   ebenda, S. 544
5   F. Nietzsche, Nachgel. Fragm., Bd. III-4, S. 34
6   ebenda, S. 47
7   Arthur Drews, Nietzsches Philosophie. Heidelberg 1904,
    S. 215

den Arbeit im Zusammenhang mit der Kritik an Wissenschaft,
gründerzeitlicher Kultur und radikaler Aufklärung behandelten
"Kunstvergötterung" (1) den Boden entzieht. Nietzsches radikale und, in erkenntnistheoretischer Sicht, teilweise unhaltbare
Position führt zu inneren Widersprüchen.
Bei Lange wie bei Nietzsche geht mit der Überführung der Metaphysik in den Bereich der Vorstellung der metaphysisch begründete Sonderstatus der Moral verloren. Moralisches Handeln ist
restlos der escheinenden Wirklichkeit zugeordnet. Dies führt
bei Nietzsche zu anderen Konsequenzen als bei Lange. Die erkenntnistheoretische Auflösung des Ding-an-sich in die kausal
geordnete Welt der Erscheinungen beschneidet den Geltungsbe-
reich der bis dahin metaphysisch begründeten Sittlichkeit:
"In dem Maß, in welchem der Sinn der Kausalität zunimmt, nimmt
der Umfang des Reichs der Sittlichkeit ab" (2). Moralische
Handlungen sind solche der erscheinenden Wirklichkeit. Dies
meinst Nietzsche, wenn er, an Paul Rée erinnernd, schreibt:
"Der moralische Mensch ... steht der intelligiblen (metaphysischen) Welt nicht näher, als der physische Mensch" (3). Ein
ethisches Sollen, dem die Metaphysik den Status absoluter
Geltung verliehen hat, ohne den es hinfällig wird, ist, auf
der Grundlage einer Metaphysik als Vorstellung unhaltbar: "Ein
Sollen gibt es nicht mehr; die Moral, insofern sie ein Sollen
war, ist ja durch unsere Betrachtungsart ebenso vernichtet wie
die Religion" (4). Nietzsche treibt, gegen die metaphysisch
begründete Moral Schopenhauers gerichtet, die Tendenz des
Nihilismus, die bei Lange angelegt ist, heraus. In der "Morgenröte" verurteilt er, ohne Lange namentlich zu erwähnen, eine vertrauensvolle Wertschätzung von Dingen, an die man nicht
mehr glaubt. Gegen den neukantianischen Versuch, auf ästheti-
schem Weg Religion und Ethik zu konservieren, ist es eine Forderung intellektueller Redlichkeit, daß "wir von Grund aus

---

1   Arthur Drews, a.a.O., S. 215
2   F. Nietzsche, Bd. 1, S. 1021
3   ebenda, S. 478
4   ebenda, S. 472

allem feind sind, was in uns vermitteln und mischen möchte;
feind jeder jetzigen Art Glauben und Christlichkeit; ... feind
der ... Artisten-Gewissenlosigkeit, welche uns überreden möchte, da anzubeten, wo wir nicht mehr glauben ..." (1).
Angesichts dieser erkenntnistheoretisch vollzogenen Zersetzung
eines ethischen Sollens erhebt sich die Frage, ob die Philosophie Nietzsches in "Menschliches-Allzumenschliches" nicht
in eben der positivistischen Hinnahme des Gegebenen stecken-
bleibt, die er selbst bekämpft hat. Erliegt nicht auch Nietzsche dem Kult des Realen, wenn er eine "Philosophie und ...
Entwicklungsgeschichte der Organismen und Begriffe" (2) fordert, die nicht nur der traditionellen Ethik, sondern tendenziell auch der Ästhetik, dem Versuch, mit Mythen und Idealen
die Gitterstäbe der Empirie zu zerbrechen, den Laufpaß gibt,
zumal Nietzsche selbst solche Erneuerungsversuche nun ausdrücklich verwirft? In der Kritik an der Schopenhauerischen
Mitleidsethik wird sich jedoch zeigen, daß sein Rückgriff
auf die physiologisch gewendete Erkenntnistheorie nicht, wie
der Positivismus, auf die Festschreibung der Verhältnisse hinausläuft, sondern ein Mittel ist, mit dem er inmitten der
erscheinenden Wirklichkeit deren Verbesserung zu erreichen
sucht. Seine Intention, verändernd zu wirken, bleibt - gemä-
ßigter, kühler, auf die Mittel des Irrationalen verzichtend -
erhalten. Der Glaube an die Metaphysik und eine sich darauf
stützende Ethik bilden retardierende Elemente humanen Fortschritts. Sie versperren den Weg zu einer bewußten Gestaltung
der Lebensverhältnisse. Wie positivistischer Wissenserwerb und
radikale philosophische Aufklärung zeitigen auch Relikte religiöse Bewußtseins ihre erneuerungsfeindliche Wirkung. Galt
bisher dem selbst zum Mythos gewordenen Faktenglauben und
der in Resignation umgeschlagenen Aufklärung Nietzsches Kritik,
dann richtet sie sich nun gegen die hindernden "Gestalten ausklingender Christlichkeit" (3). In dem berühmten 24. Kapitel

---

1   F. Nietzsche, Bd. 1, S. 1016
2   ebenda, S. 453
3   ebenda, S. 465

aus "Menschliches-Allzumenschliches" heißt es: "Die Menschen
können mit Bewußtsein entschließen, sich zu einer neuen Kultur
fortzuentwickeln, während sie sich früher unbewußt und zufäl-
lig entwickelten: sie können jetzt bessere Bedingungen für die
Entstehung der Menschen, ihre Ernährung, Erziehung, Unterrich-
tung schaffen, die Erde als Ganzes ökonomisch verwalten, die
Kräfte der Menschen überhaupt gegeneinander abwägen und ein-
setzen. Diese neue, bewußte Kultur tötet die alte, welche
als Ganzes angeschaut ein unbewußtes Tier und Pflanzenleben
geführt hat ..." (1). Nietzsche widersetzt sich dem blinden
Vertrauen in die Schopenhauerische Mitleidsethik, die die
Lösung der sozialen Menschheitsprobleme Mechanismen geheimnis-
voller Mystik überläßt und dadurch einer bewußtlosen Entwicklung den Weg frei hält. Die französische Moralistik in Gestalt von La Rochefoucauld erlangt für seinen Entwurf einer
bewußten Gestaltung der Verhältnisse große Bedeutung.

---

1   F. Nietzsche, Bd. 1, S. 465

DIE BEDEUTUNG LA ROCHEFOUCAULDS FÜR NIETZSCHES KRITIK
AN SCHOPENHAUERS MORALPHILOSOPHIE

Schopenhauers Moralphilosophie als Gestalt "ausklingender
Christlichkeit"

Schopenhauers Philosophie stellt eine radikale Absage an den
Glauben an göttliche Fügung dar sowie an die säkularisierte
Form dieses Glaubens, die Annahme einer vernunftbestimmten
Entwicklung der Welt. Der "pessimistische" Philosoph geht
stattdessen von der Dominanz einer metaphysischen, triebhaften
Energie aus, als deren "Objektität" die gesamte organische und
unorganische Natur anzusehen ist. Ihr Geschehen erschöpft
sich im Dienst für diese Energie, den Willen. Auch das Individuum hat ihm zu gehorchen. Indem es sich im Denken und Handeln
ausschließlich egoistisch verhält, vollzieht es die Selbsterhaltung des Willens und gleichzeitig dessen Selbstzerflei-
schung, ist Symbol und Wirklichkeit der Sinnlosigkeit des
Ganzen in einem.
In der Ethik setzt sich Schopenhauer die Bekämpfung des Egoismus zum Ziel. Dabei kann er sich nicht mehr auf den mosai-
schen Dekalog stützen, da das einzige Sollen, das dem Menschen
gebietet, die durch den Willen vermittelte, natürliche Motivation ist. Der Widerstand gegen den Egoismus kann, wenn überhaupt, nur aus dem Willen selbst stammen. Die Moralphilosophie
ringt dem metaphysischen Willen ein Fundament ab, auf dem
das Mitleid und die Nächstenliebe wachsen können; Sand im
sinnlosen Getriebe der Welt. Nietzsche nennt deshalb Schopenhauers Moralphilosophie eine Gestalt "ausklingende(r) Christlichkeit". "Je mehr man sich von den Dogmen loslöste, um so
mehr suchte man gleichsam die Rechtfertigung dieser Auslösung
in einem Kultus der Menschenliebe: hierin hinter dem christlichen Ideale nicht zurückbleiben, sondern es womöglich zu über-
bieten, war ein geheimer Sporn ..." (1).

---

1   F. Nietzsche, Bd. 1, S. 1103

Schopenhauers Moralphilosophie tradiert christliche Weltanschauung

Schopenhauer, "der erste eigenständliche und unbeugsame Atheist" (1), wie Nietzsche ihn sonst nennt, ermöglicht mit seiner metaphysischen Begründung, daß Reste des Christenglaubens im Atheismus überwintern: "Die ganze mittelalterliche christliche Weltbetrachtung und Mensch-Empfindung (konnte) noch einmal in Schopenhauers Lehre trotz der längst errungenen Vernichtung aller christlichen Dogmen eine Auferstehung feiern" (2). Beispielhaft hierfür ist das Ideal der Schopenhauerschen Ethik, der Heilige, dessen Tagewerk in der Überwindung des Egoismus besteht und der sogar zur asketischen "Verneinung des Willens" überhaupt gelangt. "In dem abendlichen Glanz einer Weltuntergangs-Sonne, welche über die christlichen Völker hinleuchtete, wuchs die Gestalt des Heiligen ins Ungeheure: ja bis zu einer solchen Höhe, daß selbst in unserer Zeit, die nicht mehr an Gott glaubt, es noch Denker gibt, welche an Heilige glauben" (3). Die Übernahme metaphysischer Gedanken in den Bereich der Wissenschaften und der Kunst (4) beugt sich daher dem Herrschaftsanspruch kirchlicher Macht: "Wer jetzt in Wissenschaft und Kunst absolute Metaphysik oder selbst skeptische Metaphysik vertritt, geht über den Berg und fördert Rom" (5).

---

1   F. Nietzsche, Bd. 1, S. 227
2   ebenda, Bd. 1, S. 466-467
3   F. Nietzsche, Nachgel. Fragm., Bd. IV-3, S. 427
4   Nietzsches Ideologieverdacht richtet sich nicht nur gegen die Metaphysik Schopenhauers, sondern auch gegen die Kunst, die "Totenbeschwörerin" (F. Nietzsche, Bd. 1, S. 531), wie er sie nennt. Gemeint ist die Musik Wagners, die sich an die Schopenhauersche Metaphysik anlehnt und ebenfalls christliche Empfindungen am Leben hält. Nietzsche warnt vor ihrer religiösen Faszination: "Glaubt man sich noch so sehr der Religion entwöhnt zu haben, so ist es doch nicht in dem Grade geschehen, daß man nicht Freude hätte, religiösen Empfindungen und Stimmungen ohne begrifflichen Inhalt zu begegnen, zum Beispiel in der Musik" (F. Nietzsche, Bd. 1, S. 531).
5   F. Nietzsche, Nachgel. Fragm., Bd. IV-3, S. 427

Die metaphysische Begründung der Moral, die der Überwindung des Egoismus und der Ermöglichung unegoistischen Mitleids dienen soll, ist ein Stück verlängertes Christentum, das in den Schopenhauerschen Atheismus hineinragt. Sie hält den psychologischen Erkenntnissen der Moderne nicht stand, ja, sie fällt sogar hinter die von La Rochefoucauld erreichten Einsichten zurück, denen zufolge alle Handlungen, auch tugendhafte, Spuren des Egoismus aufweisen. Schopenhauers Moralphilosophie wird von Nietzsche auf dem Hintergrund der Rezeption La Rochefoucaulds als obskur und ignorant gewertet, als psychologischer Irrtum. Denn ist menschliches Handeln grundsätzlich egoistisch, dann erweist sich das Messen einer Handlung mit moralischem Maßstab, ihre Unterscheidung in "egoistische" und "unegoistische" Handlungen, als überholt. Ebenso ist hiermit die Behauptung, ein (unegoistisches) Sollen sei im Sein verankert, widerlegt. La Rochefoucauld bildet für Nietzsche ein Sprungbrett zur Radikalisierung des Pessimismus zum Nihilismus und zur moralfreien Betrachtung "Jenseits von Gut und Böse". Die Aufhebung der Moral bleibt Nietzsche überlassen. La Rochefoucauld zieht aus seiner Moralpsychologie keine Schlüsse gegen die Moral als solche (1). Der Kampf Nietzsches gegen

---

1   La Rochfoucaulds Bedeutung für Nietzsche ist lange Zeit unterschätzt worden. Ernst Bertram reduziert sie auf die Form. Auf die Technik des Aphorismus anspielend ist er der Ansi_nt, daß die französische Skepsis "wesentlich formbestimmend" die Philosophie Nietzsches beeinflußt habe (Ernst Bertram, Nietzsche - Versuch einer Mythologie. Berlin 1918, S. 218. - Zitiert von Beatrix Bludau, Frankreich im Werke Nietzsches, Geschichte und Kritik der Einflußthese. Bonn 1979, S. 67). Die Formthese hält sich bis zum Nationalsozialismus, wo Nietzsches "Romanismus" zwar gesehen wurde, aber - Frankreich war "unerbittlicher Todfeind des deutschen Volkes" (Adolf Hitler, Mein Kampf. München 1940, S. 694) - in seiner Relevanz heruntergespielt bzw. nur als "Mittel im Dienste eines großen fernen Zieles", "aus der pädagogischen Spannung Nietzsches zu seinem Vaterlande" (Alfred Bäumler, Nietzsche und der Nationalsozialismus. Berlin 1934, S. 256 u. S. 280) interpretiert wurde (zitiert von Beatrix Bludau, a.a.O., S. 72). Auch hier wird, wie Bludau feststellt, Nietzsches Beziehung zu Frankreich in den "Bereich der Oberfläche, des rein Formalen" verwiesen, und ihr "jedes Gewicht, jede Bedeutung für den 'wirklichen Nietzsche'" abgesprochen

die Moral soll der Irrationalität des Willens, die Schopenhauer als Wesen der Geschichte bezeichnet, nicht Tür und Tor
öffnen. Im Gegenteil: man soll nicht länger auf den Irrtum setzen und diesem vertrauen. Wenn Nietzsche die Schopenhauersche
Moralphilosophie ablehnt, welche die "unegoistische" Handlung
und das Mitleid als Korrektive des vom Willen beherrschten
Lebens ansieht, pocht er auf Vernunft und Erfahrung als die
Leitsterne der Praxis.

Die moralistische Zerstörung der Scheintugend bei
La Rochefoucauld

Im Jahre 1665 erscheinen in Paris zum ersten Mal La Rochefoucaulds "Reflexionen oder Sentenzen und moralische Maximen".
Neben Pascal, der in erster Linie religiöse Probleme des Menschen in seiner Zeit behandelt, und La Bruyère, dessen "Cha-
rakterbilder" gesellschaftskritische Ansätze enthalten, unter-
nimmt es La Rochefoucauld als dritter berühmter Vertreter der

Fortsetzung von der vorhergehenden Seite:
(Beatrix Bludau,. a.a.O., S. 73). Ungefähr zur gleichen
Zeit stellt jedoch schon Julius Wilhelm fest, daß die
französichen Moralisten Nietzsche zu einer vorurteilsfrei-
en "Methode der psychologischen Beobachtung geführt haben". Hauptsächlich jedoch hätten sie ihm die Erkenntnis
vermittelt, daß der Machtwille die eigentliche Triebfeder
menschlichen Handels sei (Julius Wilhelm, Friedrich Nietzsche und der französische Geist. Hamburg 1939, S. 13-15 -
Zitiert von Beatrix Bludau, a.a.O., S. 81). Erst in jünge-
rer Zeit wird, diesmal ohne die Brille politischen Vorur-
teils und über die Formthese hinausgehend, der sachliche
Einfluß La Rochefoucaulds auf Nietzsche gesehen, "a deter-
mining influence", wie es bei William D. Williams heißt
(William D. Williams, Nietzsche and the French. A study
of the influence of Nietzsche's French reading on his
thought and writing. Oxford 1952, S. 107). Vor allen
Dingen während der sogenannten positivistischen Periode
Nietzsches liefert La Rochefoucauld diesem die Munition
im Kampf gegen moralische Wertvorstellungen. "La Rochefoucauld ... in his role of psychological iconoclast ...
provided so much ammunition for Nietzsche in his inquiry
into the origins of morality, particulary in his so
called 'positivistic' period" (William D. Williams, a.a.O
S. 174).

französischen Moralistik, die Verhaltensweisen des Einzelnen psychologisch zu analysieren. Die "Maximen", wie man sein Werk auch nennt, weisen ihn als Kenner der menschlichen Psyche aus. Ihr Inhalt besteht nicht, wie der Ausdruck "Moralistik" nahelegen könnte, aus strenger Sittenpredigt, sondern La Rochefoucaulds Ziel ist die Zerstörung des Heiligenscheins, mit dem sich viele schmücken, indem sie scheinbar tugendhaft handeln. Die "Maximen" zeugen von nicht allzu großem Vertrauen in die Tugend" (1) bemerkt Kardinal Retz, ein Zeitgenosse La Rochefoucaulds in einem literarischen Porträt, das er von dem Psychologen anfertigt, und Nietzsche schließt sich diesem Urteil an: La Rochefoucauld will "leugnen, daß die sittlichen Motive, welche die Menschen angeben, wirklich sie zu ihren Handlungen getrieben haben" (2).

Um den "falschen Schein ... vieler Tugenden" (3) durchsichtig zu machen, legt La Rochefoucauld mit großem psychologischem Einfühlungsvermögen Gründe für "tugendhaftes" Handeln bloß, die wirklicher Tugend gegenüber indifferent sind oder dieser - und darin besteht La Rochefoucaulds hauptsächliche Ausage und seine ganze Schärfe - widersprechen. Was den ersten Fall angeht: oft sind "Glück" (4), "Klugheit" (5) oder "Ressentiment" (6) (ein wichtiges Thema Nietzsches!) Grund für eine

---

1   La Rochefoucauld, Reflexionen, Sentenzen und moralische Maximen. Ffm 1976, mit einem Nachwort von Helga Bergmann, S. 83
2   F. Nietzsche, Bd. 1, S. 1076
3   La Rochefoucauld, a.a.O., S. 57
4   La Rochefoucauld: "Das Glück lenkt alles zum Vorteil derer, die es begünstigen", S. 15, Sentenz Nr. 60
5   La Rochefoucauld: "Es gibt keinen Zufall, der so unglücklich wäre, daß nicht geschickte Leute irgendeinen Vorteil aus ihm zögen, noch einen, der so glücklich wäre, daß nicht Unglückliche ihn zu ihrem Schaden wenden könnten." S. 15, Sentenz Nr. 59
6   La Rochefoucauld: "Die Verachtung des Reichtums war bei den Philosophen ein versteckter Wunsch, sich für die Ungerechtigkeiten des Schicksals durch die Verachtung eben der Güter zu rächen, die es ihnen versagte. Es war ein Geheimmittel, sich vor den Demütigungen der Armut zu schützen. Es war ein Umweg, um zu dem Ansehen zu gelangen, das nicht durch Reichtum zu erwerben war." a.a.O., S. 14, Sentenz Nr. 54

"tugendhafte" Handlung bzw. für den Schein von Tugendhaftig-
keit, der die Handlung verschönert. La Rochfoucauld mißtraut
aufs höchste einer geradlinigen moralischen Begründung: "Was
wir für Tugenden halten, ist oft bloß eine bunte Reihe von
Handlungen und Interessen, welche das Schicksal oder eigenes
Geschick zu einem Ganzen verbunden hat: und nicht immer sind
die Männer aus Tapferkeit tapfer und die Frauen aus Keuschheit
keusch" (1). Den eigentlichen Antrieb für "tugendhafte" Handlungen bilden jedoch Egoismus und Eitelkeit: "Die Tugenden verlieren sich im Eigennutz wie die Ströme im Meer" (2).
Die "Maximen" bieten eine Fülle scharfsichtiger und verblüffen-
der Einsichten in die menschliche Natur dar, die ein moralisches Menschenbild als naiv erscheinen lassen und es zum Ein-
sturz bringen. "Die Tugend ginge nicht so weit, wenn ihr nicht
die Eitelkeit Gesellschaft leistete" (3). Nicht nur nach außen
hin - auch für die persönliche Einbildung ist die Eitelkeit
wirksam: "Wenn die Laster uns verlassen, leben wir in dem
Wahn, wir hätten sie verlassen" (4). Die "Maximen" sind darauf
angelegt, den Blick für die Umgebung zu schärfen: "Man findet
selten Undankbare, solange man imstande ist, Gutes zu tun" (5).
Die moralische Gutgläubigkeit, wie sie in dem ersten Satz
steckt, wird durch die überraschende Wendung des angefügten
Satzteils als unhaltbar zurückgewiesen. La Rochefoucauld bringt
den Zorn von Kanzelpredigern zum Verstummen, wenn er die Pfei-
ler umstürzt, auf die sich ihre Argumentation stützt. Häufig
liegt der Grund für den Mangel an moralisch positiv zu bewer-
tenden Handlungen nicht in der von ihnen verworfenen "Laster-
haftigkeit", sondern in persönlicher Schwäche: "Die Schwäche
ist der Tugend mehr entgegengesetzt als das Laster" (6). Eine
andere Sentenz, welche diesen Gedanken variiert, lautet:

---

1   La Rochefoucauld, a.a.O., S. 19, Sentenz Nr. 1
2   ebenda, S. 25, Sentenz Nr. 171
3   ebenda, S. 28, Sentenz Nr. 200
4   ebenda, S. 27, Sentenz Nr. 192
5   ebenda, S. 40, Sentenz Nr. 300
6   ebenda, S. 51, Sentenz Nr. 445

"Schwache Menschen können nicht aufrichtig sein" (1).
In der höfischen Sphäre, in welcher der Feudaladelige La Rochefoucauld bis zu seiner Teilnahme an den Aufständen der "Fronde"
verkehrte, stoßen die "Maximen" nicht nur auf Wohlgefallen.
Oft sind "Koketterie" (man beachte die Sentenzen Nr. 241,
334, 349, 376 und viele andere mehr) und Schmeichelei (144,
146, 149 usw.) Gegenstand seiner kritischen Untersuchung.
Seine Moralpsychologie zeugt von der Ablehnung von Lüge und
Verstellung in höfischen Kreisen. Hiermit mag es zusammenhän-
gen, daß die "Maximen" zunächst in Holland in einer unvollstän
digen und vom Verfasser nicht autorisierten Ausgabe erscheinen
bevor dieser sie, angeblich um der Korrektheit des Originals
willen, in authentischer Fassung in Paris edierte. La Rochefoucauld weiß dem Unmut, den er erregt, moralpsychologisch zu
begegnen: "Was uns oft daran hindert, die Sentenzen gut zu
finden, die Tugendbeutelei nachweisen, ist die Leichtfertigkeit, mit der wir unsere eigenen Tugenden für echt halten" (2)

La Rochefoucaulds Moralpsychologie ist Ausdruck seines Bemüh-
hens um Redlichkeit. Diesem Ideal fühlt er sich auch im Hinblick auf seine eigene Person verpflichtet. Er charakterisiert
seine Haltung in einem literarischen Selbstporträt folgendermaßen: "Ich trage ... so großes Verlangen danach, ganz und gar
honnête homme zu sein, daß mir meine Freunde keinen größeren
Gefallen tun können, als mich aufrichtig auf meine Fehler hin-
zuweisen" (3). Nietzsche, für den, unter dem Eindruck "religiöser Nachwehen" (4) in der Philosophie Schopenhauers, Redlichkeit die philosophische Tugend schlechthin ist, bewundert sie
an La Rochefoucauld: "Höhepunkte der Redlichkeit" stellen
für ihn "Macchiavell, der Jesuitismus, Montaigne (und) La
Rochefoucauld dar, während er im selben Atemzug die "Deutschen
als Rückfall in die moralische Verlogenheit" (5) anprangert.

---

1   La Rochefoucauld, a.a.O., S. 41, Sentenz Nr. 316
2   ebenda, S. 61, Sentenz Nr. 517
3   ebenda, S. 81
4   F. Nietzsche, Bd. 1, S. 530
5   F. Nietzsche, Nachgel. Fragm., Bd. VII, S. 24

Zur Form des Aphorismus bei La Rochefoucauld und Nietzsche

Zu weiteren Berührungspunkten von Nietzsche und La Rochefoucauld zählt auch die Form, in der beide ihre Moralkritik
abfassen. Es ist der Aphorismus, der als literarisches Genre
im kulturellen Leben Frankreichs zur Blüte kommt. Der Adel,
der sich nach der Niederlage der "Fronde", die der Verteidigung seiner letzten Freiheiten gegenüber dem fortschreitenden
Absolutismus gegolten hat, aus der Politik zurückzieht, entfaltet seine Aktivitäten auf kultureller Basis in den Salons
von Paris und übt sich dort im Zuspitzen und Feilen schlanker
und scharfer Wort-Pfeile. Von La Rochefoucauld weiß man, daß
er sich von 1656 an fast zehn Jahre lang häufig im Salon der
Madame de Sable aufgehalten hat, der für diese Form von Kultur-
kritik bekannt ist (1). Die psychologische Beobachtung, auf
welcher der Aphorismus beruht, erklärt das scheinbar Wider-
sprüchliche seiner Aussage, das die Funktion hat, den Leser
zum Nachdenken zu zwingen. Beispielhaft hierfür ist La Rochefoucaulds Sentenz über die Demut: "Demut ist oft nichts als
eine geheuchelte Unterwürfigkeit, deren man sich bedient, um
sich andere zu unterwerfen. Es ist ein Kunstgriff des Stolzes,
der sich erniedrigt, um sich zu erheben" (2). Nietzsche, der
die Treffsicherheit und das Spiel mit Widersprüchen bei La
Rochefoucauld vorfindet, verleiht der obigen psychologischen
Erkenntnis prägnante Kürze: "Lukas 18, 14 verbessert. Wer
sich selbst erniedrigt, will erhöht werden" (3). Das Frappie-
rende, das manche Aphorismen an sich haben, hängt mit dem Umstand zusammen, daß die moralische Betrachtungsweise (wer sich
erniedrigt, _wird_ erhöht werden) so nah und doch so fern an der
Wirklichkeit vorbeigeht und daß es nur eines Wörtchens bedarf,
um die Dinge ins Lot zu bringen. Der Aphorismus ist der Form
nach eine überraschende Attacke, die Breschen in die Reihen
festgefügter moralischer und idealistischer Vorurteile schla-
gen soll.

---

1   La Rochefoucauld, a.a.O., S. 88
2   ebenda, S. 35, Sentenz Nr. 254
3   F. Nietzsche, Bd. 1, S. 500

Der Eigennutz - die Haupttriebfeder des Handelns
bei La Rochefoucauld

Wie schon erwähnt, diagnostiziert La Rochefoucauld als Ursache
"tugendhafter" Handlungen meist den "Eigennutz". Er "setzt alle Tugenden und Laster in Bewegung" (1). Auch die angeblich
selbstlose mitleidvolle Handlung, die in Schopenhauers Moralphilosophie eine zentrale Bedeutung hat, ist hiervon nicht
ausgenommen. Sie ist in mancherlei Hinsicht nur Mittel zu
einem egoistischen Zweck: "Mitleid ist oft das Erkennen unserer Eigenliebe in dem Leiden der anderen. Es ist eine kluge
Voraussicht der Unglücksfälle, die uns begegnen können. Wir
gewähren anderen Hilfe, um sie zu verpflichten, sie uns bei
ähnlichen Fällen auch zu gewähren; und der Dienst, den wir
ihnen erweisen, ist eigentlich eine Wohltat, die wir uns selbst
im voraus erweisen" (2). La Rochfoucauld scheint wirklich un-
eigennütziges Handeln für möglich zu halten, zumindest schließt
er es nicht aus (3). Meistens jedoch erlebt er, daß man Handlungen nur für tugendhaft ausgibt, und daß dies auch wiederum
aus Eigennutz geschieht: "Der Name Tugend leistet dem Eigennutz ebenso gut Dienste wie die Laster" (4). Die von La Rochefoucauld genannten Motive des Eigennutzes und der Eitelkeit
verringern grundsätzlich den moralischen Wert der Handlungen:
"Wenn die Eitelkeit auch nicht alle Tugenden umwirft, so erschüttert sie doch alle" (5). Die psychologischen Untersuchungen La Rochfoucaulds stellen die Möglichkeit reinen, d.h.
restlos uneigennützigen Handelns in Frage, auf welcher die
Schopenhauerische Ethik basiert.

---

1   La Rochefoucauld, a.a.O., S. 34, Sentenz Nr. 253
2   ebenda, S. 36, Sentenz Nr. 264
3   ebenda: "Die wahre Tapferkeit besteht darin, daß man
     ohne Zeugen tut, was man vor aller Welt zu tun imstande
     ist". S. 30, Sentenz Nr. 216
4   ebenda, S. 27, Sentenz Nr. 187, sowie Nr. 606, 607 etc.
5   ebenda, S. 47, Sentenz Nr. 388

Egoistisches und unegoistisches Handeln bei Schopenhauer

Es empfiehlt sich, vor der Darstellung der Schopenhauerschen
Moralphilosophie, die wesentliche Widersprüche zu La Rochefoucaulds psychologischen Einsichten aufweist, Schopenhauers Metaphysik in Erinnerung zu rufen. Da nämlich La Rochefoucaulds
Erkenntnisse interessanterweise in diese eingeschlossen sind
und von ihr bestätigt werden, gerät Schopenhauer in dem Augenblick, in dem er moralphilosophischen Boden betritt, in große
Begründungsschwierigkeiten. Schopenhauer geht davon aus, daß
der "Egoismus" ... "jedem Ding in der Welt wesentlich ist" (1)
Dieser   La Rochefoucauld   noch radikalisierende Ansatz ist
willensmetaphysisch begründet. Die ganze Welt als Vorstellung,
vor allen Dingen jedoch der Mensch als höchste Objektivation
des Willens, ist personifizierter Egoismus: "In dem auf den
höchsten Grad gesteigerten Bewußtsein, dem menschlichen, muß,
wie die Erkenntnis, der Schmerz, die Freude, so auch der Egoismus den höchsten Grad erreicht haben und der durch ihn bedingte Widerstreit der Individuen auf das entsetzlichste hervortreten. Dies sehn wir denn auch überall vor Augen, im Kleinen
wie im Großen, sehn es bald von der lächerlichen Seite, wo es
das Thema des Lustspiels ist und ganz besonders im Eigendünkel
und Eitelkeit hervortritt, welche, so wie kein anderer, Rochefoucauld aufgefaßt und in abstrakto dargestellt hat: wir sehn
es in der Weltgeschichte und in der eigenen Erfahrung" (2).
Während die metaphysische Basis bei La Rochefoucauld ausge-
spart bleibt, bestimmt Schopenhauer, der den Egoismus mit
dem Willen zusammenkoppelt, ersteren als wesentlich konstitutiv für die Objektivation des triebenergetischen Vorgangs,
der menschlichem Tun zugrunde liegt. So "entspringen in der
Regel, alle ... Handlungen aus dem Egoismus, und aus diesem
zunächst ist allemal die Erklärung einer gegebenen Handlung zu
versuchen" (3), was La Rochefoucauld getan hat. Die meisten

---

1   Schopenhauer, Bd. II, S. 415
2   ebenda, S. 415
3   ebenda, Bd. 6, S. 236

Handlungen sollen deshalb dem eigenen unmittelbaren Nutzen
dienen, oder man erwartet "einen entfernten Erfolg, sei es in
dieser oder einer anderen Welt ..." (1). In seinen moralpsychologischen Ansichten gleicht Schopenhauer insofern La Rochefoucauld, als er die moralische Reinheit einer Handlung, die
egoistische Ursachen hat, getrübt sieht. Sie verhält sich
zu einer wirklich tugendhaften wie "Gold zu Kupfer" (2).

Trotz dieser willensmetaphysischen und moralpsychologischen
Annahmen und Einsichten, die ihn zum Teil mit La Rochefoucauld
verbinden, hält Schopenhauer in seiner Moralphilosophie am un-
egoistischen Grund einer Haltung als einzigem Kriterium ihres
moralischen Werts fest: "Die Abwesenheit aller egoistischen
Motive ist also das Kriterium einer Handlung von moralischem
Werth" (3). Laut Schopenhauer appelliert der Kategorische
Imperativ Kants insgeheim an den egoistischen Wunsch nach
"Glückseligkeit" (4). Zudem ist er Mittel eigennützigen, be-
rechnenden Verhaltens. Schopenhauer belegt dies mit einem
Hinweis auf die "Metaphysik der Sitten". Er zitiert: "Ein
Wille, der beschlösse, Niemandem in der Not beizustehn, würde
sich widerstreiten, indem sich Fälle ereignen könnten, wo
er anderer Liebe und Theilnahme bedarf" (5). Die moralpsycholo-
gische Kritik an der überindividuellen, transzendentalen Argumentation disqualifiziert die Prämissen der kantischen Ethik
als untauglich. Stattdessen hält Schopenhauer in der christlichen mitleidvollen Nächstenliebe die moralische Forderung uneigennützigen Handelns für erfüllt. In ihr bildet nicht das
"eigene Wohl und Wehe des Handelnden die eigentliche Triebfeder", sondern die Handlung geschieht "ganz allein des Andern
wegen" (6). Ihr Zweck ist kein anderer, "als ganz allein der
rein objektive, daß ich dem Andern geholfen, ihn aus seiner
Noth und Bedrängniß gerissen, ihn von seinem Leiden befreiet

---

1   Schopenhauer, Bd. 6, S. 246
2   ebenda, S. 256
3   ebenda, S. 244
4   ebenda, Bd. 2, S. 639
5   ebenda, S. 640
6   ebenda

wissen, will: und nichts darüber und nichts daneben! Nur dann,
und ganz allein dann, habe ich wirklich jene Menschenliebe,
caritas, ἀγάπη, bewiesen, welche gepredigt zu haben, das große
auszeichnende Verdienst des Christentums ist" (1). Wenn Nietzsche die christliche Moral mit der Schopenhauerischen gleich-
setzt, folgt er hierin der Ansicht seines Lehrers.

Schopenhauer zufolge ist die "mitleidvolle Handlung" nicht nur
moralisches Postulat, Inhalt eines "Sollens", sondern sie
ist ansatzweise im Sein verankert und läßt sich dort nachweisen. Diesen Grundgedanken seiner Ethik entwickelt Schopenhauer
in einer Kontroverse mit Kant. Da das Individuum personifizierter Egoismus ist, erscheint der Kantische Pflichtbegriff,
der die "Notwendigkeit einer Handlung aus Achtung fürs Gesetz"
(2) impliziert, um "den Einfluß der Neigung, und mit ihr jeden
Gegenstand des Willens ab(zu)sondern" (3), als rationalistische und abstrakte Konstruktion. Der Willensmetaphysiker be-
mängelt Kants "pedantische Satzung, daß eine That, um wahrhaft
gut und verdienstlich zu seyn, einzig und allein aus Achtung
vor dem erkannten Gesetz und dem Begriff der Pflicht, und
nach einer der Vernunft in abstracto bewußten Maxime vollbracht werden muß, nicht aber irgend aus Neigung, nicht aus
gefühltem Wohlwollen gegen Andere, nicht aus weichherziger
Theilnahme, Mitleid oder Herzensaufwallung ..." (4). Der Kategorische Imperativ bleibt wirkungslos, da der Mensch "zu reiner, überlegter Achtung vor dem Gesetz" (5) nicht zu bringen
ist. An diese zu appellieren ist ein vergebliches Unterfangen,
da man den vorherrschenden Egoismus nicht berücksichtigt und
deshalb an der menschlichen Natur vorbeigeht. "Ebenso wenig
als alle Professoren der Aesthetik, mit vereinten Kraeften,

---

1   Schopenhauer, Bd. 6, S. 268
2   Immanuel Kant, Kritik der praktischen Vernunft. Frankfurt
    1974, S. 26
3   ebenda, S. 27
4   Schopenhauer, Bd. 2, S. 641
5   ebenda, S. 642

irgend Einem die Fähigkeit genialer Produktion, d.h. ächter Kunstwerke beibringen können, eben so wenig alle Professoren der Tugend einen unedlen Charakter zu einem tugendhaften, edeln umzuschaffen vermögen, wovon die Unmöglichkeit sehr viel offenbarer ist, als die der Umwandlung des Bleies in Gold" (1). Um die Unwirksamkeit der Kantischen Ethik zu vermeiden, sucht Schopenhauer einen Weg, auf dem sich die geforderten moralischen Handlungen mit dem Gefühl des Mitleids verbinden lassen, ohne daß letzteres den moralischen Wert einer Handlung beeinträchtigt. Hierzu dient die metaphysische Begründung: "Eine Moral ohne Begründung, also bloßes Moralisieren, kann nicht wirken; weil sie nicht motivirt. Eine Moral aber, die motivirt, kann dies nur durch Einwirkung auf die Eigenliebe. Was nun aber aus dieser entspringt, hat keinen moralischen Werth. Hieraus folgt, daß durch Moral, und abstrakte Erkenntniß überhaupt, keine ächte Tugend bewirkt werden kann; sondern diese aus der intuitiven Erkenntniß entspringen muß, welche im fremden Individuo dasselbe Wesen erkennt wie im eigenen" (2). Wenn man sich intuitiv auf den hypostasierten Gesamtzusammenhang alles Seins, den Willen, einläßt, was dadurch möglich sein soll, daß man die egozentrische Perspektive des principium individuationis überwindet, in der stehend man alles kausal auf sich bezieht, soll man, ohne dabei "egoistisch" zu empfinden, im Leid des Andern sein eigenes Leid spüren und von Mitleid im metaphysisch-existentiellen Sinn erfüllt werden, dem tätige Nächstenliebe auf dem Fuß folgt: "Sich, sein Selbst, seinen Willen erkennt er in jedem Wesen, folglich auch in jedem Leidenden. Die Verkehrtheit ist von ihm gewichen, mit welcher der Wille zum Leben, sich selbst verkennend, hier in einem Individuo flüchtige, gauklerische Wollüste genießt, und dafür in einem andern leidet und darbt, und so Quaal verhängt und Quaal duldet, nicht erkennend, daß er, wie Thyestes, sein eigenes Fleisch gierig verzehrt und dann hier jammert über unverschuldetes Leid und dort fre-

1   Schopenhauer, Bd. 2, S. 642
2   ebenda, S. 462-463

velt ohne Scheu vor der Nemesis, immer und immer nur weil
er sich selbst verkennt in der fremden Erscheinung, und daher
die ewige Gerechtigkeit nicht wahrnimmt, befangen im principio
individuationis, also überhaupt in jener Erkenntnißart, welche
den Satz vom Grunde beherrscht. Von diesem Wahn und Blendwerk
der Maja geheilt seyn, und Werke der Liebe üben ist Eins. Letzteres ist aber unausbleibliches Symptom jener Erkenntnis" (1).

Mit dieser metaphysischen Begründung ist der Ethik ein "na-
türliches Fundament" (2) gelegt. Die Erkenntnis, daß der "Quä-
ler und der Gequälte ... Eines" (3) sind, die "metaphysische
Basis der Ethik" (4) soll eher als der Kategorische Imperativ
dazu taugen, jemanden zu Handlungen im moralischen Sinn zu
veranlassen. Dennoch ist Schopenhauer Realist genug, davor zu
warnen, zuviel Hoffnung auf die Fundierung der Moral zu setzen
weil: "Die Betrachtung der Welt genugsam beweist, daß die
Triebfeder zum Guten keine sehr mächtige seyn kann" (5). Schopenhauers Pessimismus gerät durch die Ethik in keine ernsthaf-
te Krise.

Die Verankerung des moralischen Sollens im Sein

Die "unegoistischen" Handlungen des Mitleids und der Nächstenliebe gründen in der metaphysischen Natur allen Seins, der Einheit des Willens. Anders als Kant, demzufolge es durch "Beispiele der Erfahrung (nicht) belegt werden" kann, "daß die
bloße Idee einer Gesetzmäßigkeit überhaupt" (6) die Menschen
zu Handlungen von moralischem Wert bewegt, behauptet Schopenhauer ausdrücklich ihr Vorkommen. Im Mitleid vollzieht sich

---

1   Schopenhauer, Bd. 2, S. 462-463
2   ebenda, Bd. 6, S. 233
3   ebenda, Bd. 2, S. 441
4   ebenda, Bd. 6, S. 310
5   ebenda, S. 233
6   Immanuel Kant, Schriften zur Ethik und Religionsphiloso-
    phie - 2, Frankfurt am Main 1968, Bd. 8 der Theorie-
    Werkausgabe, S. 715

das "empirische Hervortreten der metaphysischen Identität des Willens" (1). Hervorragende Einzelne, Heilige und Freiheits-kämpfer (2) haben zu allen Zeiten die Möglichkeit "unegoisti-schen" Handelns demonstriert. Schopenhauers Werk ist voll von Beispielen, welche die Verneinung des Willens durch das Einfühlen in seine Einheit bezeugen sollen. Das "Kriterium der reinen Moralität" ist erfüllbar. In der Moralphilosophie Scho-penhauers sind Sein (metaphysisches und empirisches) und Sol-len potentiell deckungsgleich. Auch die moralischen Handlungen sogenannter Ungläubiger beweisen, daß das "Leben" "eine ethisch-metaphysische Tendenz" (3) hat, die nicht an den Grenzen des Christentums endet. Nietzsche spricht deshalb auch von der "tröstlichen Metaphysik" (4).

Nietzsches erkenntnistheoretische Kritik an Schopenhauers Willensmetaphysik

Die Verankerung der Möglichkeit "unegoistischen" Handelns in der Willensstruktur des Menschen läßt sich psychologisch nicht nachvollziehen. Der Psychologie bleibt das "Mysterium der Ethik" (5) (Schopenhauer) versperrt. Hier sind, Schopenhauer zitiert Matthias Claudius, "alle Gesetze der Psychologie eitel und leer" (6). Bewußt schottet er die metaphysische Begründung

---

1   Schopenhauer, Bd. 4, S. 705
2   "Mancher hilft und giebt, leistet und entsagt, ohne in seinem Herzen eine weitere Absicht zu haben, als daß dem Andern, dessen Noth er sieht, geholfen werde. Und daß Arnold von winkelried, als er ausrief: "Trüwen, lïeben Eidgenossen, wullt's minem Wip und Kind gedenken", und dann so viele feindliche Speere umarmte, als es fassen konnte - dabei eine eigennützige Absicht gehabt habe; das denke sich, wer es kann: ich vermag es nicht". Schopen-hauer, Bd. 2, S. 243. Siehe auch Bd. 2, S. 343 ff
3   Schopenhauer, Bd. 6, S. 303
4   F. Nietzsche, Bd. 1, S. 601
5   Schopenhauer, Bd. 6, S. 248
6   ebenda, Bd. 2, S. 487

gegen einen psychologischen Einspruch ab. Die Psychologie,-
die, wie alle Wissenschaften bei Schopenhauer, auf dem "Satz
vom Grunde" aufbaut und deshalb nur im Hinblick auf die "Welt
als Vorstellung" Erkenntniswert besitzt, da hier das Gesetz
der Kausalität herrscht, kann nur egoistischer Handlungen gewahr werden. In puncto Moralphilosophie treten Psychologie
und Metaphysik in einen eklatanten Widerspruch. Nietzsche
läßt die metaphysische Begründung "unegoistischen" Handelns
nicht gelten. Er stellt sie aber nicht unmittelbar durch psychologische Gegenbeweise in Frage. Dies wäre von Schopenhauer
aus gesehen unmöglich, da hier die Psychologie für moralphilosophische Probleme unzuständig ist. Nietzsche weicht dem möglichen Vorwurf illegaler Grenzüberschreitung aus, indem er
Schopenhauer als Transzendentalphilosoph, d.h. auf dessen Ebene gegenübertritt. Dabei bestreitet er nicht, daß jener mög-
licherweise Recht hat: "Es ist wahr, es könnte eine metaphysische Welt geben; die absolute Möglichkeit davon ist kaum zu
bekämpfen" (1). Jedoch lassen sich Annahmen im Hinblick auf
diese Welt weder bejahen noch verneinen, weil man über die metaphysische Welt keine Aussagen treffen kann. Die Beschaffenheit des Dings an sich, des Willens, bleibt uns verborgen.
"Wir sehen alle Dinge durch den Menschenkopf an und können diesen Kopf nicht abschneiden" (2). Das Ding an sich, über welches sich die Schopenhauerische Ethik Aussagen anmaßt, kann
man höchstens als ein "uns unzugängliches, unbegreifliches An-
derssein", als "Ding mit negativen Eigenschaften" (3) betrachten. Nietzsche stützt also seine Kritik auf den transzenden-
talphilosophisch begründeten Ausschluß der Erkennbarkeit des
Dings an sich. Den von Schopenhauer zugelassenen Weg der intuitiven Willenserkenntnis lehnt er ab, weil hiermit den Resultaten der Phantasie ein größeres Gewicht bezüglich der Erkenntnis der natürlichen Realität beigemessen wird als der konkreten Beobachtung: "Dichter und phantastische Weise träumen, daß

1   F. Nietzsche, Bd. 1, S. 452
2   ebenda
3   ebenda

die Natur (Thiere und Pflanzen) ohne Wissenschaft und Methode
einfach aus Liebe und Intuition verstanden werde. Ganz so
stehen noch die Metaphysiker zum Menschen" (1). Nietzsches
Kampf gegen die metaphysische Begründung unegoistischen Handelns fällt mit dem Plädoyer für eine konkrete Wissenschaft
zusammen. Er gleicht hierin F.A. Lange, der der Erkenntnis des
Dings an sich jeglichen Wert abspricht und die Theorie ausschließlich auf den Bereich der erscheinenden Wirklichkeit gerichtet sehen möchte (2).

Schopenhauers moralischer Obskurantismus

Schopenhauer betritt in der Moralphilosophie mit der metaphysischen Begründung unegoistischen Handelns ein geheimnisvolles
Land. Er bemerkt dies wohl selbst, denn er bezeichnet "jede
ganz lautere Wohltat, jede völlig und wahrhaft uneigennützige
Hülfe, welche ... ausschließlich die Noth des Andern zum Motiv
hat ... (als) eine mysteriöse Handlung" (3). Er kann den Leser
nur mit der Belehrung trösten, daß "in allen Jahrhunderten ...
die arme Wahrheit (hat) darüber erröthen müssen, daß sie para-
dox war" (4). Die Bhagawadgita, das religiöse und moralische
Lehrbuch der Inder, enthält in dem Prinzip des "tattwam asi",
d.h. "dies bist du" (5), des mystischen Aufgehens des Einzelnen im Ganzen, die tiefgründige Weisheit, die zum Verständnis
des metaphysischen Geheimnisses erforderlich ist. Sie geht jedoch den "an ganz anderartige Begründungen der Ethik gewöhnten
occidentalisch Geildeten" (6) ab. Nietzsche hat wohl diese Ge-
heimnistuerei im Auge, wenn er den Metaphysikern à la Schopenhauer vorwirft, sie machten aus dem Unerklärlichen ihrer Sache
geradezu einen Baustein der Erklärung: "das Unerklärte soll
durchaus unerklärlich, das Unerklärliche durchaus unnatürlich,

---

1 F. Nietzsche, Nachgel. Fragm., Bd. IV-3, S. 422
2 siehe hierzu die Seiten   ff dieser Arbeit
3 Schopenhauer, Bd. 6, S. 313
4 ebenda, S. 314
5 ebenda, S. 311
6 ebenda, S. 314

übernatürlich, wunderhaft sein - so lautet die Forderung in den Seelen aller Religiösen und Metaphysiker" (1). Und in der "Morgenröte" heißt es hierzu: "Wenn ich von einer solchen Theorie der Mitempfindung aus ... an die jetzt gerade beliebte und heiliggesprochene Theorie eines mystischen Prozesses denke vermöge dessen das Mitleid aus zwei Wesen eins macht und dergestalt dem einen das unmittelbare Verstehen des andern ermöglicht: wenn ich mich erinnere, daß ein so heller Kopf wie der Schopenhauers an solchem schwärmerischen und nichtswürdigen Krimskrams seine Freude hatte und diese Freude wieder auf helle und halbhelle Köpfe übergepflanzt hat: so weiß ich der Verwunderung und des Erbarmens kein Ende! Wie groß muß unsere Lust am unbegreiflichen Unsinn sein! Wie nahe dem Verrückten steht immer noch der ganze Mensch, wenn er auf seine geheimen intellektuellen Wünsche hinhört!" (2). In Fragen der Moral duldet Nietzsche keinen Obskurantismus. Er schlägt stattdessen vor, moralische Handlungen und Phänomene wie die der Heiligkeit und Askese, der Musterbeispiele Schopenhauerischer Willensverneinung, konkret zu untersuchen, statt sich mit wunderbaren "Erklärungen" zufriedenzugeben: "Die Wissenschaft, insofern sie ... eine Nachahmung der Natur ist, erlaubt sich wenigstens gegen die behauptete Unerklärbarkeit, ja Unnahbarkeit derselben Einsprache zu erheben" (3). Sie drückt sich nicht vor einer konkreten Analyse jener Phänomene, sondern bemüht sich, ihr komplexes Gefüge zu verstehen: "Die allgemeine erste Wahrscheinlichkeit, auf welche man bei Betrachtung von Heiligkeit und Askese zuerst gerät, ist diese, daß ihre Natur eine komplizierte ist: denn fast überall, innerhalb der physischen Welt sowohl wie in der moralischen Welt, hat man mit Glück das angeblich Wunderbare auf das Komplizierte, mehrfach Bedingte zurückzuführen(4). Hatte sich nicht auch La Rochefoucauld in der ersten Sentenz der "Maximen" gegen die Geradlinigkeit ei-

---

1   F. Nietzsche, Bd. 1, S. 536
2   ebenda, S. 1113. - Nietzsche zählt zu "Schopenhauers Wirkungen" "Heiligengeschichten" und "Wundergläubige" "wie Frau Wagner". Nachgel. Fragm., Bd. IV-3, S. 381
3   F. Nietzsche, Bd. 1, S. 536
4   ebenda

ner moralischen Ableitung ausgesprochen und eine Untersuchung der komplexen Natur moralischer Handlungen gefordert? Jedenfalls begeht er nicht den Fehler Schopenhauers, schwierige Zusammenhänge in ein mysteriöses Dunkel zu tauchen. Seine "Maximen" führen nicht ins "Dunkle, Übertriebene und gelegentlich wieder Klapperdürre" (1) - was alles Nietzsche an Schopenhauer moniert -, sondern zeichnen sich durch "Helligkeit und zierliche Bestimmtheit aus" (2). La Rochefoucauld und die andern Moralisten - Nietzsche nennt an dieser Stelle noch Montaigne, La Bruyère und Fontenelle - sind Autoren, "welche weder für Kinder noch für Schwärmer geschrieben haben, weder für Jungfrauen nocht für Christen", und auch nicht für "Deutsche" (3). Ihrer Mentalität entspricht eine Abneigung gegenüber Mystifikationen und eine Vorliebe für die scharfe Beobachtung der menschlichen Natur: "La Rochefoucauld und jene anderen französischen Meister der Seelenprüfung ... gleichen scharf zielenden Schützen, welche immer und immer wieder ins Schwarze treffen, aber ins Schwarze der menschlichen Natur" (4).

Wissenschaftliche Untersuchung psychischer Phänomene

Nietzsche schließt die Psychologie nicht von der Erklärung moralischer Handlungen und Phänomene aus, sondern zerschneidet mit psychologischen "Seziermessern" (5) den zentralen Nerv der Schopenhauerschen Ethik. Er erinnert dabei ausdrücklich an die Einsichten La Rochefoucaulds: "Ein Wesen, welches einzig rein unegoistischer Handlungen fähig wäre, (ist) noch fabelhafter als der Vogel Phönix; es ist deutlich nicht einmal vorzustellen, schon deshalb, weil der ganze Begriff 'unegoistische Handlung' bei strenger Untersuchung in die Luft verstiebt. Nie hat ein Mensch etwas getan, das allein für andere und

---

1   F. Nietzsche, Bd. 1, S. 961
2   ebenda
3   ebenda
4   ebenda, S. 476-477
5   ebenda, S. 477

ohne jeden persönlichen Beweggrund getan wäre; ja wie sollte
er etwas tun können, das ohne Bezug zu ihm wäre, also ohne
innere Nötigung (welche ihren Grund doch in einem persönlichen
Bedürfnis haben müßte)? Wie vermöchte das ego ohne das ego zu
handeln? - Ein Gott, der dagegen ganz Liebe ist, wie gelegentlich angenommen wird, wäre keiner einzigen unegoistischen
Handlung fähig: wobei man sich an einen Gedanken Lichtenbergs,
der freilich einer etwas niedrigeren Sphäre entnommen ist, erinnern sollte: 'Wir können unmöglich für andere fühlen, wie
man zu sagen pflegt; wir fühlen nur für uns. Der Satz klingt
hart, er ist es aber nicht, wenn er nur recht verstanden wird.
Man liebt weder Vater noch Mutter, noch Frau, noch Kind, sondern die angenehmen Empfindungen, die sie uns machen', oder
wie La Rochefoucauld sagt: 'si on croit aimer sa maitresse
pour l'amour d'elle, on est bien trompé'" (1). Die psychologische Untersuchung deckt auch im Fall der sogenannten unegoistischen Handlungen egoitische Motive auf, die Schopenhauer auf
metaphysischem Weg zu beseitigen sucht. Nietzsche läßt, in
Form und Inhalt La Rochefoucauld verwandt, das moralische Menschenbild an der Wirklichkeit zerschellen: "Wenn alle Almosen
nur aus Mitleid gegeben würden, so wären die Bettler allesamt
verhungert" (2). Wenn er menschlich-allzumenschliche Gründe
für moralische Handlungen ermittelt, variiert er das Thema La
Rochefoucaulds: "Wenn der Mensch eben sehr geehrt worden ist
und ein wenig gegessen hat, ist er am mildtätigsten" (3). Das
Mitleid, Zentrum der Schopenhauerschen Ethik, speist sich aus
den Quellen geheimer Lust, welche für Schopenhauer "ein stetes
Hindernis der Verneinung des Willens und eine stete Verführung
zu erneuerter Bejahung desselben" (4) darstellt, also den ego-

---

1   F. Nietzsche, Bd. 1, S. 533
     "Glaubt man sein Mädchen aus Liebe zu lieben, so irrt man
     sehr" (La Rochefoucauld, a.a.O., s. 45, Sentenz Nr. 374).
     Eine andere Sentenz zum gleichen Thema: "So schön die
     Liebe auch ist, sie gefällt doch mehr durch ihre angeneh-
     me Art als durch sich selbst" (a.a.O., S. 56, Sentenz Nr.
     501).
2   F. Nietzsche, Bd. 1, S. 971
3   ebenda, S. 974
4   Schopenhauer, Bd. 2, S. 485

istischen Charakter einer Handlung ausmacht (1). "Das Mitleid"
so Nietzsche, "birgt mindestens zwei (vielleicht viel mehr)
Elemente einer persönlichen Lust in sich und ist dergestalt
Selbstgenuß: einmal als Lust der Emotion, welcher Art das
Mitleid in der Tragödie ist, und dann, wenn es zur Tat treibt,
als Lust der Befriedigung in der Ausübung von Macht. Steht uns
überdies eine leidende Person sehr nahe, so nehmen wir durch
Ausübung mitleidvoller Handlungen uns selbst ein Leid ab" (2).
Hier und an anderer Stelle, wo es über den, der Mitleid erregt
heißt: "Seine Einbildung erhebt sich, er ist immer noch wich-
tig genug, um der Welt Schmerzen zu bereiten" (3), widerspricht
Nietzsche mit der schon anklingenden Theorie des "Willens zur
Macht", dem zentralen Gedanken der metaphysisch begründeten
Moral Schopenhauers. Die Fürsprecher des Mitleids sind in
den Augen der Moralisten und Nietzsches "Ignoranz" und "Lei-
denschaft" (4). Deswegen verbinden beide die psychologische
Hinterfragung desselben mit seiner praktischen Ablehnung (5).

---

1   Schopenhauer ist Psychologe genug, um zu sehen, daß Wil-
    lenverneinenden "ihr Leiden und Sterben ... zuletzt lieb
    wird" (Schopenhauer, a.a.O., Bd. 2, S. 487). Da sich die-
    se Neigung aber auf die "Brechung des Willens" (a.a.O.,
    S. 484) bezieht, soll sie der Integrität der moralischen
    Handlung keinen Abbruch tun.
2   F. Nietzsche, Bd. 1, S. 510
3   ebenda, S. 486
4   ebenda
5   La Rochefoucauld schreibt in seinem Selbstporträt: "Für
    Mitleid bin ich wenig empfänglich und möchte es auch
    nicht sein." "Es reicht, wenn man sein Mitgefühl bekundet,
    man muß sich sorgsam hüten, wirklich etwas zu empfinden,
    denn das ist eine Leidenschaft, die in einer starken
    Seele fehl am Platze ist und zur Verweichlichung führt;
    man überlasse sie dem Volke, das in seinem Tun und Lassen
    nicht der Vernunft folgt und Leidenschaften braucht, die
    es zum Handeln bewegen" (La Rochefoucauld, a.a.O., S. 82).
    Nietzsches Kommentar hierzu: "La Rochefoucauld trifft in
    der bemerkenswertesten Stelle seines Selbstporträts ...
    gewiß das Rechte, wenn er all die, welche Vernunft haben,
    vor dem Mitleiden warnt, wenn er rät, dasselbe den Leuten
    aus dem Volke zu überlassen, die der Leidenschaften be-
    dürfen (weil sie nicht durch Vernunft bestimmt werden),
    um soweit gebracht zu werden, dem Leidenden zu helfen und
    bei einem Unglück kräftig einzugreifen; während das Mit-
    leid nach seinem (und Platos) Urteil die Seele entkräf-
    te" (F. Nietzsche, Bd. 1, S. 485). Siehe auch die Seiten
    192 ff. der vorliegenden Arbeit.

Moral als Folge sprachlicher und psychologischer Irrtümer

Der Möglichkeit unegoistischen Handelns, die Schopenhauer metaphysisch zu begründen sucht, wird von Nietzsche widerspro-
chen. In Anlehnung an La Rochefoucaulds Moralpsychologie weist
er nach, daß solches Handeln unerreichbar ist. Schopenhauers
Ethik stellt sich als "Irrtum" heraus, da sie auf falscher
bzw. mangelhafter Beobachtung der menschlichen Handlungen beruht. Es ist "nachgewiesen ..., wie die Irrtümer der größten
Philosophen ihren Ausgangspunkt in einer falschen Erklärung
bestimmter menschlicher Handlungen und Empfindungen haben, wie
auf Grund einer irrtümlichen Analyse, zum Beispiel der sogenannten unegoistischen Handlungen, eine falsche Ethik sich
aufbaut" (1). In diesem Zusammenhang klingen auch sprachphilo-
sophische Überlegungen an. Vom Wort "unegoistisch" heißt es,
daß es "nie streng zu verstehen, sondern nur eine Erleichte-
rung des Ausdrucks (sei)" (2).

---

1   F. Nietzsche, Bd. 1, S. 477
    Die Fortsetzung des Zitats lautet: "... dieser (gemeint
    ist die "falsche Ethik") zu gefallen, dann wiederum Reli-
    gion und mythologisches Unwesen zu Hilfe genommen werden,
    und endlich die Schatten dieser trüben Geister auch in
    die Physik und die gesamte Weltbetrachtung hineinfallen"
    (F. Nietzsche, Bd. 1, S. 477). Nietzsche sieht durch
    den Mangel an konkreter Beobachtung, der Schopenhauers
    Metaphysik charakterisiert, nicht nur die Ethik, sondern
    auch die "Physik und Weltbetrachtung" Schopenhauers in
    Mitleidenschaft gezogen. Er bezieht sich hiermit wohl auf
    Schopenhauers Hypothesen bezüglich der "Teleologie des
    Willens" (Schopenhauer, a.a.O., Bd. 3, S. 201), die es
    der Kritik wegen ihres stark spekulativen Gehalts sehr
    leicht machen. Als Beispiel führt er Schopenhauers meta-
    physisch begründete Theorie über die Schwangerschaft an.
    Letztere werde von den Frauen "zur Schau getragen", weil
    mit der "erneuerte(n) Menschwerdung des Willens zum Le-
    ben" "die Möglichkeit der Erlösung offenhaltenden Lichtes
    der Erkenntnis, und zwar im höchsten Grade der Klarheit"
    (F. Nietzsche, Bd. 1, S. 883) gegeben sei. Nietzsche:
    "Vor allem läßt sich dieser Zustand nicht so leicht mehr
    zu Schau tragen, als er sich selbst zur Schau trägt"
    (ebenda).

Religionen ohne Erkenntniswert

Die Moral, die sich auf die metaphysische Begründung stützt, entpuppt sich als eine - wirksame - Lüge: "Die Ketten, mit denen die Moral das starke Individuum bändigt, sind durch Irrtümer der metaphysischen Vorstellungen entstanden" (1). Auch die Sünde als Gegenteil der hypostasierten "unegoisti-schen" Handlung ist durch "Irrtümer der Vernunft in die Welt gekommen" (2). Das Christentum insgesamt - Nietzsche identifiziert es hier problematischerweise mit Schopenhauerscher Ethik und deren metaphysischer Begründung - beruht auf psychologischer Unwissenheit: "Eine bestimmte falsche Psychologie, eine gewisse Art von Phantastik in der Ausdeutung der Motive und Erlebnisse ist die notwendige Voraussetzung davon, daß einer zum Christen werde und das Bedürfnis der Erlösung empfinde. Mit der Einsicht in diese Verirrung der Vernunft und Phantasie hört man auf, Christ zu sein" (3). Die psychologische Einsicht in die Unhaltbarkeit der moralischen Annahmen läßt das Schuldgefühl, den "Gewissensbiß", der im Fall der notwendig erfolgenden Zuwiderhandlung als Resultat der Verinnerlichung der "Sündhaftigkeit" entsteht, als "Dummheit" erscheinen: "Der Gewissensbiß ist, wie der Biß des Hundes gegen einen Stein, eine Dummheit" (4). Schopenhauer hat einen Erkenntniswert der Religionen angenommen. Sie sollen - zumindest sensu allegorico (5) - die metaphysische Wahrheit in sich tragen. Nietzsche hält dem entgegen: "Noch nie hat eine Religion, weder mittelbar noch unmittelbar, weder als Dogma, noch als Gleichnis, eine Wahrheit enthalten" (6). Auch hier spiegelt sich der Ein-

---

1 F. Nietzsche, Bd. 1, S. 1006
2 ebenda, S. 528
3 ebenda, S. 535
4 ebenda, S. 897. - Auch Spinoza sieht im Gewissensbiß und in Reue weder Vernunft noch Tugend am Werke, sondern nur die Kehrseite der Lust: "Reue ist keine Tugend oder entspringt nicht aus der Vernunft ... Denn wer eine Tat bereut, leidet doppelt, indem er sich zuerst durch eine verwerfliche Begierde und dann durch die Unlust darüber besiegen läßt." Baruch Spinoza, Ethik. Frankfurt 1972, S. 316-317
5 Schopenhauer, Bd. 3, s. 197
6 F. Nietzsche, Bd. 1, S. 519

fluß F.A. Langes wider, der der Religion jeglichen Erkenntniswert abspricht (1). Der Moralpsychologe Nietzsche erhebt gegen
den Moralphilosophen Schopenhauer (und das ganze Christentum)
den Vorwurf der Ignoranz. Er will auch auf dem Gebiet der Moral den wissenschaftlichen Erkenntnissen Gehör verschaffen und
die metaphysisch begründeten "Einsichten" verdrängen. Seine
Kritik betrifft hier den "Erkenntnisgehalt" der Moral und
nicht ihre Rolle für den Einzelnen und die Gesellschaft.

Die psychologische Untersuchung führt zur Betrachtung
"Jenseits von Gut und Böse"

Nach der Erkenntnis des "egoistischen" Charakters aller Handlungen läßt sich die moralphilosophische Behauptung grundsätzlicher Verschiedenheit von "egoistischen" und "unegoistischen"
andlungen nicht länger aufrechterhalten. "Unegoistisches" Tun
verliert gegenüber "egoistischem" seinen metaphysisch begründeten Sonderstatus. Die Grenzmauer, die Schopenhauer zwischen
Handlungen gesetzt hat, in denen sich der physische Mensch,
als "egoistische Objektivation" des rücksichtslos an seiner
Macht und seinem Machtzuwachs interessierten Willens auslebt,
und solchen, in denen der Mensch seiner Natur metaphysisch die
Stirn bietet und "unegoistisch" tätig wird, stürzt zusammen.
Paul Rée, wie Nietzsche ein Kenner und Liebhaber der französischen Moralisten, macht hierauf mit folgender Sentenz aufmerksam, die nicht nur in der Form an La Rochefoucauld erinnert
(2): "Der moralische Mensch ... steht der intelligiblen (metaphysischen) Welt nicht näher als der physische Mensch" (3).
Die moralische Unterscheidung findet in der menschlichen Natur

---

1   siehe Seite 145 dieser Arbeit
2   Nietzsche schreibt im "Nachlaß der Achtziger Jahre" über
     das Christentum in Gestalt La Rochefoucaulds (und Pas-
     cals): "Es begriff die Wesensgleichheit der menschlichen
     Handlungen und ihre Wert-Gleichheit in der Hauptsache
     alle unmoralisch)" (F. Nietzsche, Bd. 3, S. 613)
3   zitiert von Nietzsche, Bd. 1, S. 478

keinen Rückhalt. Auch im moralischen Handeln ist der Mensch "erscheinendes" Wesen (1). Die Schopenhauersche Ethik mitsamt ihren Klassifizierungen wird gewissermaßen obsolet. An die Stelle der moralischen Schwarzweißmalerei tritt bei Nietzsche die Theorie der Sublimierung (2). Sie erlaubt die Berücksichtigung gradueller Unterschiede des Handelns und gleichzeitig das Festhalten an der Gattungsgleichheit aller Handlungen:

---

1   siehe hierzu: F.A. Langes Moralphilosophie - S. 158   ff
     dieser Arbeit
2   Auf den Vorgang der Sublimierung hat Schopenhauer aufmerk-
     sam gemacht. Ihr Wirkungsbereich ist bei ihm natürlich
     auf willensbejahende Bereiche beschränkt, wie z.B. die
     Verliebtheit: "Denn alle Verliebtheit, wie ätherisch sie
     sich auch geberden mag, wurzelt allein im Geschlechts-
     trieb, ja, ist durchaus nur ein näher bestimmter, specia-
     lisierter Geschlechtstrieb" (Schopenhauer, Bd. 4, S.
     624). Die sublimierten Resultate des Geschlechtstriebs
     hält Schopenhauer übrigens für etwas durchaus Mißliches:
     "Wenn man nun, dieses festhaltend, die wichtige Rolle be-
     trachtet, welche die Geschlechtsliebe in allen ihren
     Abstufungen und Nuancen, nicht bloß in Schauspielen und
     Romanen, sondern auch in der wirklichen Welt spielt, wo
     sie, nächst der Liebe zum Leben, sich als die stärkste
     und thätigste aller Triebfedern erweist, die Hälfte der
     Kräfte und Gedanken des jüngeren Theiles der Menschheit
     fortwährend in Anspruch nimmt, das letzte Ziel fast jedes
     menschlichen Bestrebens ist, auf die wichtigsten Angele-
     genheiten nachtheiligen Einfluß erlangt, die ernsthafte-
     sten Beschäftigungen zu jeder Stunde unterbricht, biswei-
     len selbst die größten Köpfe auf eine Weile in Verwirrung
     setzt, sich nicht scheut, zwischen die Verhandlungen
     der Staatsmänner und die Forschungen der Gelehrten, stö-
     rend mit ihrem Plunder einzutreten, ihre Liebesbriefchen
     und Haarlöckchen sogar in ministerielle Portefeuilles und
     philosophische Manuskripte einzuschieben versteht, nicht
     minder täglich die verworrensten und schlimmsten Händel
     anzettelt, die werthvollsten Verhältnisse auflöst, die
     festesten Bande zerreißt, bisweilen Leben, oder Gesund-
     heit, bisweilen Reichthum, Rang und Glück zu ihrem Opfer
     nimmt, ja, die sonst Redlichen gewissenlos, den bisher
     Treuen zum Verräther macht, demnach im Ganzen auftritt
     als ein feindsäliger Dämon, der Alles zu verkehren, zu
     verwirren und umzuwerfen bemüht ist ..." etc. (ebenda).
     Da Schopenhauer die Psychologie aus der Moralphilosophie
     verbannt, begreift er "moralische Handlungen" auch nicht
     als Prozesse von Sublimierung. Wegen dieses Mißverhält-
     nisses von entwickelter Psychologie und metaphysischer
     "Naivität" bemerkt Nietzsche zu Schopenhauer: "Viel Wis-
     senschaft klingt in seine Lehre hinein, aber sie be-
     herrscht diese nicht" (F. Nietzsche, Bd. 1, S. 467).

"Alle diese Motive aber, so hohe Namen wir ihnen geben, sind
aus denselben Wurzeln gewachsen, in denen wir die bösen Gifte
wohnend glauben; zwischen guten und bösen Handlungen gibt es
keinen Unterschied der Gattung, sondern höchstens des Grades.
Gute Handlungen sind sublimierte böse; böse Handlungen sind
vergröberte, verdummte gute. Das einzige Verlangen des Indiv-
duums nach Selbstgenuß (samt der Furcht, desselben verlustig
zu gehen) befriedigt sich unter allen Umständen, der Mensch
mag handeln, wie er kann, das heißt wie er muß: sei es in
Taten der Eitelkeit, Rache, Lust, Nützlichkeit, Bosheit, List,
sei es in Taten der Aufopferung, des Mitleids, der Erkenntnis"
(1). Die Psychologie widerlegt die Gültigkeit moralischer
Beurteilungskriterien. Sie erzwingt die Betrachtungsart des
"Jenseits von Gut und Böse".

Die moralische Indifferenz menschlicher Handlungen

Der Erweis der (egoistischen) Gattungsgleichheit der Handlungen tangiert das Problem der Verankerung des Sollens im Sein.
Erinnern wir uns: das Sollen ist bei Schopenhauer auf die
"unegoistischen" Handlungen bezogen, d.h. die Erfüllung des
Kriteriums reiner Moralität; eine Erfüllung, zu der Schopenhauer den Menschen dank der metaphysischen Begründung imstande
sieht. Das Sein enthält demnach potentiell das Sollen, oder
besitzt, wie Schopenhauer sagt, eine "ethisch metaphysische
Tendenz" (2). Die Psychologie hingegen entschleiert die "unegoistischen" Handlungen als sublimierte Formen des "Selbstgenus-
ses" und der "Vermeidung von Unlust" oder auch als Inhalte eines zwiespältigen Wollens, in denen sich der stärkere Anteil
gegenüber dem schwächeren gebieterisch durchsetzt (3). Damit

1   F. Nietzsche, Bd. 1, S. 513
2   Schopenhauer, Bd. 6, S. 303
3   Nietzsche erwähnt u.a. als Beispiel die Mutter, die dem
     Kind alles gibt, "was sie sich selbst entzieht, Schlaf,
     die beste Speise, unter Umständen ihre Gesundheit, ihr
     Vermögen". Er fragt: "Sind dies alles aber unegoistische
     Zustände? ... Ist es nicht deutlich, daß in all diesen

verliert das Sollen seine Basis im metaphysisch verstandenen
Sein. Mit wissenschaftlichen Mitteln läßt sich das Sollen aus
der Natur des Menschen nicht herleiten. Möglich ist dies nur
um den Preis von Obskurantismus und Ignoranz. Der Moralphilo-
soph kann infolge der wissenschaftlichen Erkenntnisforschung
nicht mehr bei der menschlichen Natur Zuflucht suchen: "Ein
Sollen gibt es nicht mehr; die Moral, insofern sie ein Sollen
war, ist ... durch eine Betrachtungsart ... vernichtet ... Die
Erkenntnis kann als Motive nur Lust und Unlust, Nutzen und
Schaden bestehen lassen ..." (1). Durch die Zerstörung des metaphysischen Fundaments der Ethik gelangt Nietzsche zu nihilistischen Schlußfolgerungen. Schopenhauers Versuch, dem Sollen
ein innerweltliches, auf das Sein bezogenes Fundament zu verleihen, nachdem es sein göttliches verloren hatte, scheitert
an der wissenschaftlichen Moralkritik, und die herrschende Un-
Moral bzw. moralische Indifferenz menschlicher Handlungen
entpuppt sich als einzige Realität.

La Rochefoucauld als Apologet der Moral

La Rochefoucauld wird durch seine Moralpsychologie zu keinen
un-moralischen oder nihilistischen Konsequenzen geführt. Er
beabsichtigt in seinem Kampf gegen das schmeichlerische und
scheinheilige Verhalten von Hofschranzen nicht die Aufhebung
der Moral, obgleich diese in der Einsicht in den egoistischen
Charakter aller Handlungen angelegt ist, sondern ihre, mit
psychologischen Mitteln zu erreichende, Vertiefung: "Das Christentum sagt: es giebt keine Tugenden, sondern Sünden ... Nun
sekundierte ihm noch die Philosophie in der Weise La Rochefou-

---

Fortsetzung von der vorhergehenden Seite:
   Fällen der Mensch etwas von sich, einen Gedanken, ein
   Verlangen, ein Erzeugnis mehr liebt als etwas anderes von
   sich, daß er also sein Wesen zerteilt und dem einen Teil
   den anderen zum Opfer bringt? (F. Nietzsche, Bd. 1,
   S. 490-491).
1   F. Nietzsche, Bd. 1, S. 472

caulds, sie führte die berühmten menschlichen Tugenden auf geringe und unedle Beweisgründe zurück" (1). La Rochefoucaulds
Psychologie verbleibt im Bannkreis der Moral (2). Nietzsche
besteht dagegen auf der Loslösung von den auf Intuition und
Irrtum basierenden Annahmen bezüglich des metaphysischen Fundaments der Moral und des moralischen Urteils, mit welchen
Schopenhauer dem unegoistischen Handeln und dem Mitleid so ho-
hes Ansehen verleiht. Seine Redlichkeit fordert: "daß wir
... nicht wieder zurückwollen in das, was uns als überlebt und
morsch gilt, in irgend etwas 'Unglaubwürdiges', heiße es nun
... Tugend, ... Nächstenliebe; daß wir uns keine Lügenbrücken
zu alten Idealen gestatten; daß wir von Grund aus allem feind
sind, was in uns vermitteln und mischen möchte; feind jeder
jetzigen Art Glauben und Christlichkeit ..." (3). Nietzsche
widersetzt sich dem Rückfall hinter den erreichten Stand wissenschaftlicher Erkenntnis.

Die falschen Tröstungen der Mitleidsethik

Die "Lügenbrücken", die Schopenhauers Moralphilosophie dem
Mitleid und der unegoistischen Handlung gebaut hat, damit diese der Sinnlosigkeit und Irrationalität des vom Willen beherrschten Weltlaufs Widerstand leisten, sind abgerissen.
Der Blick wendet sich von den "unglaublichen Dingen, welche
Schopenhauer zu berichten weiß" (4), hin zur Beobachtung der
tatsächlichen Funktion, die es besitzt. Dabei stellt sich
heraus, daß es nicht hält, was es verspricht; es versagt als
soziale Instanz: "Das Mitleiden, sofern es wirklich Leiden
schafft, ... ist eine Schwäche wie jedes Sich-verlieren an ei-

1   F. Nietzsche, Nachgel. Fragm., Bd. IV-2, S. 555
2   Zu Nietzsches Beurteilung der Rolle La Rochefoucaulds als
    "Verketzer" menschlicher Leidenschaft, die La Rochefou-
    cauld mit den Jansenisten verbindet und aus dem Gegensatz
    zu Schopenhauer in dessen Nähe rückt, siehe S. 195 f der
    vorliegenden Arbeit.
3   F. Nietzsche, Bd. 1, S. 1015
4   ebenda, s. 1106

nen schädigenden Affekt. Es vermehrt das Leiden in der Welt:
mag mittelbar auch hie und da infolge des Mitleidens ein Leiden verringert oder gehoben werden, so darf man diese gelegent-
lichen und im ganzen unbedeutenden Folgen nicht benutzen, um
sein Wesen zu rechtfertigen, welches, wie gesagt, schädigend
ist ... Wer einmal, versuchsweise, den Anlässen zum Mitleiden
im praktischen Leben eine Zeitlang absichtlich nachgeht und
sich alles Elend, dessen er in seiner Umgebung habhaft werden
kann, immer vor die Seele stellt, wird unvermeidlich krank
und melancholisch. Wer aber gar als Arzt in irgendeinem Sinne
der Menschheit dienen will, wird gegen jene Empfindung sehr
vorsichtig werden müssen, - sie lähmt ihn in allen entschei-
denden Augenblicken und unterbindet sein Wissen und seine
hilfreiche feine Hand" (1). Eine ähnliche Begründung gibt
auch La Rochefoucauld für die Ablehnung des Mitleids (2).
Die moralische Handlungsorientierung des Mitleids zu verwerfen
bedeutet, nicht länger auf falschen Trost zu bauen und dem
"Willen mit gutem Gewissen Vorschub leisten", sondern sich auf
die Erfahrung und Vernunft zu besinnen, die einzigen wirklichen Hilfsmittel des Menschen bei der Gestaltung seiner Verhältnisse (3). So schreiben Adorno und Horkheimer über Nietzsches Kritik an der Mitleidsethik: "'Wo liegen deine großen
Gefahren?' hat Nietzsche sich einmal gefragt, ' im Mitleiden'.
Er hat in seiner Verneinung das unbeirrbare Vertrauen auf
den Menschen" - und auf seine Vernunft, wie man hinzufügen
könnte - "gerettet, das von aller tröstlichen Versicherung Tag
für Tag verraten wird" (4).

---

1   F. Nietzsche, Bd. 1, S. 1107
2   siehe die Fußnote S. 185
3   Von hieraus gesehen ist es völlig unverständlich, wie
     Lukács von einer bloß "formellen Vorliebe" Nietzsches für
     die Moralisten sprechen kann, hinter der sich der "in-
     haltliche Gegensatz der Grundtendenzen" verberge: bei den
     Moralisten Kritik an der "Moral des Kapitalismus", bei
     Nietzsche Bejahung der "Reaktion der imperialistischen
     Periode". S. Lukács, a.a.O., S. 19-20
4   Max Horkheimer, Theodor Wiesengrund Adorno, Dialektik
     der Aufklärung, Philosophische Fragmente, Ges. Schriften
     Bd. 3, Frankfurt 1981, S. 140

Moralische Vorurteile in La Rochefoucaulds Psychologie

Nicht nur die Intention, sondern auch die Methode der Moralpsychologie La Rochefoucaulds wird vom herrschenden moralischen Urteil bestimmt. Sie enthält als Voraussetzung die Annahme der Un-Moralität der "egoistischen" bzw. der Moralität
der "unegoistischen" Handlung. Diese Voraussetzung wird, ohne
daß La Rochefoucauld explizit auf sie aufmerksam machen würde,
bei der Untersuchung mit in das Motiv der Handlung einge-
schmuggelt. Die Genesis einer Handlung wird zum Teil mit ihrer
historisch begrenzten Geltung erklärt: "Der Fehler der Moralisten besteht darin, daß sie ... egoistisch und unegoistisch
wie moralisch einander gegenüberstellen, d.h. daß sie das
letzte Ziel der moralischen Entwicklung, unsere jetzige Empfindung als Ausgangspunkt nehmen. Aber diese letzte Phase der
Entwicklung ist durch zahlreiche Stufen, durch Einflüsse von
Philosophie und Metaphysik, von Christentum bedingt und durchaus nicht zu benutzen, um den Ursprung des Moralischen zu erklären" (1). Nietzsche fordert deshalb die Wissenschaft zu einer moralkritischen Selbstreflexion auf. Das in die psychologische Untersuchung immer mit einfließende Vorurteil oder
Werturteil muß aufgehellt und u.U. bewußt vernachlässigt werden, damit es nicht, aus dem Verborgenen heraus, die sachorien-
tierte Einschätzung des Gegenstandes beeinflussen kann. Nietzsche reinigt die wissenschaftliche Methode von den für die
Urteilsbildung relevanten konstitutiven Elementen des mora-
lisch-christlichen Weltbildes. Hierbei deuten sich die ersten
Ansätze einer "Umwertung der Werte" an, wie seine Behandlung
der "Eitelkeit" zeigt - ein von La Rochefoucauld häufig behan-
deltes und aus moralischen Gründen in seiner Wirksamkeit fehl-
eingeschätztes Motiv: "Es ist lästig, daß einzelne Worte,
deren wir Moralisten schlechterdings nicht entraten können,
schon eine Art Sittenzensur in sich tragen, aus jenen Zeiten
her, in denen die nächsten und natürlichsten Regungen des Men-
verketzert wurden. So wird jene Grundüberzeugung, daß wir auf

---

1   F. Nietzsche, Nachgel. Fragm., Bd. IV-2, S. 533

- 195 -

den Wellen der Gesellschaft viel mehr durch das, was wir gelten, als durch das, was wir sind, gutes Fahrwasser haben oder
Schiffbruch leiden - eine Überzeugung, die für alles Handeln
in bezug auf die Gesellschaft das Steuerruder sein muß - mit
dem allgemeinsten Wort 'Eitelkeit', 'vanitas' gebrandmarkt,
eines der vollsten und inhaltsreichsten Dinge mit einem Ausdruck, welcher dasselbe als das eigentlich Leere und Nichtige
bezeichnet, etwas Großes mit einem Diminutivum, ja mit dem Fe-
derstrich der Karikatur. Es hilft nichts, wir müssen solche
Worte gebrauchen, aber dabei unser Ohr den Einflüsterungen alter Gewohnheiten verschließen".(1)

Zum Verhalten von Wissenschaft und Moral bei La Rochefoucauld

Nietzsches Darstellung der Philosophie La Rochefoucaulds ist
nicht widerspruchslos. Im Zusammenhang mit der Kritik an der
metaphysisch christlichen Idealisierung des Triebverzichts,
die zur Stabilisierung bestehender sozialer und ökonomischer
Verhältnisse beiträgt und zu den Bedingungen politischer Herrschaft gehört, entwickelt Nietzsche eine Ansicht von der Philosophie La Rochefoucaulds, die der oben dargelegten widerspricht.
La Rochefoucauld ist nicht länger Wissenschaftler, dessen Moralpsychologie zur Aufhebung der moralischen Betrachtungsweise
und zur Einsicht in den moralindifferenten Charakter menschlichen Handelns führt, sondern - wie Schopenhauer - Verleumder
von Egoismus und Leidenschaft. La Rochefoucaulds Sentenzen
helfen, moralische Werte mit psychologischen Mitteln zu sedi-
mentieren. Sie kommen damit einem, von Nietzsche historisch
nicht näher konkretisierten Bedürfnis der Kirche entgegen:
"Das Christentum sagt, 'es giebt keine Tugenden, sondern Sünden'. Damit wird alles menschliche Handeln verleumdet und ver-
giftet, auch das Zutrauen auf Menschen erschüttert. Nun sekun-
dirt ihm noch die Philosophie in der Weise La Rochefoucaulds,
sie führt die gerühmten menschlichen Tugenden auf geringe und

1   F. Nietzsche, Bd. 1, S. 905

unedle Beweggründe zurück" (1). Dem Lob über die Moralisten
(sie "treffen immer ins Schwarze der menschlichen Natur") ist
die Bemerkung hinzugefügt: "aber im Interesse der menschlichen
Wohlfahrt möchte man wünschen, daß sie nicht diesen Sinn der
Verkleinerung und Verdächtigung hätten" (2). Beide Zitate
stammen aus den "Nachgelassenen Fragmenten" aus der Zeit von
"Menschliches-Allzumenschliches". Auch hier bleiben die Moralisten nicht gänzlich von Nietzsches Kritik verschont. So
heißt es an einer Stelle: "Die älteren Moralisten sezierten
nicht genug und predigten allzuhäufig" (3). Es trifft also
durchaus zu, daß Nietzsche, wie in einem Nachwort zu den "Maximen" zu lesen ist, bei La Rochefoucauld "eine Haltung (entdeckt hat, die) mit der Moral des Christentums vereinbar oder
von ihr, wenn auch direkt, beeinflußt sei" (4). Dies gilt
nicht erst für das Spätwerk, in dem die Psychologie La Rochefoucaulds an verschiedenen Punkten thematisiert wird (5),
sondern auch schon für die frühe Periode der Philosophie Nietzsches. Der Grund dafür, daß Nietzsche das "negative" Bild La
Rochefoucaulds von der Veröffentlichung in "Menschliches-Allzumenschliches" ausschließt, mag darin liegen, daß er hier den
Wissenschaftler La Rochefoucauld für die Kritik an der unwis-
senschaftlichen und metaphysischen Moralphilosophie Schopenhauers benötigt. Eine kurze Skizze des geistesgeschichtlichen
Hintergrunds La Rochefoucaulds wird zeigen, daß die Widersprüche bei La Rochefoucauld selbst angelegt sind.
La Rochefoucauld war in die Glaubenskämpfe des 17. Jahrhunderts in Frankreich verstrickt. Es ist überliefert, daß in
dem Salon der Madame de Sable, in dem er häufig verkehrte,
auch die geistigen Führer der Jansenisten oft zu Gast waren.
Sie vertraten "eine katholische Glaubensrichtung", die "gegen

---

1   F. Nietzsche, Nachgel. Fragm., Bd. IV-2, S. 555
2   ebenda, S. 541
3   F. Nietzsche, Bd. 1, S. 884
4   Konrad Nußbächer in dem Nachwort zu La Rochefoucauld -
     Maximen und Reflexionen, Stuttgart 1977, S. 78
5   siehe F. Nietzsche, Bd. 3, S. 907, und Bd. 3, S. 431

den Jesuitismus vor allen Dingen wegen dessen Zugeständnissen
auf dem Gebiet der Moral polemisierte" (1). Die Jansenisten
brachten der die Lebenspraxis erleichternden und allzuschnell
rechtfertigenden Auffassung der Jesuiten (Laxismus), "daß
den Menschen durch die Erlösertat Christi alle Sünden vergeben
seien, wenn sie nur darum bäten, kein Verständnis entgegen"
(2). Sie legten stattdessen großes Gewicht auf die Konkupis-
zens, den Glauben an den Sündenfall. Eine Sentenz La Rochefoucaulds scheint hiervon beeinflußt zu sein: "Um den Menschen
für die Erbsünde zu bestrafen, hat Gott erlaubt, daß er seine
Eigenliebe zu seinem Gott erhebt, damit er in allen Situatio-
nen des Lebens Qualen erleidet" (3). Bei La Rochefoucauld
klingt auch die Prädestinationslehre an, die Annahme göttlicher Vorbestimmung und Gnade, die ebenfalls einen Schwerpunkt
jansenistischen Glaubens bildet: "Es scheint" - so lautet die
Sentenz Nr. 91 -, "als habe die Natur jedem Menschen bereits
bei seiner Geburt die Grenzen für seine Tugenden und Laster
abgesteckt" (4). Darüber hinaus ist La Rochefoucaulds Menschenbild deutlich vom Pessimismus jansenistischer Menschendeutung
geprägt. Seine Formulierung: "Die Leidenschaften haben etwas
Ungerechtes und Eigennütziges an sich", stammt, so Helga Bergmann, "fast wörtlich von dem Jansenisten Jacques Espirt" (5).
Obwohl La Rochefoucauld in erster Linie nicht christliche,
sondern höfische und allgemein menschliche Tugenden hinter-
fragt hat, ist es also nicht verwunderlich, daß die Jansenisten die "Maximen" als "kräftige und gescheite Satire der Ver-
derbnis der Natur durch den Sündenfall" (6) begrüßten. Ein

---

1 Helga Bergmann in dem Nachwort zu La Rochefoucauld - Reflexionen oder Sentenzen und moralische Maximen. Frankfurt 1976, S. 89
2 a.a.O., S. 89. - Siehe hierzu auch die berühmten "Lettres
   provinciales" von Blaise Pascal, eine glänzend geschrie-
   bene und geradezu tödliche Satire gegen die Jesuiten und
   ihre Doktrin und gleichzeitig eine Verteidigung der Spi-
   ritualität der von den Jesuiten verfolgten Jansenisten.
   Blaise Pascal, "Les Provinciales", Straßbourg 1909
3 La Rochefoucauld, a.a.O., S. 60, Sentenz Nr. 509
4 La Rochefoucauld, zitiert von Helga Bergmann im Nachwort
   zu La Rochefoucauld, a.a.O., S. 90, Sentenz Nr. 9, S. 10
5 Helga Bergmann, Nachwort zu La Rochefoucauld, a.a.O.,
   S. 90
6 ebenda, S. 91

theologisches Lexikon beurteilt die Philosophie La Rochefoucaulds als "profanes Gegenstück" der Jansenisten (1). Nietzsche beschreibt die Wirkung La Rochefoucaulds folgendermaßen:
"Nun machte man Ernst, Menschen zu bilden, in denen die Selbstsucht getötet ist - die Priester, die Heiligen. Und man zwei-
felte an der Möglichkeit, vollkommen zu werden, man zweifel-
te nicht, zu wissen, was vollkommen ist" (2). Wenn Nietzsche
La Rochefoucauld als psychologische Variante christlicher
Entsagungsmoral betrachtet, dann kann er sich hierbei auf die
Geschichte berufen.

Bei aller Konformität, die La Rochefoucauld gegenüber dem
Christentum an den Tag legt, ist das Bündnis von Moral und Moralpsychologie brüchig. Die Moralpsychologie, die sich aus der
Quelle christlichen Moralbewußtseins speist, läuft nämlich auf
die Überwindung des moralischen Ansatzes hinaus. Aus dem mora-
lisierenden La Rochefoucauld wird so unter der Hand der radikalen Moralkritiker, die das Messen einer Handlung mit moralischem Maßstab als ein der menschlichen Natur unangemessenes,
da auf falschen Prämissen basierendes Verfahren verwirft: "Jene Spezies, welche ihren Vorteil davon hatte, dem Menschen
seine Selbstzufriedenheit zu nehmen (die Repräsentanten des
Herden-Instinkts, z.B. die Priester und Philosophen), wurde
fein und psychologisch-scharfsichtig, zu zeigen, wie überall
doch die Selbstsucht herrsche. Christlicher Schluß: Alles ist
Sünde; auch unsere Tugenden. Absolute Verwerflichkeit des Menschen. Die selbstlose Haltung ist nicht möglich. Erbsünde.
Kurz: nachdem der Mensch seinen Instinkt in Gegensatz zu einer
rein imaginären Welt des Guten gebracht hatte, endete er mit
Selbstverachtung, als unfähig, Handlungen zu tun, welche 'gut'
sind ... Das Christentum bezeichnet damit einen Fortschritt in
der psychologischen Verschärfung des Blicks: La Rochefoucauld
... Es begriff die Wesensgleichheit der menschlichen Handlungen und ihre Wert-Gleichheit in der Hauptsache (-alle unmora-

1   Lexikon für Theologie und Kirche, Freiburg 1961, Bd.
     6, S. 800 (Laquedonien - La Rochelle).
2   F. Nietzsche, Bd. 3, S. 614

lisch)" (1). Was sich in "Menschliches-Allzumenschliches" und
in den dazugehörenden "Nachgelassenen Fragmenten" als Widerspruch präsentiert, ist im obigen Zitat aus dem "Nachlass
der Achtzigerjahre" miteinander verbunden und als dialektische
Selbstaufhebung der Moral dargestellt. Wissenschaft und Moral
stehen nicht in einem Verhältnis starrer Gegensätzlichkeit zueinander, sondern bedingen sich wechselseitig, und die wissenschaftliche Widerlegung der Moral vollzieht sich aus Gründen
christlicher Moralität selbst.

---

1   F. Nietzsche, Bd. 3, S. 613

Schlußbetrachtung

Im Rückblick auf das bisher Gesagte gleicht Nietzsches Philosophie einem Schiff, das sich seinen Weg zwischen Skylla und
Charybdis bahnt und ständig auf der Hut davor ist, am Felsen
der Wissenschaft und Aufklärung auf der einen und jenem metaphysischen Hoffens, dem Rest christlichen Glaubens auf der anderen Seite, zu zerschellen. Am Beginn seiner Fahrt steht das
Wegschrumpfen der Kultur unter dem Druck zivilisatorischen
Fortschritts zugunsten einer Bildung, die in der Tradition der
Innerlichkeit steht und durch bloße Rezeption charakterisiert
ist. Die Folgenlosigkeit historischer Geschichtsaneignung wird
auf das positivistische Wissenschaftsverständnis zurückgeführt. Nietzsche durchschaut positivistisches Denken als Praxis "geschwächten Lebens" und macht dessen Abhängigkeit vom
Staat und herrschenden wirtschaftlichen und militärischen
Mächten durchsichtig: "Die Wissenschaft muß ihre Utilität
jetzt zeigen. Sie ist zur Ernährerin geworden, im Dienste des
Egoismus. Der Staat und die Gesellschaft haben sie ih ihren
Frondienst genommen um sie auszubeuten zu ihren Zwecken" (1).
Dem Desinteresse und der Neutralität des Wissenschaftlers entspricht seine handfeste Funktionalisierung. Angesichts der
apokalyptischen Prophezeiung hinsichtlich der Fortschritte der
Wissenschaft, die heute wahr zu werden droht, wird die Sinn-
frage, die er stellt, umso dringlicher: "Was soll überhaupt
die Wissenschaft, wenn sie nicht für die Kultur Zeit hat? So
antwortet doch wenigstens hier: woher, wohin, wozu alle Wissenschaft, wenn sie nicht zur Kultur führen soll? Nun, dann
vielleicht zur Barbarei!" (2) - Wie im Positivismus entdeckt
Nietzsche auch in der radikalen Aufklärung und Sinnkritik
Schopenhauers Spuren der Unmündigkeit.
Vielleicht deshalb, weil sein Erkenntnisinteresse vor allen
Dingen darin besteht, die Psychologie des Wissenschaftlers zu
durchleuchten, und er die Verflechtung der Wissenschaft in die

---

1   F. Nietzsche, Nachgel. Fragm., Bd. III-4, S. 30
2   F. Nietzsche, Bd. 1, S. 175

sozialen und ökonomischen Verhältnisse nur streift, neigt
er dazu, der Vernunft selbst anzulasten, was ihrer Funktionalisierung in einer vom Tauschwert beherrschten Welt zuzuschreiben ist.

Dem entspricht, daß seine Änderungsabsicht in erster Linie auf
das Denken selbst gerichtet ist und weniger auf die Verhältnisse, unter denen es die genannten Wirkungen zeitigt. Nietzsche versucht, sich den Gefahren des Positivismus durch den
Rückgriff auf Mythen zu entziehen. Dieser hat Zweifel daran
genährt, daß die Überlebensfähigkeit der Menschen an das Maß
der Adaequatio von Denken und Sein gebunden ist. Die innovative Potenz des Mythos soll deshalb im Bewußtsein des falschen
Scheins zur Geltung gebracht werden. Das Kunstwerk ist die
Lüge, die sich nicht als Wahrheit ausgeben muß. Wenn "das
Wissen seinen Stachel gegen sich selbst richtet" (1), so geschieht dies aus einem Akt der Aufklärung über sich selbst.
Durch die bewußte Beschränkung der Erkenntnis, die sich als
Versuch der Beherrschung entfesselter Wissenschaft verstehen
läßt, und durch Mythen will er erreichen, was der Positivismus
zunichte macht: Motivation und Orientierung und Stärkung der
Subjekte, damit diese die Kraft besitzen, ihre funktionsge-
rechte Anpassung zu überwinden. Seine Mythenphilosophie enthält außerdem ein Plädoyer für das utopische Denken. Das nicht-
reale, die Gegenwart transzendierende Ideal muß als möglich
gedacht werden. Wer an alles nur den Maßstab der Empirie oder,
modern ausgedrückt, der Sachzwänge hält, begräbt hiermit die
Chancen möglichen Fortschritts. Von hier aus gesehen ist auch
die Forderung nach monumentalen Mythen Ausdruck von Nietzsches
humanistischer Bemühung um das Menschsein, dessen Möglichkeiten von der Wissenschaft nicht ausgeschöpft werden. Das "Ge-
bot lautet: das, was einmal vermochte, den Begriff 'Mensch'
weiter auszuspannen und schöner zu erfüllen, das muß auch ewig
vorhanden sein, um dies ewig zu vermögen. Daß die großen Momente im Kampf der einzelnen eine Kette bilden, daß in ihnen
ein Höhenzug der Menschheit sich verbinde, daß für mich das

---

1   F. Nietzsche, Bd. 1, S. 261

Höchste eines solchen längstvergangenen Moments noch lebendig,
hell und groß sei - das ist der Grundgedanke im Glauben an die
Humanität, der sich in der Forderung einer monumentalischen
Historie ausspricht" (1).
Nietzsche verfolgt die humanistische Intention auch in "Menschliches-Allzumenschliches", wo er - diesmal mit dem Positivismus operierend - Schopenhauers Metaphysik und Ethik bekämpft.
Nach der bedingungslosen Überzeugung vom Wert der Adaequatio
fällt jetzt das blinde Vertrauen auf eine metaphysische Ethik
seiner Kritik zum Opfer. "Wer wäre jetzt schon imstande, das
zu beschreiben, was einmal die moralischen Gefühle und Urteile ablösen wird! - so sicher man auch einzusehen vermag, daß
diese in allen Fundamenten irrtümlich angelegt sind und ihr
Gebäude der Reparatur unfähig ist: ihre Verbindlichkeit muß
von Tag zu Tag immer abnehmen, sofern nur die Verbindlichkeit
der Vernunft nicht abnimmt! Die Gesetze des Lebens und Handelns neu aufbauen - zu dieser Aufgabe sind unsere Wissenschaften der Physiologie, Medizin, Gesellschafts- und Einsamkeits-
lehre ihrer selbst noch nicht sicher genug: und nur aus ihnen
kann man die Grundsteine für neue Ideale (wenn auch nicht
die Ideale selber) entnehmen" (2).
Zum Schluß sei noch erwähnt, daß Nietzsches der Entwicklung
menschlicher Möglichkeiten dienendes Changieren vom Mythos zur
Wissenschaft in gewisser Weise unbestimmt bleibt. Trotz der
Eindringlichkeit, mit der er seine Intention vorträgt, bleibt
diese in ihren Inhalten vage. Durch die antithetischen, in ihrem zeitlichen Verlauf zudem noch wechselnden Positionen,
die die Wahrheit nur im Widerspruch aufblitzen lassen, wird
unklar gelassen, was letztlich mit Lebenssteigerung, Beherrschung, Planung und Erneuerung gemeint ist und wie die Gesellschaft aussehen soll, in der dies alles erreicht wäre. Eine
Positivität, wie sie in sozialistischen Geschichtsvorstellun-
gen und sogar noch beim Atheisten Schopenhauer vorhanden ist,
ist bei Nietzsche verlorengegangen. Die Kritik hat sich in

---

1   F. Nietzsche, Bd. 1, S. 220
2   F. Nietzsche, Bd. 1, S. 231

das Negieren zurückgezogen: sie sagt eher, was nicht sein
soll, als daß sie das Seinsollende verdeutlicht.

Jedoch ist in Nietzsches Kritik eine Tendenz angelegt, die
sich im weiteren Verlauf seines Werkes unheilvoll entwickeln
sollte. In dem Augenblick nämlich, in dem das Vorbild des großen Einzelnen nicht mehr nur als antithetisches Werkzeug der
Kritik fungiert, sondern zum selbständigen Ideal geschichtlicher Entwicklung wird, ist es um Nietzsches Humanismus geschehen. Seine Erneuerungsabsicht, die in den Spuren des Indivi-
dualismus verläuft und nicht die Befreiung der Gesamtgesell-
schaft zum Ziel hat, wirkt sich jetzt verheerend aus. Nietzsches Übermensch, der die Moral beseitigt und in der Bejahung
des Nihilismus diesen überwunden hat, ist die personifizierte
Gestalt des Schopenhauerschen Willens, dessen Nihilismus Schopenhauer mit Hilfe der Ethik zu bannen versucht hatte. Er
bedeutet Barbarei, die in Nietzsches Philosophie ja auch klar
ausgesprochen wird. Doch diese Entwicklung ist dem späteren
Nietzsche vorbehalten. Sie sollte den Blick für den von ihm in
der behandelten Phase seines Werks in Anspruch genommenen Humanismus nicht trüben.

Literaturverzeichnis

Ich zitiere aus Nietzsches Hauptwerk nach der dreibändigen
Schlechta-Ausgabe, Carl Hanser Verlag, München 1969, folgen-
dermaßen:
F. Nietzsche, Bd. ..., S. ...;
aus den 'Nachgelassenen Fragmenten' nach Nietzsche, Friedrich
- Werke: Krit. Gesamtausgabe/hrsg. von Giorgio Colli und Maz-
zino Montinari, Berlin/New York 1978, folgendermaßen:
F. Nietzsche, Nachgel. Fragm., Bd. ..., S. ...;
aus Schopenhauers Werken nach
Arthur Schopenhauer, Zürcher Ausgabe, Werke in zehn Bänden,
Diogenes Verlag Zürich 1977, folgendermaßen:
Schopenhauer, Bd. ..., S. ... .

Adorno, Theodor Wiesengrund, Ästhetische Theorie, Frankfurt
1970, Ges. Schriften Bd. 7, hrsg. von Gretel Adorno und Rolf
Tiedemann

ders., Dialektik der Aufklärung, Gesammelte Schriften, Frankfurt 1970, (zusammen mit Max Horkheimer geschrieben)

Bahr, Hans Dieter, Das gefesselte Engagement - Zur Ideologie
der kontemplativen Ästhetik, Bonn 1970

Balmer, Hans Peter, Freiheit statt Teleologie, Freiburg/Mün-
chen 1977

Barth, Hans, Masse und Mythos - Die ideologische Krise an
der Wende zum 20. Jahrhundert und die Theorie der Gewalt:
George Sorell, Hamburg 1945

Bausinger, Hermann, Zur Problematik des Kulturbegriffs. In
"Jahrbuch - Deutsch als Fremdsprache 1, Hg. Alois Wienlacher,
Heidelberg 1976

Bäumler, Alfred, Nietzsche und der Nationalsozialismus, Berlin
1934

Benjamin, Walter, Gesammelte Schriften, hrsg. von Rolf Tiedemann und H. Schweppenhäuser, Frankfurt 1974, Bd. I-2

Bloch, Ernst, Erbschaft dieser Zeit, Frankfurt 1962

Bludau, Beatrix, Frankreich im Werke Nietzsches - Geschichte
und Kritik der Einflußthese, Bonn 1979

Bohrer, Karl Heinz, Hg., Mythos und Moderne, Frankfurt 1983

Burckhardt, Jacob, Briefe, Bd. 5, Basel/Stuttgart 1963,
                    Weltgeschichtliche Betrachtungen, Stuttgart
                    1969

Cabanis, Pierre Jean Georges, Rapports du physique et du mo-
rale de 'homme' 2 Bde., Paris 1844

Deleuze, Gilles, Nietzsche und die Philosophie, München 1976

Dühring, Eugen, Der Werth des Lebens - Eine Denkerbetrachtung
im Sinne heroischer Lebensauffassung, Leipzig 1891

Funke, Monika, Ideologie und Ideologiekritik bei Nietzsche, Stuttgart-Bad Cannstadt 1974

Freud, Sigmund, Massenpsychologie und Ich-Analyse - Die Zukunft der Illusion, Frankfurt 1977

Goethe, Johann Wolfgang, Dichtung und Wahrheit - Aus meinem Leben, München 1949

Hamann, Richard/Hermand, Jost, Epochen deutscher Kultur von 1870 bis zur Gegenwart, Bd. 1, Gründerzeit, Frankfurt 1971

Hasse, Heinrich, Schopenhauer, München 1962

Heidegger, Martin, Nietzsche I, Pfullingen 1961

Hegel, G.W.F., Phänomenologie des Geistes, Frankfurt 1972

ders., Vorlesungen über die Philosophie der Geschichte, Werke 12, Frankfurt 1970

Hitler, Adolf, Mein Kampf, München 1940

Horkheimer, Max/Adorno, T.W., Kritische Theorie der Gesellschaft, Bd. 2, hrsg. von Alfred Schmidt, Frankfurt 1968

Ibsen, Henrik, Die Wildente, Stuttgart 1977

Janz, Curt Paul, Nietzsche, Bd. 1, - Friedrich Nietzsche Biographie - Kindheit, Jugend, die Basler Jahre, München 1978

Jaspers, Karl, Nietzsche - Einführung in das Verständnis seines Philosophierens, Berlin-New York 1974

Kant, Immanuel, Kritik der reinen Vernunft, Stuttgart 1968

ders., Kritik der praktischen Vernunft, Frankfurt 1974

ders., Schriften zur Ethik und Religionsphilosophie - 2, Frankfurt 1974

Kogon, Eugen, Der SS-Staat. Das System der deutschen Konzentrationslager, München 1977

Lange, Friedrich Albert, Geschichte des Materialismus und Kritik seiner Bedeutung in der Gegenwart, Frankfurt 1974, hrsg. und eingel. von Alfred Schmidt

La Rochefoucauld, Reflexionen, Sentenzen und moralische Maximen, mit einem Nachwort von Helga Bergmann, Frankfurt 1976

Lexikon für Theologie und Kirche, Freiburg 1961

Löwith, Karl, Jacob Burckhardt - Der Mensch inmitten der Geschichte, Luzern 1936

ders., Von Hegel zu Nietzsche, Stuttgart 1950

Lukács, Georg, Die Zerstörung der Vernunft - Irrationalismus und Imperialismus, Bd. 2, Darmstadt und Neuwied 1974

Mann, Thomas, Schopenhauer, ein Essay im Sammelband über Arthur Schopenhauer, Zürich 1977

ders., Die Philosophie Nietzsches im Lichte unserer Erfahrung, ein Essay in Friedrich Nietzsche, Also sprach Zarathustra, Frankfurt 1976

Marcuse, Herbert, Kultur und Gesellschaft I, Frankfurt 1965

Marx, Karl, Die Frühschriften, Stuttgart 1953

Marx-Engels Werke, Berlin 1974, Bd. 1

Meysenbug, Malwida v., Lebensabend einer Idealistin, Berlin 1900

Reich, Wilhelm, Die Massenpsychologie des Faschismus, Frankfurt 1974

Salomé, Lou, Friedrich Nietzsche in seinen Werken, Dresden 1924

Schlechta, Karl/Anders, Anni, Friedrich Nietzsches Philosophie - on den verborgenen Anfängen seines Philosophierens, Stuttgart-Bad Cannstatt 1962

Schmidt, Alfred, Im Vorwort zu: Friedrich Albert Lange, Geschichte des Materialismus und Kritik in seiner Bedeutung in der Gegenwart, Frankfurt 1974

Schnädelbach, Herbert, Geschichtsphilosophie nach Hegel - Die Probleme des Historismus, Freiburg, München 1974

Spinoza, Baruch, Ethik, Frankfurt 1972

Habermas, Jürgen, in: Friedrich Nietzsche - Erkenntnistheoretische Schriften, Nachwort von Jürgen Habermas, Frankfurt 1968

Strauß, David Friedrich, Der alte und der neue Glaube - Ein Bekenntnis von David Friedrich Strauß, Leipzig 1872

ders., Das Leben Jesu, Tübingen 1839

Schriften zum kleinbürgerlichen Materialismus in Deutschland, hrsg. von Dieter Wittich, Berlin 1971

Vaihinger, Hans, Die Philosophie des Als Ob (System der theoretischen, praktischen und religiösen Fiktionen der Menschheit aufgrund eines idealistischen Positivismus), Berlin 1913

Wilhelm, Julius, Friedrich Nietzsche und der französische Geist, Hamburg 1939

Williams, William D., Nietzsche and the French. A study of the influence of Nietzsche's French reading on his thought and writing, Oxford 1952

Windelband, Lehrbuch der Geschichte der Philosophie, Tübingen 1957, hrsg. von Heimsoeth, H.

Ziegler, Theobald, Friedrich Nietzsche, Berlin 1900

ders., Die geistigen und sozialen Strömungen - Deutschland im 19. und 20. Jahrhundert, Berlin 1921

Philosophie – Analyse und Grundlegung

— Eine Gesamtübersicht —

Hain Verlag bei athenäum